THÉORIES DES ORGANISATIONS

PRESSES DE L'UNIVERSITÉ DU QUÉBEC
Le Delta I, 2875, boulevard Laurier, bureau 450
Québec (Québec) G1V 2M2
Téléphone: (418) 657-4399 · Télécopieur: (418) 657-2096
Courriel: puq@puq.ca · Internet: www.puq.ca

Diffusion / Distribution:

CANADA et autres pays

DISTRIBUTION DE LIVRES UNIVERS S.E.N.C.
845, rue Marie-Victorin, Saint-Nicolas (Québec) G7A 3S8
Téléphone: (418) 831-7474 / 1-800-859-7474 • Télécopieur: (418) 831-4021

FRANCE

AFPU-DIFFUSION
SODIS

BELGIQUE

PATRIMOINE SPRL
168, rue du Noyer
1030 Bruxelles
Belgique

SUISSE

SERVIDIS SA
5, rue des Chaudronniers,
CH-1211 Genève 3
Suisse

Linda Rouleau

THÉORIES DES ORGANISATIONS

APPROCHES CLASSIQUES, CONTEMPORAINES ET DE L'AVANT-GARDE

2007

Presses de l'Université du Québec
Le Delta I, 2875, boul. Laurier, bur. 450
Québec (Québec) Canada G1V 2M2

Catalogage avant publication de Bibliothèque et Archives Canada

Rouleau, Linda

Théories des organisations : approches classiques, contemporaines et de l'avant-garde

Comprend des réf. bibliogr.

ISBN 978-2-7605-1462-1

1. Sociologie des organisations - Histoire. 2. Sociologie des organisations. I. Titre.

HM786.R68 2006 302.3'509 C2006-941625-7

Nous reconnaissons l'aide financière du gouvernement du Canada par l'entremise du Programme d'aide au développement de l'industrie de l'édition (PADIE) pour nos activités d'édition.

La publication de cet ouvrage a été rendue possible grâce à l'aide financière de la Société de développement des entreprises culturelles (SODEC).

Mise en pages : Infoscan Colette-Québec
Couverture : Richard Hodgson

1 2 3 4 5 6 7 8 9 PUQ 2007 9 8 7 6 5 4 3 2 **1**

Dépôt légal – 1er trimestre 2007
Bibliothèque et Archives nationales du Québec / Bibliothèque et Archives Canada
Imprimé au Canada

TABLE DES MATIÈRES

Liste des encadrés

Liste des figures

LISTE DES TABLEAUX

INTRODUCTION

DES PARADIGMES AUX THÉORIES DE LA MODERNITÉ

L'essentiel de la vie contemporaine se passe dans les organisations. Le travail, les loisirs et la vie sociale et communautaire se déroulent dans des groupes dont l'action est organisée. C'est par les multiples liens que nous entretenons dans des contextes organisés que nous participons à la vie collective. Étant donné l'importance qu'ont les organisations dans la société moderne, plusieurs chercheurs ont depuis le début du siècle proposé différentes théories ayant pour but de mieux comprendre ce qu'elles sont. Dans les dernières décennies, les « théories des organisations[1] » sont devenues un champ d'études complexe et diversifié dans lequel de nombreux ancrages théoriques et disciplinaires se complètent en même temps qu'ils sont en compétition. En effet, le champ des théories des organisations, depuis les années 1980, a vu naître une diversité de perspectives évoluant vers une vision de l'organisation de plus en plus éclatée et prenant appui sur de multiples influences théoriques.

1. L'expression est employée au pluriel pour désigner qu'il existe plusieurs théories et différents types d'organisations.

Pour avoir une vue d'ensemble de ce champ d'études, ce livre propose une synthèse historique des différentes théories qui le constituent et permet de répondre aux questions suivantes : Comment se caractérise la production des connaissances dans les théories des organisations depuis le début du siècle à nos jours ? Comment les représentations de l'organisation, de l'individu et de l'environnement qui composent les différentes théories des organisations ont-elles évolué dans le temps ? Quels sont les enjeux qui, dans les années 2000, caractérisent ce domaine d'études ? Ce livre s'adresse à tous ceux et celles qui consomment des connaissances sur les organisations par des lectures plus ou moins spécialisées sur la question et la vie au travail ou qui s'apprêtent à produire des connaissances pratiques ou théoriques sur les organisations dans un travail de recherche, un mémoire ou une thèse. En plus de donner une vue d'ensemble des théories des organisations, il pose un regard averti sur les apports et les limites de leur ouverture et de leur transformation au fil du temps.

La question des paradigmes

Comme il existe un grand nombre de théories des organisations, le choix de celles que l'on retient n'est pas neutre. Il repose sur un certain nombre de considérations qui doivent être clairement définies dès le départ. Dans les théories des organisations, la notion de « paradigmes » a longtemps servi de principe, voire d'outil de classification. En même temps, la question des paradigmes a fait l'objet de nombreux débats sur leur incommensurablité, c'est-à-dire le fait que, par définition, les paradigmes reposent sur des visions du monde incompatibles (Deetz, 1996 ; Schultz et Hatch, 1996 ; Hassard et Kelemen, 2002). Avant de présenter le raisonnement qui supporte la classification structurant la présentation des différentes théories retenues, il convient de revenir brièvement sur la notion de paradigme.

Rappelons que Burrell et Morgan (1979) furent les premiers auteurs à utiliser la notion de paradigme pour classifier les théories des organisations. En construisant une matrice basée sur des fondements métathéoriques de la nature des sciences sociales (objective ou subjective) et des théories du changement (radical ou régulation), ils ont proposé l'existence de quatre paradigmes sociologiques : fonctionnaliste, interprétatif, radical humaniste et radical structuraliste (voir figure I.1). Selon ces auteurs, les théories sociales appartiennent à un paradigme, c'est-à-dire que chacune d'elle comporte une unité quant aux fondements relatifs à la nature de la science et du changement social.

FIGURE I.1
Les paradigmes sociologiques selon Burrell et Morgan

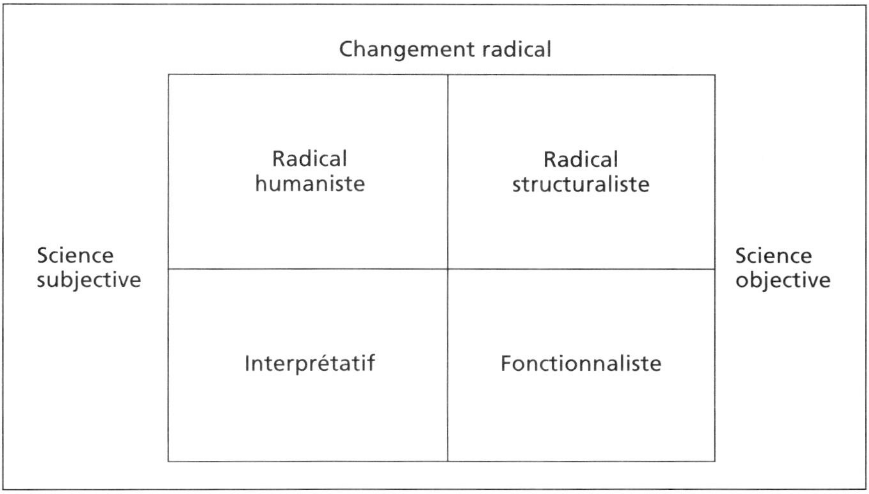

Cette classification est aussi applicable aux théories des organisations. Une théorie des organisations peut être dite « fonctionnaliste » au sens de Burrell et Morgan (1979) si elle véhicule une vision objective de l'organisation et de ses structures et si elle repose sur une vision valorisant l'ordre, le *statu quo* et le consensus (p. ex., analyse de la bureaucratie, théorie des systèmes). Lorsque la vision objective de l'organisation et de ses structures va de pair avec une vision conflictuelle du changement menant vers le changement radical, elle appartient au paradigme radical structuraliste (p. ex., théorie marxiste de l'organisation). À l'opposé, lorsqu'une théorie des organisations met l'accent sur l'expérience subjective des individus pour décrire une organisation tout en valorisant ses capacités d'adaptation, elle appartient au paradigme interprétatif (p. ex., ethnométhodologie des organisations et analyse symbolique). Dans le cas où le caractère subjectiviste domine une théorie qui repose sur une vision émancipatrice et radicale du changement, cette théorie appartient au paradigme radical humaniste (p. ex., théorie anti-organisationnelle).

Plus près de nous, Séguin et Chanlat (1983) ont utilisé la notion de paradigme de manière un peu différente. Ils proposent une classification biparadigmatique permettant de regrouper les écoles et courants recensés autour du paradigme fonctionnaliste ou du paradigme critique. La contribution majeure de ces auteurs est de déduire un ensemble de traits communs permettant d'identifier les caractéristiques de la conception de l'organisation que véhiculent les écoles et courants appartenant à chacun de ces paradigmes. Selon ces auteurs, le paradigme fonctionnaliste repose sur une conception systémique et synchronique de l'organisation. De plus, cette conception de l'organisation est téléologique, ahistorique, intégratrice et non conflictuelle. À l'intérieur de ce paradigme, les auteurs distinguent quatre écoles : 1) l'école classique et la théorie wébérienne de la bureaucratie ; 2) l'école des relations humaines et la théorie des cercles vicieux bureaucratiques ; 3) l'école de la prise de décision ; et 4) l'école systémique. À l'opposé, le paradigme critique repose sur une conception sociologique, historique, dialectique et démystificatrice de l'organisation. Selon Séguin et Chanlat (1983), le paradigme critique comporte les quatre courants de pensée suivants: 1) l'anarchisme ; 2) l'existentialisme ; 3) le marxisme ; et 4) l'actionnalisme. Cette classification a permis à des générations d'étudiants en sciences de la gestion d'examiner les différentes théories en confrontant ces deux visions du monde de manière à découvrir les ressemblances et les différences entre les théories développées du début du XXe siècle jusqu'à la fin des années 1970.

À partir des années 1980, le foisonnement des théories et leur plus grande complexité ont, petit à petit, érodé la pertinence de recourir à la notion de paradigme pour les classifier. En effet, la construction des théories est devenue de plus en plus éclectique, de sorte que la distinction entre ce qui est fonctionnaliste et ce qui est critique est devenue de moins en moins pertinente. De plus, de nouveaux points de vue sur la nature de la science et de la réalité (p. ex., construction sociale, postmodernisme) ont fait leur apparition et rendu caduques les classifications paradigmatiques dualistes qui sont elles-mêmes le reflet d'un découpage fonctionnaliste. Également, les écrits en théories des organisations ont, de nos jours, plus pour but de faire état des processus qui structurent dans le temps la vie organisée, que de fournir une vision synchronique des activités organisationnelles. Enfin, la production des connaissances en théories des organisations fait de plus en plus appel à des stratégies d'hybridation de différents ancrages théoriques, ce qui rend de plus en plus complexe et subtile l'analyse des textes actuellement produits sur les organisations.

Ce renouvellement de la production des connaissances dans les théories des organisations nécessite donc de recourir à de nouvelles options de classification. Celles-ci doivent permettre de faire le portrait des théories des organisations de manière à bien connaître les fondements de chacune et offrir la possibilité de mettre en évidence les différents débats qui marquent leur évolution. Pour classer les théories des organisations que je présente dans ce livre, j'ai recouru aux théories de la modernité, car elles permettent de retracer leur évolution dans le temps et les fondements théoriques sur lesquels elles s'appuient.

Les théories de la modernité

En sciences sociales, les théories de la modernité sont utilisées de deux manières. D'une part, elles permettent de comprendre l'évolution des sociétés en situant leur transformation au sein de périodes historiques. Généralement, ce découpage par période historique implique une succession temporelle : le passé (p. ex., tradition), le présent (p. ex., modernité, néomodernité) et le futur (p. ex., postmodernité, haute modernité, modernité avancée). Bien que le découpage et l'appellation des périodes varient d'un auteur à l'autre, le projet sous-jacent est le même : comprendre l'évolution historique des sociétés. D'autre part, les théories de la modernité sont aussi utilisées pour comprendre ce qui caractérise à travers le temps les modes de connaissance du monde et des sociétés. Dans ce cas, il s'agit de repérer les traits qui caractérisent la production des connaissances et de les opposer en fonction des périodes retenues. Par exemple, les connaissances modernes reposent sur la collecte de faits empiriques bruts et ont tendance à considérer les faits sociaux comme des choses. Par contraste, une conception « traditionnelle » de la connaissance est le résultat de l'intuition et de l'expérience tout en étant fondée sur des croyances religieuses, alors qu'une conception « postmoderne » des connaissances considère celles-ci comme un ensemble d'interprétations élaborées à partir de multiples jeux de langage. Les théories de la modernité permettent donc de prendre une double posture : historique et épistémologique.

Appliqué aux théories des organisations, la posture historique implique de passer en revue les théories qui composent ce domaine d'études en suivant leur évolution dans le temps. Ainsi, l'histoire des théories des organisations est découpée, dans les pages suivantes, en trois périodes : du début du XXe siècle à la fin des années 1970, les approches classiques (la modernité) ; des années 1980 à nos jours, les approches contemporaines (la néomodernité) ; et depuis la fin des années 1990, les approches de l'avant-garde (la postmodernité).

Du début du XXe siècle jusqu'à la fin des années 1970, on assiste à la mise en place des théories des organisations. Ce mouvement s'étend de l'organisation scientifique et administrative du travail aux théories de la contingence en passant par les relations humaines, l'analyse de la bureaucratie, la prise de décision et l'analyse systémique, sans oublier l'analyse actionniste et l'analyse marxiste des organisations. C'est la période des approches dites

« classiques » dans la mesure où elle regroupe des perspectives et des courants ayant permis de jeter les bases du projet fondamental des théories des organisations. De plus, les approches classiques renvoient au développement des représentations qui ont dominé les théories des organisations dans le temps (la modernité).

Depuis la fin des années 1970, apparaissent de nouvelles options théoriques pour comprendre les organisations : l'analyse sociologique, l'économie des organisations, l'analyse politique et l'analyse symbolique. Il s'agit des approches « contemporaines », c'est-à-dire des mouvements d'idées qui sont au centre de la production actuelle des connaissances en théories des organisations. Bien qu'elles se démarquent des approches classiques sur plusieurs plans, lorsqu'on regarde en profondeur ces options théoriques, on constate qu'elles n'en reproduisent pas moins l'essence du projet à l'origine des théories des organisations (la néomodernité).

À partir de la fin des années 1990, de nouveaux points de vue tentent de renouveler les théories des organisations. Il s'agit de la construction sociale, des théories critiques et du postmodernisme. Les auteurs qui défendent ces points de vue en théories des organisations appartiennent aux approches de l'« avant-garde » dans la mesure où les idées qu'ils proposent s'inspirent de conceptions sur la science et sur la réalité qui sont différentes de celles véhiculées dans les approches précédentes (la postmodernité). Malgré une diffusion plus restreinte, l'apport de ces points de vue est considérable. Loin de former des courants homogènes largement mobilisés, ils contribuent plutôt à renouveler les différentes manières de produire des connaissances en théories des organisations.

La figure I.2 présente un *cadre intégrateur* permettant de voir la position des théories les unes par rapport aux autres telles qu'elles sont présentées dans ce livre. Ce cadre positionne chaque théorie en fonction de son apparition dans le temps et suppose également que toutes ces théories coexistent de nos jours. De plus, l'inscription verticale des théories critiques dans des cadres pointillés signifie que, sans être des courants dominants, elles ont une grande influence sur le développement des ancrages théoriques qui appartiennent aux approches classiques et contemporaines.

Plus tôt, j'ai dit que les théories de la modernité permettent de prendre une posture épistémologique pour caractériser les connaissances produites en fonction de diverses périodes historiques. Prendre une telle posture revient donc à déterminer ce qui caractérise les connaissances appartenant aux approches classiques, aux approches contemporaines et aux approches de l'avant-garde. Afin de faciliter le repérage de ces caractéristiques, je propose

FIGURE I.2
Cadre intégrateur

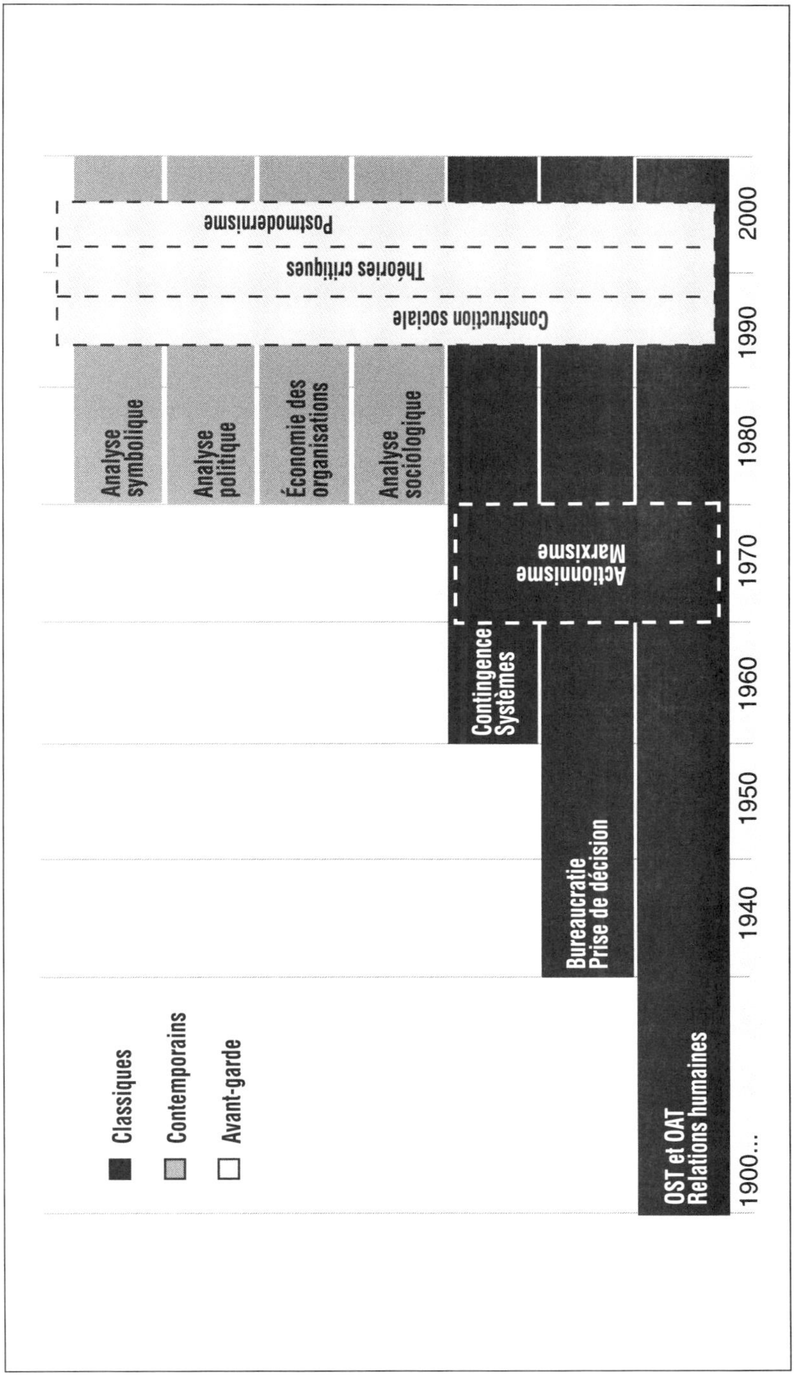

de partir du postulat que chaque théorie des organisations est le résultat de représentations faisant intervenir à la fois trois niveaux de réalité : celui de l'organisation, celui des individus qui la compose et celui de l'environnement dans lequel elle se situe. Chaque théorie comporte une unité quant à la manière d'intégrer ces représentations[2]. Chaque théorie est donc décrite dans les prochaines pages en faisant ressortir la spécificité de l'agencement des représentations de l'organisation, de l'individu et de l'environnement qui lui sont sous-jacentes. Puis, une réflexion globale, en fonction du découpage historique retenu, est faite de manière à rendre compte des représentations de l'organisation, de l'individu et de l'environnement qui caractérisent les approches classiques, contemporaines et de l'avant-garde.

Cette façon de procéder aide à comprendre comment ces représentations ont évolué au fil du temps et fournit une vision dynamique du champ. Le lecteur sera ainsi amené à constater que les théories des organisations proposent une vision de l'organisation de plus en plus fragmentée faisant une plus grande place à l'action individuelle. À l'aube du XXIe siècle, la dimension organisationnelle semble évacuée au profit de la compréhension des processus organisationnels et des phénomènes sociaux plus larges qui vont au-delà de la sphère organisationnelle. De plus, les théories des organisations sont actuellement à la croisée de deux tendances fondamentales : d'une part, elles continuent de promouvoir le projet de rationalisation cher aux approches classiques ; d'autre part, elles sont l'objet d'un mouvement de subjectivation qui avait, jusque-là, été évincé. Il s'agit maintenant d'un champ d'études marqué par le pluralisme et la diversité évoluant plus par hybridation que par discontinuité. Si, pour d'aucuns, les théories des organisations sont actuellement en crise, ce livre veut plutôt démontrer qu'elles sont dans un état d'effervescence dont le potentiel d'évolution reste encore à découvrir.

Présentation du livre

Ce livre fait la synthèse des théories des organisations et a pour but de faire connaître rapidement les caractéristiques des différentes théories tout en fournissant une vue d'ensemble des questions et des débats actuels dans ce

---

2. Bien sûr, il arrive que des représentations occupent plus de place dans certains univers théoriques et que d'autres en semblent absentes. Par exemple, les théories de la contingence mettent l'accent sur les liens entre l'organisation et l'environnement et sont très discrètes en ce qui a trait à l'individu. C'est alors à l'analyste des théories des organisations de discuter des conséquences de cette position sur les représentations de l'individu qui sont implicites à cet univers théorique.

domaine d'études. Il se situe à mi-chemin entre les ouvrages spécialisés (Clegg, Hardy et Nord, 1996[3] ; Tsoukas et Knudsen, 2003) et les ouvrages vulgarisateurs dans le domaine (Hatch, 2000 ; Livian, 1998 ; Rojot, 2003, Foudriat, 2005). Les premiers supposent une connaissance approfondie du champ, alors que les seconds présentent l'ABC du domaine en faisant fi des mises à jour et des dernières avancées. Ce livre présente donc une vision spécialisée et à la fine pointe de l'interprétation des différentes théories des organisations tout en étant facilement accessible et organisé suivant un découpage historique. Il comporte trois parties. La première présente les théories des organisations qui appartiennent aux approches classiques. La deuxième examine celles qui composent les approches contemporaines. La troisième fait état des approches de l'avant-garde.

Chaque théorie est présentée selon une démarche similaire. Après en avoir indiqué les idées principales, j'accorde une attention particulière aux représentations de l'organisation, de l'individu et de l'environnement qui la composent. Dans le corps du texte, un encadré résume les principaux fondements de la théorie examinée. De plus, pour bien comprendre d'où elle vient et lorsque c'est pertinent, des présentations d'auteurs provenant des sciences sociales (◇) sont intégrées dans le texte et côtoient la présentation de travaux empiriques d'auteurs représentatifs de la perspective examinée (□). Également, les apports et les critiques de chaque théorie sont exposés. Enfin, la présentation de chaque théorie se termine par un bref aperçu des développements qui ont suivi et qui sont en cours.

Au-delà de la présentation des différentes théories des organisations, ce livre fournit des éléments qui caractérisent le contexte de production (social et académique) de ces connaissances. De plus, les nombreuses notes de bas de page contiennent des commentaires, des précisions et des références complémentaires permettant d'accéder rapidement aux travaux clés dans le domaine. En ce sens, il constitue un document de référence utile pour effectuer des travaux de recherche sur les organisations et pour comprendre les avantages et les limites des différentes manières de représenter les organisations qui sont utilisées dans les discours académiques.

---

3. Une deuxième édition de cet ouvrage vient tout juste de paraître. S.R. Clegg, C. Hardy, T.B. Lawrence et W.R. Nord (2006). *Handbook of Organization Studies*, Londres, Sage.

PARTIE 1

LES APPROCHES CLASSIQUES

Du début du XXe siècle à la fin des années 1970

Du début du XXe siècle à la fin des années 1970, se déroule une partie importante de l'histoire des théories des organisations. Il s'agit d'ailleurs de celle, racontée maintes et maintes fois, que l'on trouve généralement dans les publications portant sur les théories des organisations. L'histoire des approches classiques proposée dans cette première partie met l'accent sur la constitution du projet de rationalisation qui est au cœur des théories des organisations. En effet, c'est durant cette période que le projet fondateur des théories des organisations est mis en place. Dans les années 1960, ce projet atteint une sorte d'âge d'or qui sera suivie, dans les années 1970, d'une remise en question importante.

L'histoire des approches classiques se découpe en quatre grands moments. D'abord, du début du XXe siècle à la fin des années 1930, c'est la période de fondation des théories des organisations dans laquelle l'organisation scientifique et administrative du travail et les relations humaines font leur apparition. Ensuite, durant les années 1940 et 1950, les théories des organisations connaissent une période d'expansion dans laquelle l'analyse de la bureaucratie et la prise de décision voient le jour. Puis, les années 1960 permettent la consolidation du projet de rationalisation des théories des organisations grâce à l'influence de l'analyse systémique et au développement des théories de la contingence. Enfin, les années 1970 sont l'occasion d'une profonde remise en question par l'analyse actionniste et la théorie marxiste des organisations.

CHAPITRE 1

LA FONDATION

Du début du XXe siècle à la fin des années 1930

Au début du XXe siècle, on assiste à l'augmentation rapide des opérations industrielles et commerciales. La production passe de la manufacture à l'entreprise organisée par fonctions. À l'époque, il est courant de penser que le progrès conduira les entreprises vers une expansion sans fin. Ce mouvement de croissance accélérée pose un certain nombre de questions quant aux problèmes d'organisation et de décision dans les entreprises (grèves sauvages, organisation du travail, gestion des ressources, etc.). C'est dans ce contexte que l'organisation scientifique et administrative du travail et les relations humaines font leur apparition.

1.1. L'organisation scientifique et administrative du travail

Tout comme les pères fondateurs de la sociologie (Marx, Durkheim, Weber) étaient préoccupés par les problèmes causés par les transformations institutionnelles et sociétales s'opérant dans le monde occidental à la fin du XIXe siècle, des auteurs vont s'intéresser aux problèmes causés par la transformation des entreprises. Deux praticiens font figure de précurseurs : il s'agit de Taylor et de Fayol. Ces ingénieurs occupent des fonctions importantes dans l'entreprise et écrivent leurs réflexions pour suggérer des pistes de solution aux problèmes d'organisation et d'administration des entreprises au début du siècle.

□ ***Frederic Winslow Taylor (1856-1915).*** Aussi surprenant que cela puisse paraître, Taylor est un personnage ambigu et contradictoire, tout comme la doctrine qui porte son nom. Généralement, le taylorisme désigne un système de division du travail et des tâches qui donne lieu à la déqualification du travail et au travail parcellaire. Toutefois, le taylorisme a des racines utopiques plus larges.

Taylor est un autodidacte. De santé fragile, il apprend la mécanique sur le tas et obtient son diplôme d'ingénieur mécanicien en étudiant le soir. Durant sa carrière d'ingénieur, il obtient une quarantaine de brevets d'invention pour des outils. Plus tard, il réussit, malgré bien des oppositions, à réaliser une étude de temps et mouvements à la Midvale Steel, l'entreprise pour laquelle il travaille. Par la suite, il devient consultant et tente de diffuser ses idées dans différentes publications destinées à un public d'ingénieurs. Il est connu, entre autres, pour son ouvrage intitulé : *Principles of Scientific Management* paru en 1911 et publié en français chez Dunod en 1971.

Son projet repose sur l'idée que le principal objectif des gestionnaires est d'assurer le maximum de prospérité aussi bien pour l'employeur que pour l'employé. Selon Taylor, le maximum de prospérité réside pour l'employeur dans le développement de l'ensemble des parties de l'entreprise et de sa profitabilité générale, et pour l'employé, dans la possibilité d'exploiter ses capacités individuelles et de se procurer un salaire décent. Les patrons désirent garder les coûts de production bas et les employés, recevoir des salaires élevés. Pour Taylor, ces projets ne sont pas incompatibles à condition, bien sûr, que l'on s'organise pour atteindre ces deux objectifs. L'organisation scientifique du travail (OST) est la solution qu'il propose.

L'organisation scientifique du travail repose sur un certain nombre de principes. D'abord, bien qu'il y ait diverses manières de faire les choses, Taylor est convaincu qu'il n'y en a qu'une qui soit optimale et meilleure que les autres. C'est ce qu'on appellera plus tard l'existence du *one best way*. Ensuite, cette meilleure façon de faire les choses ne peut être trouvée, selon Taylor, que par une analyse scientifique du temps et des mouvements nécessaires à l'accomplissement du travail et des tâches. De plus, les travailleurs doivent être scientifiquement sélectionnés. Certains travailleurs sont plus aptes que d'autres à accomplir certaines tâches. Il faut donc déterminer scientifiquement quelles sont les caractéristiques du travailleur idéal pour chaque tâche. Également, l'étude scientifique du travail ne peut être laissée aux travailleurs. Elle implique la séparation entre la conception des tâches et leur exécution. Enfin, Taylor considère que le travailleur doit être rémunéré à sa juste valeur. Lorsqu'on lui demande de travailler plus vite et qu'il produit plus, il devrait être rémunéré en conséquence. La rémunération du travail à la pièce est donc la forme de salaire la plus susceptible de motiver le travailleur à toujours produire davantage.

Derrière le projet de Taylor, les intentions sont louables. Selon ce dernier, la coopération entre le patronat et les ouvriers est possible. Il veut faciliter le travail et libérer l'individu de l'organisation de ses tâches. Il cherche à faire augmenter les salaires des ouvriers et leur formation professionnelle tout en accroissant les profits des industriels. Cependant, ne nous méprenons pas, il est persuadé que la plupart des travailleurs sont paresseux et que c'est uniquement la perspective de bons salaires qui les intéresse. De plus, il est convaincu que les dirigeants ont une grande responsabilité dans l'organisation du travail de leurs employés. Cela dit, malgré la bonne volonté de Taylor, c'est la dimension technique de sa doctrine que l'histoire retiendra au détriment de ses racines utopiques. À partir de la fin des années 1920, le fordisme[1] s'étend dans la plupart des entreprises et conduit à la parcellisation des tâches et à la déqualification du travail. Néanmoins, il faut reconnaître que Taylor est parmi les premiers que l'histoire retiendra pour avoir élaboré des connaissances portant sur les relations entre les êtres humains et les milieux de travail.

□ ***Henri Fayol (1841-1925).*** Ingénieur et directeur général de l'entreprise où il travaille, Fayol écrit quelques ouvrages dans lesquels il énonce des principes inspirés de son expérience de gestion. Selon Fayol, pour que les

---

1. Doctrine baptisée ainsi pour rappeler le nom d'Henry Ford (1841-1925) qui fut le premier à appliquer à grande échelle les principes du taylorisme en y ajoutant deux autres dimensions : la mécanisation des tâches et un mode de gestion qui associe rémunération élevée et travail peu qualifié.

activités administratives soient accomplies efficacement, elles doivent appliquer un certain nombre de principes. Dans *Administration industrielle et générale* publié chez Dunod en 1918, il propose 14 principes qui concernent la direction du personnel (tableau 1.1).

TABLEAU 1.1
Les principes de gestion selon Fayol

1. La division du travail
2. L'autorité
3. La discipline
4. L'unité de commandement
5. L'unité de direction
6. La subordination de l'intérêt particulier à l'intérêt général
7. La rémunération du personnel
8. La centralisation
9. La hiérarchie
10. L'ordre
11. L'équité
12. La stabilité du personnel
13. L'initiative
14. L'union du personnel

Source : F. Séguin et J.-F. Chanlat, 1983, p. 95-96.

Fayol conçoit l'entreprise comme un corps social. Aussi est-il nécessaire à son bon fonctionnement que chaque organe, c'est-à-dire chaque partie de l'entreprise, remplisse la fonction qui lui est propre. C'est à cette fin qu'il énonce des principes normatifs décrivant quelle est, selon lui, la meilleure façon d'administrer l'entreprise. Par exemple, l'organisation administrative du travail, selon Fayol, consiste à mettre en place une structure pour le corps social avec une unité de commandement et une définition claire des procédures et des responsabilités de chacun. Fayol est ainsi le premier auteur à tenter de construire une théorie de l'organisation pour les dirigeants.

De nos jours, la contribution de Fayol peut sembler simpliste. Par exemple, lorsqu'il dit : « Administrer une entreprise, c'est prévoir. » Cela semble aller de soi pour la plupart des dirigeants actuels. À l'époque toutefois, agir en fonction d'un horizon temporel n'est pas courant. L'économie repose sur l'exploitation des ressources naturelles qui se fait en fonction de la demande sans égard au problème de leur renouvellement. Dans les mines de charbon où Fayol est ingénieur, cette ressource est exploitée de manière plus ou moins réfléchie. On vend au plus offrant sans se soucier du rythme d'extraction ni de la qualité des différentes couches de minerai. Un tel principe vient donc modifier la manière d'exploiter le charbon et contribue à rationaliser la gestion de la mine.

Encadré 1.1
Les fondements de l'organisation scientifique et administrative du travail

a) **L'organisation scientifique du travail (OST)**
- Il est possible d'assurer une prospérité maximum aussi bien pour l'employeur que l'employé.
- Les travailleurs sont fondamentalement paresseux et sont motivés par les gains monétaires.
- Il y a diverses manières de faire les choses, mais dans tous les métiers, il y en a une et une seule qui est meilleure que les autres.
- Cette meilleure méthode repose sur l'étude scientifique du temps et des mouvements, et sur la sélection scientifique des travailleurs en fonction de la tâche à accomplir.
- L'organisation scientifique du travail désigne l'observation et la mesure systématique des tâches qui entrent dans la composition d'un travail à accomplir.
- L'organisation scientifique du travail s'applique à tous les types de tâches et augmente la rémunération et la formation professionnelle des employés en même temps qu'elle conduit à une plus grande productivité pour les entreprises.

b) **L'organisation administrative du travail (OAT)**
- L'entreprise est un corps social.
- Il existe une meilleure façon d'administrer l'entreprise.
- Il existe des principes généraux qui doivent être appliqués pour que les activités administratives soient efficaces.
- La structure administrative doit reposer sur des principes impartiaux et universels.
- Au fil du temps, les principes d'administration de Fayol seront déclinés en plusieurs versions.
- Ces principes de gestion sont des règles valables pour toutes les organisations.

L'organisation administrative du travail proposée par Fayol constitue une tentative de définir les contours de la fonction de direction générale à une époque où il n'y a pas encore d'encadrement organisé, d'écoles de gestion, voire de sciences de la gestion. Il y a des ingénieurs, des comptables, des commis de bureau, mais entre les propriétaires dirigeants et ceux qui font le travail dans les mines et les manufactures, il n'y a personne pour coordonner, contrôler et prévoir. Or, plus la taille des entreprises augmente, plus il est nécessaire d'avoir des personnes dont le travail consiste à organiser celui des autres et à voir à la bonne marche de l'entreprise dans son ensemble. Ancrés dans une vision « organiciste » de l'entreprise, ses travaux contribuent politiquement à légitimer l'exercice d'un nouveau métier, celui de dirigeant. Plus populaire dans le monde anglo-saxon que chez lui en France, Fayol a influencé des générations de penseurs en gestion.

Dans les années qui ont suivi, d'autres auteurs ont travaillé au raffinement de ces principes. Aux États-Unis, Gulick (1948) énonce sept principes. Il réunit ces principes sous le nom de POSDCORB (*planning, organizing, staffing, directing, coordinating, reporting, budgeting*). De son côté, le Britannique Urwick (1929) en propose dix. Ces principes sont : finalité, spécialisation, coordination, autorité, responsabilité, définition, correspondance, supervision, équilibre et continuité. Chacun à sa façon, ces deux auteurs ont travaillé au développement de principes visant l'établissement d'une structure formelle de gestion qui soit aussi impartiale que possible. Ces principes sont présentés comme des règles valables pour toute organisation. Aujourd'hui encore, l'héritage de Fayol se fait sentir dans les facultés de gestion dans lesquelles l'enseignement du management repose sur la version moderne de ces principes, le PODC (planifier, organiser, diriger et contrôler).

□ ***Mary Parker Follett (1868-1933).*** Spécialisée en sciences politiques, Mary Parker Follett s'est particulièrement intéressée aux problèmes de direction de l'administration publique. En 1941, elle publie chez Pitman *Dynamic Administration* qui contient les conférences qu'elle donna à la fin de sa vie[2]. Ses travaux portent surtout sur la question du pouvoir et de l'autorité. Selon elle, le pouvoir est commun, mais l'autorité découle de la fonction. À l'époque, la thèse de Mary Parker Follet est relativement différente de celle de ses pairs. Elle met l'accent sur l'idée que le management doit s'intéresser au travail des équipes et des groupes à tous les échelons de la hiérarchie. De plus, elle considère que la simple soumission des subordonnés est insuffisante et que ces derniers doivent participer à tous les niveaux hiérarchiques.

Mary Parker Follett (1941) énonce quatre principes d'organisation, tous centrés sur le problème de la coordination ou de la fusion des comportements individuels dans un sens commun : la coordination par contact direct ; la coordination dès le début des tâches ; la coordination sans exclusion de certains problèmes ; et la coordination continue et permanente. Bien qu'elle innove comparativement à ses collègues, elle n'en continue pas moins de défendre que la responsabilité découle des fonctions exercées. Selon Mary Parker Follett, on est responsable de quelque chose et non devant une personne. Les ordres doivent découler d'une analyse objective des faits. En ce sens, elle prolonge l'esprit sur lequel se fonde l'organisation administrative du travail.

---

2. Voir aussi L.D. Parker (1984), « Control in organizational life : The contribution of Mary Parker Follett », *Academy of Management Review*, vol. 9, n° 4, p. 736-745 ; P. Graham (1995), *Mary Parker Follett – Prophet of Management : A Celebration of Writings from the 1920s*, Boston, Harvard Business School Press.

L'organisation scientifique du travail et l'organisation administrative du travail visent à mettre en place des lois universelles, à trouver la solution optimale, le *one best way* pouvant permettre à l'entreprise d'être plus efficace. Dans les décennies suivantes, l'organisation scientifique du travail donnera lieu à l'apparition d'experts qui seront chargés d'ordonnancer la production (H.L. Gantt, F.A. Halsey, etc.) et d'organiser les relations entre l'humain et la machine suivant des principes ergonomiques. La suite de l'organisation administrative du travail sera quant à elle assurée par les écrits de gestionnaires et de consultants qui proposeront leurs idées dans des traités de gestion (Barnard[3] et Sloan[4], et, plus près de nous, Drucker, Prahalad et Hamel). En fait, l'organisation scientifique et l'organisation administrative du travail sont loin d'être disparues. De plus, ces écoles de pensée se renouvellent dans les modes d'organisation et de gestion dont le projet consiste à rationaliser le travail et l'entreprise (p. ex., la « réingénierie » des processus, les *best practices*, etc.).

1.2. Les relations humaines

L'implantation de l'organisation scientifique et administrative du travail dans les premières décennies du XXe siècle favorise l'essor de l'industrialisation. Il s'ensuit, dans les années 1920, une forte critique sociale des effets néfastes

3. En fait, la première tentative de fournir une synthèse des travaux de la période de fondation nous vient de Chester Barnard. Cet autodidacte praticien livre le résultat de ses connaissances et de son expérience dans *The Functions of the Executive* publié en 1938 à Cambridge par les Presses de l'Université de Harvard. Il fournit une première réflexion qui cherche à intégrer les fondements de l'organisation scientifique et administrative du travail et des relations humaines que nous verrons dans la prochaine section. Ainsi, selon lui, le rôle du dirigeant est de favoriser l'intégration de la structure formelle et des relations informelles. Dans ce traité, il se veut également un précurseur des idées qui inspireront la génération suivante. Il conçoit l'organisation comme un système social d'interactions complexes. Il n'en reste pas moins que, selon cet auteur, les dimensions humaines comme les mécanismes de participation et de coopération dans l'entreprise doivent être étudiés de manière scientifique.
4. Ce président-directeur général de General Motors structura les modes d'organisation qui favoriseront la croissance de cette grande entreprise. Par exemple, ses idées sur la décentralisation coordonnée auront une grande influence sur l'organisation des grandes entreprises américaines. Il publie ses réflexions dans *Mes années à la General Motors, Homme et technique* en 1964 (traduction de la version anglaise publiée chez Doubleday en 1963).

   Comme A.P. Sloan, d'autres dirigeants de l'époque rapportent leur expérience et contribuent à alimenter la réflexion managériale : R.J. Godiner de la General Electric Company publie *New Frontiers for Professional Managers* en 1956 ; T.J. Watson, fondateur de IBM, publie *A Business and Its Beliefs* en 1963. Même si leurs travaux sont publiés à la fin des années 1950 et au début des années 1960, leurs idées sont diffusées dès les années 1920 par des conférences et des écrits distribués dans les écoles de gestion alors en plein essor.

et déshumanisants du travail qu'entraîne la rationalisation des modes de production (p. ex., formation de ghettos ouvriers dans les villes, grèves sauvages, etc.). De plus, secoués par la crise des années 1930, les chefs d'entreprise continuent de s'interroger sur les manières possibles de soutenir la croissance. En réaction aux excès de l'organisation scientifique du travail et pour trouver d'autres moyens d'améliorer la productivité, naît l'école des relations humaines.

L'idée de cette école germe d'abord dans des études empiriques largement inspirées par les idées tayloriennes et par le mouvement béhavioriste en psychologie. Dans ces travaux, on observe minutieusement les ouvriers pour comprendre quels effets différentes composantes matérielles et extérieures au travail ont sur la productivité. Ainsi, de nombreuses expériences menées en entreprise visent à trouver des moyens de réduire la fatigue des ouvriers, l'absentéisme et les accidents de travail qui affectent la productivité des entreprises.

□ ***Elton Mayo (1880-1949) et les études de Hawthorne.*** Universitaire australien qui émigre aux États-Unis dans les années 1920, Mayo est une figure de proue de cette école. Ses premiers travaux portent sur la fatigue des ouvriers. Il fait l'hypothèse que la dimension psychologique a un effet considérable sur la fatigue, un élément difficile à mesurer. En 1923, il fait des travaux dans un département de filature d'une usine de textile où le taux d'absentéisme est particulièrement élevé. Il se rend compte qu'en introduisant des temps morts de dix minutes à une fréquence régulière, le moral des ouvriers augmente et la productivité du même coup.

De 1927 à 1932, Mayo dirige la grande enquête sur les conditions de productivité des employés réalisée à l'usine de Hawthorne[5] de la Western Electric, une entreprise de fabrication de téléphones très prospère. Avant l'intervention de l'équipe d'Elton Mayo, on avait fait des travaux dans cette entreprise pour tester l'effet de l'éclairage sur la productivité. Suivant un schéma expérimental, on avait constitué un groupe contrôle dans lequel le niveau d'éclairage était variable et un groupe témoin dans lequel l'éclairage

5. Le compte rendu officiel des expériences de Hawthorne, relatant l'évolution des réflexions des expérimentateurs sur leurs résultats, a été réalisé en 1939 par Roethlisberger, professeur en relations humaines à Harvard et ancien élève de Elton Mayo et Dickson, dirigeant du département Employee Relations Research de Hawthorne. Voir : F.J. Roethlisberger et W.J. Dickson (1939), *Management and the Worker : An Account of the Research Program Conducted by the Western Electric Company*, Hawthorne Works, Chicago, Cambridge, Harvard Business Press.

demeurait constant. Les résultats avaient été surprenants. Peu importe que l'on augmente ou que l'on diminue l'éclairage, la productivité augmentait dans les deux groupes.

Pour expliquer ce phénomène, l'équipe de chercheurs dirigée par Mayo a constitué un groupe expérimental de six femmes travaillant à l'assemblage de relais pour effectuer une série d'expériences sur l'ensemble des éléments pouvant faire varier la productivité (le *test room*). Les conditions d'éclairage et d'électricité de même que les temps de repos, la rémunération, la durée du travail, etc., ont été mis à l'épreuve. Cette série d'expériences a permis de constater que l'amélioration des conditions de travail favorisait l'augmentation de la productivité. Toutefois, cette relation positive se maintenait même lorsqu'on revenait aux conditions initiales. Mayo et son équipe en ont donc conclu que les changements dans les conditions de travail étaient moins déterminants que le fait, pour ces ouvrières, d'avoir des relations privilégiées avec les chercheurs et d'avoir développé un esprit de groupe en participant à ces expériences. Ainsi, la satisfaction au travail et l'augmentation de la productivité qu'elle entraîne dépendraient donc moins des conditions matérielles de travail que des individus, de leurs conditions affectives et des relations sociales qui les lient.

Afin d'approfondir cette hypothèse, une autre série de travaux a été menée cette fois avec 14 hommes d'un atelier d'assemblage. Ce groupe avait ses propres règles de fonctionnement. Malgré l'amélioration des conditions de travail et des primes au rendement, la productivité n'augmentait pas au-delà d'un certain niveau. Des entrevues ont été effectuées auprès des travailleurs pour comprendre pourquoi il en était ainsi. Les chercheurs ont alors conclu que la dimension informelle des rapports entre les membres d'un petit groupe est une composante essentielle de la productivité.

Quelques décennies plus tard, la relecture de ces enquêtes a remis en doute la scientificité des travaux menés dans les usines de Hawthorne. Bernard-Pierre Lécuyer (1992) a fait le compte rendu de ces relectures. Selon lui, Carey a été le premier à faire, en 1967, une relecture critique des procédures expérimentales et des conclusions des expériences de Hawthorne, et à contester le rôle des variables que les chercheurs avaient tenu pour responsables des changements de productivité des ouvrières du *test room*. Ces derniers avaient systématiquement écarté le pouvoir du stimulant financier pour ne retenir que celui de l'encadrement du groupe d'ouvrières, facteur sur lequel ils avaient tout pouvoir. Carey note aussi qu'on a beaucoup exagéré le caractère amical de cet encadrement ; le congédiement de deux ouvrières en témoignerait d'ailleurs. Finalement, Carey avance qu'une analyse rigoureuse et honnête des résultats qualitatifs et quantitatifs des expériences de Hawthorne

Encadré 1.2
Les fondements des relations humaines

- L'individu est un être doté de sentiments et de valeurs qui sont mis en action en situation de travail.
- Pour comprendre les problèmes de fonctionnement de l'entreprise, il faut examiner l'impact de ces problèmes sur l'individu.
- Au-delà de la structure formelle des entreprises, il y a une structure informelle qui est le produit de l'interaction sociale entre les membres d'un groupe de travail.
- Influencés par la théorie du petit groupe, les chercheurs examinent principalement les variables psychologiques et sociopsychologiques par les méthodes dites scientifiques (mode expérimental et questionnaire).
- Les chercheurs mettent l'accent sur l'harmonie et négligent les différences d'intérêt entre les groupes.
- Pour résoudre les problèmes de l'entreprise, il faut adapter les individus aux conditions matérielles de travail plutôt que de changer ces conditions.

montre que la variation de la productivité des ouvrières du *test room* s'expliquerait plutôt par des facteurs typiques de l'organisation scientifique du travail tels que les stimulants financiers, la discipline et une direction administrative autoritaire.

L'interprétation de Carey a d'ailleurs été confirmée quelques années plus tard, en 1978, par Franke et Kaul qui, selon Lécuyer (1992), ont procédé à une analyse statistique de toutes les données sur la production des ouvrières du *test room*. Afin de traiter ces statistiques, Franke et Kaul ont utilisé des méthodes économétriques propres aux séries chronologiques, et leurs résultats vont dans le sens des conclusions de Carey. Finalement, Lécuyer (1992) rapporte que Gillespie a réalisé, en 1991, une analyse de contenu des expériences de Hawthorne en dépouillant tous les documents originaux relatifs à ces expériences. Selon Gillespie, la crainte des ouvrières de perdre leur emploi explique en partie l'augmentation de leur productivité. De plus, il postule que, comme elles étaient rémunérées suivant la production totale du groupe expérimental, les ouvrières auraient augmenté leur productivité pour compenser la diminution du nombre d'heures de travail hebdomadaire et s'assurer ainsi d'avoir le même revenu qu'avant. Gillespie fait valoir que les ouvrières contrôlaient activement leur production tant sur le plan personnel que sur le plan de leur petit groupe. Elles ne se comportaient ni comme des sujets passifs soumis aux effets d'un conditionnement expérimental ni comme des individus mus par leur seule affectivité. Au contraire, elles exploitaient à leur avantage les conditions établies par les expérimentateurs. Selon Gillespie, les expérimentateurs considéraient les ouvrières comme des sujets passifs et attribuaient, fort probablement à tort, toute variation de productivité aux changements des conditions expérimentales qu'ils introduisaient eux-mêmes.

Ces trois relectures des expériences de Hawthorne rapportées par Lécuyer (1992) soulèvent une question de fond. Comment l'école des relations humaines a-t-elle pu se répandre dans le monde de la gestion si elle se fondait sur des interprétations partielles et partiales ? Il faut bien comprendre que dans les années 1930 toutes les conditions socioéconomiques étaient réunies pour favoriser l'essor de ce mouvement de pensée. En mettant l'accent sur l'individu et en défendant l'idée que les attitudes affectives et relationnelles avaient plus d'impact que les conditions objectives de travail, l'école des relations humaines devenait un appui idéologique considérable au développement de l'entreprise dans une période de marasme économique. En fait, l'histoire des idées économiques montre qu'en période de croissance, les solutions aux problèmes des entreprises se centrent sur les conditions matérielles telles les investissements et la technologie (Barley et Kunda, 1992). Il en est autrement en période de récession, où on met plutôt l'accent sur les dimensions humaines et sociales. De plus, les recherches de Mayo étaient le résultat d'une alliance entre la Western Electric et la Harvard Business School, deux institutions ayant une forte crédibilité dans la société américaine. À cette époque, plusieurs grandes entreprises américaines dans lesquelles les conditions de travail étaient généralement bonnes ont ouvert leurs portes à des universitaires. Les dirigeants d'entreprise et les chercheurs, pour des raisons différentes, voulaient démontrer que les valeurs humaines et démocratiques étaient au centre des modes de gestion de la grande entreprise. En outre, cette école suggérait que c'était en gérant les relations humaines que l'entreprise pouvait le mieux jouer son rôle social et favoriser le développement économique.

Dans les décennies suivantes, l'école des relations humaines se développe dans les départements universitaires par de nombreux travaux visant à comprendre la satisfaction et la motivation au travail. La dynamique des petits groupes, l'influence, le leadership et l'autorité deviennent eux aussi des thèmes incontournables. L'école des relations humaines se définit progressivement comme ce que l'on appelle aujourd'hui l'étude du comportement organisationnel. Lewin, Likert, Leavitt, Mac Gregor, Argyris et Herzberg font partie des chercheurs qui prolongent encore de nos jours les travaux de l'école des relations humaines.

Conclusion

Du début du XXe siècle jusqu'à la fin des années 1930, l'organisation scientifique et administrative du travail et les relations humaines constituent le « noyau dur » de ce que l'on appellera dans les décennies suivantes les « théories des organisations ». Bien que les relations humaines voient le jour en réaction aux effets néfastes de l'organisation scientifique et administrative du travail, ces deux courants sont unis par certains points communs.

D'abord, l'organisation scientifique et administrative du travail comme les relations humaines reposent sur l'idée que la prospérité économique dépend de la capacité des employeurs et des employés à poursuivre des objectifs communs. Ceux-ci peuvent être atteints ou bien en agissant sur l'organisation du travail et sur la structure administrative ou bien en s'intéressant de près à ce que vivent les individus au travail. Dans les deux cas, on vise à augmenter la productivité de l'entreprise.

Ensuite, l'organisation scientifique et administrative du travail ainsi que les relations humaines relèvent de la même utopie scientifique. Les tenants de ces deux courants sont convaincus que c'est par l'application de principes scientifiques que l'entreprise sera plus productive. Dans le cas de l'organisation scientifique et administrative du travail, il s'agit d'appliquer les principes scientifiques à l'organisation ou à la structure administrative, tandis que dans le cas des relations humaines, il faut utiliser ces principes pour mieux comprendre la nature des comportements et des besoins des individus.

Dès le début des années 1930, ces courants se développent en polarisant leur attention sur la dimension structurelle ou sur la dimension de l'action. De plus, les bases du projet de rationalisation qui est au centre des théories des organisations sont en place. Ces caractéristiques seront au cœur des travaux en théories des organisations pendant plusieurs décennies.

CHAPITRE 2

L'EXPANSION

Les années 1940-1950

Dans les années 1940 et 1950, la notion d'organisation apparaît et l'on assiste à l'institutionnalisation d'un corps de connaissances de plus en plus autonome. Sur le plan économique, cette période est marquée par l'avènement d'un nombre important de grandes entreprises telles qu'on les connaît aujourd'hui. La Seconde Guerre mondiale favorise la croissance des entreprises américaines dont la taille devient de plus en plus importante. Sur le plan des connaissances, cette période correspond à un développement sans précédent des sciences sociales et humaines dans les universités de la côte est américaine. La sociologie acquiert ses lettres de noblesse et entre dans plusieurs campus américains. À côté des facultés de sciences sociales, qui suscitent un grand enthousiasme, on assiste également à la création des écoles de gestion. Alors que dans la période précédente, l'essor du noyau dur en théories des organisations était en partie le fait de praticiens, de plus en plus, les connaissances sur les organisations se développent au sein d'équipes de recherche universitaires. Cette période d'expansion est marquée par l'intérêt pour deux grands sujets : dans le prolongement de la sociologie, on se met à l'analyse de la bureaucratie et, sous la double influence de la psychologie et de l'économie, on scrute de plus près la prise de décision. Que l'on se penche sur l'un ou sur l'autre, on se positionne toujours en réaction aux travaux de la période précédente, particulièrement par rapport à l'école des relations humaines.

2.1. La bureaucratie

En réaction aux chercheurs qui s'intéressent aux comportements humains dans les entreprises, des sociologues américains se lancent dans l'analyse de la bureaucratie et défendent la position suivante : les problèmes et les difficultés auxquels font face les individus dans les organisations sont des effets de système. Leurs arguments remettent en question les travaux associés à l'école des relations humaines. Ces sociologues considèrent que l'analyse des relations entre les membres d'un petit groupe ne peut pas se faire indépendamment des structures organisationnelles plus larges dans lesquelles il s'inscrit. Ainsi, le comportement des individus dans l'entreprise s'explique moins par leurs motivations personnelles que par le système de rôles qu'ils ont à remplir. Selon les sociologues de la bureaucratie, l'approche des relations humaines ne tient pas compte de ces rôles et ne permet pas non plus de comprendre comment l'individu s'ajuste au système, à l'organisation. Ils se positionnent donc en prenant le parti de comprendre la dimension sociale, voire systémique, qui explique le fonctionnement des entreprises.

Les sociologues de la bureaucratie réalisent des travaux, en général des études de cas, qui permettent de comprendre les dysfonctions bureaucratiques. Ces travaux sont largement influencés par deux mouvements d'idées en sociologie : la sociologie de Max Weber et le structuro-fonctionnalisme américain. En fait, on doit à Talcott Parsons[1] la traduction des travaux de

1. *Talcott Parsons (1902-1979).* En réaction au mouvement empiriciste axé sur la collecte de données individuelles qui caractérise la sociologie américaine au début du XXe siècle, Parsons, professeur de sociologie à Harvard, propose de concevoir la société comme un système dont les besoins déterminent les comportements de ses membres. La société est ainsi vue comme un système de rôles, de fonctions, d'ajustement et d'intégration. Dans des articles fondateurs de la sociologie des organisations, Parsons définit l'organisation comme un sous-système social ayant des buts spécifiques et explique que les individus adoptent les buts de l'organisation en défendant les valeurs et les normes qui les entourent (T. Parsons [1956], « Suggestions for a sociological approach to the theory of organizations », tomes I et II, *Administrative Science Quarterly*, vol. 1, n° 1, et vol. 2, n° 2).

Weber de l'allemand vers l'anglais dans les années 1940. Comme nous le verrons plus loin, c'est d'ailleurs la relecture fonctionnaliste des idées wébériennes par Robert K. Merton qui anime l'analyse de la bureaucratie qui se développe dans la période de l'après-guerre. Avant de présenter quelques-uns des principaux travaux effectués par les sociologues de la bureaucratie, il convient de passer en revue les principales contributions de Weber aux théories des organisations.

◇ ***Weber (1864-1919).*** L'influence wébérienne sur les sociologues de la bureaucratie vient essentiellement à cette époque de ses travaux sur la bureaucratie. Au tournant du XXe siècle, Weber s'interroge sur les transformations du monde occidental. Selon lui, ces transformations dans les modes de vie sont révélatrices de modifications importantes dans les types d'action. Dans *Économie et Société*, Weber distingue deux grands types d'action[2] : l'action rationnelle en finalité et l'action rationnelle en valeurs. L'action rationnelle en finalité est une action effectuée dans un but spécifique et dont les moyens et les conséquences ont fait l'objet d'une évaluation logique. À l'opposé, l'action rationnelle en valeurs est motivée par des valeurs ou des croyances (p. ex., l'honneur, l'honnêteté, etc.). Par exemple, lors d'un naufrage, l'action la plus rationnelle pour survivre est sans conteste de quitter le bateau le plus rapidement possible. Or, le capitaine quitte le navire en dernier, car il agit en fonction des valeurs attachées à son statut de capitaine. Il accomplit donc ainsi une action rationnelle en valeurs.

Weber se demande aussi pourquoi les individus obéissent aux ordres de ceux qui les dominent. Aux types d'action correspondent des modes de domination, lesquels se composent de toutes les raisons pour lesquelles des individus acceptent le pouvoir de ceux qui les dominent. Le mode de domination correspondant à l'action rationnelle en valeurs est le mode de domination traditionnel, celui qui correspond à l'action rationnelle en finalité est le mode de domination rationnel légal. Selon Weber, ce dernier type d'action devient prépondérant dans les sociétés occidentales, de plus en plus marquées par un processus irréversible de rationalisation. Dans ces sociétés, l'autorité s'impose de plus en plus en vertu de la croyance des individus en un statut légal et en une compétence basée sur des règles établies de manière

---

2. M. Weber (1971), *Économie et Société*, Paris, Plon. Cet ouvrage comprend deux tomes : 1) *Les catégories de la sociologie* ; 2) *L'organisation et les puissances de la société dans leur rapport avec l'économie.*

rationnelle. À ce type de domination correspond donc une forme d'organisation spécifique que Weber appelle la bureaucratie et dont le tableau 2.1 énumère les principales caractéristiques[3].

TABLEAU 2.1
Caractéristiques de l'organisation bureaucratique selon Weber

1. Ses membres sont personnellement libres et soumis à une autorité seulement pour l'accomplissement de leurs fonctions officielles.
2. Ils sont organisés dans une hiérarchie d'emplois claire et bien définie.
3. Chaque emploi a une sphère de compétence légale et bien définie.
4. Tout emploi est occupé sur la base d'une relation contractuelle.
5. Les candidats à un emploi sont sélectionnés d'après leurs qualifications techniques ; dans le cas le plus rationnel, ils sont sélectionnés par concours, examens ou par des diplômes garantissant leurs connaissances techniques ; ils sont nommés et non élus.
6. Les membres sont rémunérés par un salaire fixe, en monnaie : le salaire varie selon l'échelon hiérarchique.
7. L'emploi dans l'organisation est la seule occupation professionnelle de ses membres.
8. L'emploi constitue une carrière : la promotion se fait selon le jugement des supérieurs.
9. L'employé n'est ni propriétaire des moyens de l'organisation, ni propriétaire de son poste : il y a séparation entre la fonction et l'homme qui l'occupe.
10. L'employé est soumis à une discipline stricte dans son travail.

Source : J.C. Scheid, 1990, p. 13.

Rationalité, domination et bureaucratie sont trois notions qui, selon Weber, sont indispensables pour comprendre l'action et le devenir des sociétés industrialisées. Rappelons-nous à cet égard sa célèbre maxime : « Car avant tout, dans la vie quotidienne, la domination est administration. » Le développement de la rationalité est non seulement inévitable mais aussi désirable, car il permet l'efficacité (concentration des ressources), encourage le pluralisme (protection de la permanence) et libère l'individu des chaînes de la tradition (démocratisation des rapports professionnels). En contrepartie, il permet le développement d'un *éthos* particulier, celui de la règle et de la

3. Ce tableau est un exemple de la méthode de l'idéal-type que l'on doit à Weber. En effet, Weber propose d'expliquer le social en construisant des types purs comme il l'a fait pour la bureaucratie. Un idéal-type est en quelque sorte une synthèse abstraite des caractéristiques de la réalité empirique. Il est obtenu en accentuant plusieurs traits ordonnés selon différents points de vue. Toutefois, il s'agit d'un cas idéal qui n'existe pas, bien qu'il puisse résulter de la généralisation de données empiriques. Le travail de recherche consiste ensuite à examiner dans quelle mesure la réalité se rapproche ou s'éloigne de ce tableau idéal, ce à quoi s'emploient les sociologues de la bureaucratie.

prévisibilité, qui contribue au « désenchantement du monde ». Pour affronter ce désenchantement, le leadership charismatique devient une manière de faire contrepoids au déploiement irréversible de la rationalité formelle[4].

◇ ***Robert K. Merton (1910-2003).*** Merton, un collègue de Parsons, entreprend, à la fin des années 1930, la relecture des travaux de Weber sur la bureaucratie. Préoccupé par l'analyse empirique des entreprises, il s'intéresse aux difficultés de fonctionnement de la bureaucratie. Cet auteur fournit deux contributions majeures aux théories des organisations. D'abord, il propose les notions de fonctions « manifestes » et de fonctions « latentes »[5]. Les fonctions manifestes sont créées dans un but spécifique, tandis que les fonctions latentes sont des conséquences non prévues ou inattendues de l'action. Ensuite, il décrit l'idéal-type de la « personnalité bureaucratique », soit celle des individus se moulant aux règles en les appliquant à la lettre plutôt que dans l'esprit dans lequel elles ont été édictées[6]. Dans l'ensemble de ses travaux, Merton s'intéresse aux éléments de déviation, voire d'irrationalité du système bureaucratique. Il tente de reformuler le problème de la bureaucratie pour comprendre comment la rationalité peut devenir source de rigidités et de dysfonctions.

Dans la foulée des travaux de Merton, une génération de sociologues effectuent des études de cas[7] en se positionnant par rapport à ses réflexions sur la bureaucratie et la bureaucratisation de l'entreprise. Leurs travaux montrent que la bureaucratisation ou ce qu'ils associent généralement à la rationalisation entraîne des conséquences secondaires inattendues qui sont contraires à ses objectifs intrinsèques d'efficacité. De plus, ces sociologues représentent l'organisation comme un système de buts dont la coopération entre les parties est nécessaire au fonctionnement de l'ensemble[8]. Parmi les

4. Il faut bien comprendre que les idées de Weber se développent dans le contexte socio-historique d'une Allemagne dont l'administration étatique a historiquement été dominée par la noblesse et la classe militaire. Selon Weber, l'idéal bureaucratique permet une redistribution des postes administratifs de l'État aux différentes classes sociales. De plus, son projet de leader charismatique est une idée qui n'est pas étrangère au climat politique de l'époque.

5. R.K. Merton (1936), « The unanticipated consequences of purposive social action », *American Sociological Review*, vol. 1, n° 6, p. 894-904.

6. R.K. Merton (1940), « Bureaucratic structure and personality », *Social Forces*, mai, p. 560-568.

7. Les études de cas les plus connues sont les suivantes : *TVA and the Grass Roots* (1949) de Selznick ; *Patterns of Industrial Bureaucracy* (1954) de Gouldner ; *The Dynamics of Bureaucracy* (1955) de Blau ; *Union Democracy* (1956) de Seymour, Lipset et Coleman ; *Le phénomène bureaucratique* (1963) de Crozier.

8. P. Selznick (1948), « Foundations of the theory of organization », *American Sociological Review*, vol. 13, n° 1, p. 25-35.

travaux empiriques réalisés par les sociologues de la bureaucratie, trois seront par la suite largement cités. Il s'agit des études de cas de Selznick, de Gouldner et de Crozier qui, chacune à leur façon, explorent, dans les années 1940 et 1950, les dysfonctions inhérentes au mode d'organisation rationnel bureaucratique[9].

ENCADRÉ 2.1
Les fondements de l'analyse de la bureaucratie

- Le mouvement de rationalisation porté par la société industrielle est au centre des préoccupations des sociologues de la bureaucratie.
- L'individu a peu de marge de manœuvre : il est contraint de se conformer et de s'ajuster aux structures sociales et organisationnelles.
- La rationalité est aussi source de dysfonctions, elle peut devenir non fonctionnelle.
- Pour comprendre les organisations, il faut aussi étudier le système de rôles, de normes et de valeurs.
- Les sociologues de la bureaucratie cherchent à établir des lois, des principes ou des types qui sont universels.
- Les sociologues de la bureaucratie ont surtout effectué des études de cas.

□ ***Philip Selznick.*** Dans les années 1940, Selznick étudie une agence gouvernementale, la Tennessee Valley Authority (TVA), chargée d'administrer un programme d'aménagement régional relatif au réseau de distribution de l'énergie électrique et des mines dans l'Alabama. Par l'analyse complexe de l'action des différents niveaux de gouvernement et des acteurs impliqués, Selznick (1949) démontre comment les structures informelles modifient le sens, les modalités et les conséquences de l'action rationnelle. Aussi conclut-il que les buts formels de l'organisation se modifient et se déplacent en cours d'implantation, à l'interne, par les effets de la spécialisation des tâches et, à l'externe, par l'action des membres des groupes de pression.

□ ***Alvin Ward Gouldner (1920-1980).*** Ce chercheur met à l'épreuve la réflexion théorique sur la bureaucratisation de la société à partir de l'observation et de l'analyse de la réorganisation d'une entreprise américaine d'exploitation et de transformation du gypse située près des Grands Lacs (Gouldner, 1954). Après la mort du directeur de l'usine, les grands patrons de l'entreprise nomment un successeur fraîchement sorti d'une école de

9. M. Reed souligne la proximité des travaux de ces auteurs dans *Redirections in Organizational Analysis* (1985), Londres, Tavistock, où il reprend ces trois études de cas pour illustrer la notion de pratiques sociales qu'il propose.

gestion et le chargent de rationaliser le fonctionnement de l'établissement. Le cas illustre les difficultés de passer d'un type d'autorité traditionnelle à un type d'autorité rationnelle-légale. Autrement dit, il rend compte des difficultés que rencontrent les dirigeants qui souhaitent imposer des règles formelles et rationnelles, ce dont Weber ne discute aucunement. Gouldner (1954) montre que plusieurs formes d'organisations bureaucratiques peuvent coexister : factice (lorsque les règles sont fixées par une autorité extérieure), représentative (lorsque les règles sont élaborées de manière collective) et punitive (lorsque les règles sont imposées sous peine de sanctions normatives). Il s'agit d'une analyse subtile du passage d'un mode traditionnel de gestion vers un mode rationnel qui illustre la face cachée des règles bureaucratiques.

□ ***Michel Crozier.*** Quant à Crozier, il s'agit d'un auteur français qui, ayant étudié aux États-Unis durant cette période, partage les intérêts des sociologues de la bureaucratie et explore les sources et les conditions de développement du phénomène bureaucratique en France. Il réalise en 1963 une étude clinique des inadaptations dans deux organisations françaises dont la structure est pyramidale, rigide et hiérarchique (une agence parisienne du ministère des Finances et un monopole industriel d'État). Il propose la notion de « cercle vicieux bureaucratique[10] » pour caractériser les organisations dont le fonctionnement est fondé sur des règles impersonnelles. Comme ces règles ne prévoient pas tout, elles créent des zones d'incertitude que les différents groupes de l'entreprise cherchent à contrôler. Ceux qui y arrivent ont plus de pouvoir, ce qui frustre les autres et les amène à réclamer plus de règles. Toutefois, l'ajout de nouvelles règles crée de nouvelles zones d'incertitude. Ainsi, Crozier conclut que l'organisation bureaucratique est un système incapable de corriger ses erreurs et dont les dysfonctions sont des éléments intrinsèques.

En gestion et en théories des organisations, les caractéristiques de l'idéal wébérien de la bureaucratie ont généralement été associées aux principes universels de l'organisation scientifique et administrative du travail. Il s'agit là d'une interprétation réductrice de la pensée wébérienne. Selon Marie-Jo Hatch (2000), bien qu'on l'ait limitée à la relation entre rationalité bureaucratique et efficacité technique, la contribution de Weber est beaucoup

10. Le « cercle vicieux bureaucratique » se définit par quatre traits essentiels : 1) le développement de règles impersonnelles qui structurent le fonctionnement de l'organisation ; 2) la centralisation des décisions comme conséquence de la règle d'impersonnalité ; 3) l'isolement de chaque catégorie hiérarchique comme conséquence de la centralisation ; et 4) le développement de relations de pouvoir parallèles comme conséquence de l'impossibilité d'éliminer toute zone d'incertitude.

plus large. La relecture fonctionnaliste des idées wébériennes par les sociologues de la bureaucratie constitue une première réflexion remettant en question le projet de rationalisation porté par les ancrages théoriques du noyau dur. Dès les années 1940 et 1950, ces sociologues de la bureaucratie tentent de démontrer que la rationalisation a toujours des conséquences inattendues, et nient ainsi l'existence d'un *one best way*. Toutefois, leur message passera plutôt inaperçu à l'époque.

Dans les décennies suivantes, l'analyse de la bureaucratie recevra peu d'attention en théories des organisations. Dans le sillage de la théorie wébérienne, les sociologues américains s'intéressent plutôt à l'étude des organisations formelles et cherchent à établir diverses taxinomies des structures organisationnelles[11]. Il faut par ailleurs souligner le travail de Paul du Gay (2000) qui constitue une fine analyse de l'organisation bureaucratique renouvelée et mise à jour[12].

Néanmoins, les sociologues de la bureaucratie marquent ce domaine d'étude pendant plusieurs décennies. Ainsi, Gouldner, dans les années 1970, prend le tournant d'un discours plus critique, il s'agit d'une dimension moins connue de ses travaux[13]. Selznick est reconnu, dans les années 1980, comme un des pères de l'approche institutionnelle (section 5.1). Quant à Crozier, il développe, à la fin des années 1970, une théorie de l'action organisée, l'analyse stratégique, en proposant une démarche qui examine les relations entre l'acteur et le système et qui prend une grande importance dans la décennie suivante (section 7.3). De plus, il faut souligner que les travaux empiriques des sociologues de la bureaucratie sont des modèles de recherche dont les études de cas méritent d'être redécouvertes par l'ensemble des chercheurs en théories des organisations qui sont actuellement intéressés par cette avenue méthodologique.

---

11. Dans cette perspective, on trouve notamment : P. Blau et R. Scott (1962), *Formal Organizations*, San Francisco, Chandler ; A. Etzioni (1961), *Complex Organizations*, New York, Holt, Rinehart et Winston.
12. Dans ce contexte de renouveau, voir aussi l'article de C. Casey (2004), « Bureaucracy re-enchanted ? Spirit, experts and authority in organizations ». *Organization*, vol. 11, n° 1, p. 59-80.
13. A.W. Gouldner (1975), *The Dialectic of Ideology and Technology*, New York, The Seaburry Press ; A.W. Gouldner (1982). *The Two Marxism : Contradictions and Anomalies in the Development of theory*, Oxford, Oxford University Press.

2.2. La prise de décision

Durant les années 1940-1950, on assiste à la fondation d'écoles et de départements de gestion. Ceux-ci regroupent des chercheurs de diverses disciplines, principalement la psychologie et l'économie, intéressés à comprendre le fonctionnement des entreprises. Le comportement humain est au centre de leurs préoccupations. On trouve d'ailleurs dans ces institutions des programmes et de nombreux cours de comportement organisationnel. C'est dans ce contexte que des chercheurs vont s'intéresser à la prise de décision.

□ ***Herbert A. Simon (1916-2001) et James G. March.*** Simon, prix Nobel d'économie en 1978, est la figure de proue de cette école. Pour lui, une théorie de l'organisation est une théorie de la « décision ». En effet, c'est le processus administratif qui garantit l'équilibre et la survie des organisations. Celles-ci sont profitables et se développent parce que les individus prennent des décisions rationnelles. Simon veut donc comprendre le processus administratif à partir de la logique et de la psychologie de la décision pour constituer une théorie de l'administration. En 1945, il propose, dans *Administrative Behavior,* une première tentative de décrire le comportement administratif. Puis, en 1958, il présente la version achevée de cette théorie dans un ouvrage intitulé *Organizations* qu'il écrit en collaboration avec James G. March, son ancien étudiant.

Le point de départ de l'argumentation des auteurs prend racine dans la critique des travaux précédents. Avec les chercheurs de l'école des relations humaines, ils reconnaissent les limites du modèle mécaniste de l'organisation scientifique et administrative du travail et partagent l'idée que les êtres humains ne sont pas que des machines. Ils prétendent toutefois que les chercheurs des relations humaines ont eux aussi commis une erreur d'interprétation en privilégiant la dimension irrationnelle et informelle du comportement humain et en postulant que la rationalité managériale et l'irrationalité du comportement n'étaient pas réconciliables. Quant aux sociologues de la bureaucratie dont les idées se diffusent au même moment, les théoriciens de la prise de décision leur reprochent de s'en tenir à l'étude des effets de système pour expliquer les comportements non rationnels.

Pour comprendre les organisations, les théoriciens de la prise de décision suggèrent plutôt de s'intéresser au comportement humain, de revenir sur l'individu en cherchant cependant à réconcilier rationalité et irrationalité. L'essence de leurs propos consiste à élaborer une théorie de la décision prenant appui sur la théorie économique des choix et la théorie psychologique du comportement. Dans une organisation fortement orientée sur les tâches accomplies et les buts poursuivis, on doit considérer que l'individu a une conduite rationnelle, mais limitée et même contrainte par la structure administrative. En fait, c'est la notion de rationalité limitée qui est au cœur de la théorie de la décision que proposent ces auteurs.

Le modèle économique néoclassique traditionnel repose sur l'idée que l'individu fait des choix rationnels suivant une séquence d'actions spécifiques : définition du problème, repérage des solutions possibles, évaluation de ces solutions, choix et mise en œuvre de la décision et contrôle des résultats. Ce modèle suppose que les décideurs ont une connaissance parfaite de l'information quant aux diverses solutions possibles et à leurs conséquences. Il affirme aussi que les preneurs de décisions sont capables d'ordonner leurs préférences en fonction de règles de décision connues et acceptées de tous. Il suppose également qu'on ne tient pas compte de la politique interne de l'organisation. Dans les faits, les choses se passent rarement selon cette séquence d'actions, contrairement à ce que prétend la théorie néoclassique. Les individus sont en général loin de posséder tous les éléments d'information qui feraient de leur décision un acte purement rationnel. Autrement dit, l'information qu'ils possèdent est incomplète et imparfaite.

Selon Simon, les individus font des choix en fonction de leur perception, de leur position organisationnelle et de leurs manières d'agir. La plupart du temps, ils ne vont pas choisir la solution optimale, ils ont plutôt tendance à choisir la solution la plus satisfaisante. Dans la vie réelle, les individus ont tendance à simplifier les données du problème pour réduire l'incertitude. Ainsi, l'« homme administratif » de Simon ne maximise pas, il est incapable d'énumérer toutes les données d'un problème et ses préférences sont loin d'être stables. Un certain nombre de facteurs limitent l'exercice de la rationalité : information incomplète et imparfaite, complexité des problèmes, capacités humaines de traitement de l'information, temps disponible, préférences conflictuelles des décideurs par rapport aux buts organisationnels, etc.

Simon et March observent également qu'il y a différents types de décisions. Certaines sont familières et prennent la même forme, particulièrement celles qui se situent en bas de la hiérarchie. Ces décisions peuvent faire l'objet de protocoles et devenir programmables. Dans ce cas, elles sont rationnelles. En fait, étant donné que la rationalité individuelle est limitée, il faut qu'il y ait des routines, des programmes établis pour assurer la permanence et la stabilité de l'organisation. La structure et les activités organisationnelles formelles, c'est-à-dire les systèmes organisés, font en sorte que la vie est plus rationnelle et efficace. La recherche opérationnelle, l'analyse mathématique et les modèles de simulation sont des techniques efficaces pour prendre ce type de décisions.

D'autres décisions sont plus difficilement programmables ; ce sont celles qui relèvent de problèmes nouveaux, qui nécessitent du jugement et de la créativité ou qui sont de l'ordre du stratégique et de l'intangible. Pour ce type de décisions, il n'existe pas de techniques permettant de trouver une solution optimale. Toutefois, il est toujours possible, selon Simon et March, d'isoler une décision, de la décomposer afin d'en rendre certaines dimensions programmables et de se rapprocher ainsi autant que possible d'une solution optimale. Scheid (1990) signale que, dans les années 1950, Simon est convaincu que la capacité d'introduire des éléments de jugement dans les programmes de prise de décision constituera une révolution majeure pour la conduite des organisations.

Dans ce contexte, le but d'une théorie de l'organisation consiste à reculer les limites de la rationalité humaine et à essayer de les faire tomber afin d'atteindre le maximum de rationalité possible. Dans leur ouvrage intitulé *Organizations*, March et Simon (1958) analysent des problèmes de décision et formulent des propositions générales relativement à la prise de décision (p. ex., plus sera poussée la programmation… plus grande sera la prévisibilité ; plus grande sera la répétition des tâches… plus poussée sera la programmation[14]). Selon eux, l'automation et la rationalisation des décisions devraient rendre le travail de tous, et particulièrement celui des gestionnaires, plus facile en créant une structure objective et facilement compréhensible.

ENCADRÉ 2.2
Les fondements de la prise de décision

- L'activité administrative s'exerce dans des organisations formelles.
- Ces organisations se composent d'individus qui prennent des décisions en vue d'atteindre des objectifs.
- L'étude du processus administratif doit privilégier la logique des choix humains.
- Les raisons pour lesquelles les organisations formelles ne sont pas tout à fait rationnelles relèvent de la structure cognitive des individus et non de la logique des systèmes.
- Les individus prennent des décisions en fonction d'une rationalité limitée et prennent des décisions satisfaisantes plutôt qu'optimales.
- L'automation et la rationalisation des décisions rendent plus facile le travail de tous parce qu'elles favorisent l'objectivité des comportements.
- Une décision peut être isolée, décortiquée et reconstruite de manière rationnelle.

14. Scheid (1990, p. 137) rapporte que l'ouvrage contient plus de 160 propositions de ce genre.

La question de la rationalité dans la prise de décision constitue un problème central en théories des organisations et connaîtra de nombreux développements dans les décennies suivantes. Dans la suite de la théorie de Simon, elle est au cœur du développement de la recherche opérationnelle et des travaux sur l'intelligence artificielle. De manière parallèle, la question de la rationalité limitée est l'objet de nombreuses critiques[15] qui ont pour effet de faire avancer la réflexion vers des modèles de prise de décision plus réalistes. Ainsi, dans les décennies suivantes, les travaux sur la prise de décision se développent selon deux modèles : le modèle politique et le modèle des processus.

Quelques années plus tard, Cyert et March (1963) analysent des décisions budgétaires en milieu universitaire et insistent sur le caractère politique de la prise de décision. Lorsqu'il y a désaccord dans les objectifs et les buts d'une décision, la décision qui est finalement prise repose sur une base consensuelle plutôt que sur une démarche rationnelle. En fait, il existerait, selon ces auteurs, diverses formes de rationalité (p. ex., contextuelle, de jeux, politique et adaptative). De plus, March et Olsen (1976) mettent l'accent sur l'incertitude entourant les décisions, qu'elle soit liée au manque d'information ou au caractère ambigu des décisions lorsqu'au contraire il y a surplus d'information (voir la section 7.1).

Dans le modèle des processus, il s'agit de comprendre la complexité des processus conduisant à la prise de décision. Des auteurs étudient comment les décisions sont prises en essayant de retracer l'évolution de la décision entre le moment où elle débute et celui où elle se termine (Cray *et al.*, 1988 ; 1991). D'autres s'intéressent plutôt à la mise en œuvre des décisions. Ils cherchent à démontrer la nature incrémentale (Lindbloom, 1959 ; Quinn, 1980) et émergente (Mintzberg et Waters, 1985) des décisions, particulièrement des décisions stratégiques, de manière à renouveler les façons de concevoir la prise de décision (Langley *et al.*, 1995).

Bref, l'étude de la prise de décision dans les années 1940-1950, en plus d'apporter une contribution importante à la microéconomie classique, renouvelle l'approche scientifique des organisations en mettant au premier plan le décideur. En même temps qu'elle prolonge le projet des auteurs du noyau dur, la théorie de la décision de Simon propose, dans les années 1940-1950, une vision innovatrice du comportement organisationnel. En effet, elle remet en question le modèle rationnel du décideur en affirmant qu'il

---

15. A. Etzioni (1961), *Comparative Analysis of Complex Organizations*, New York, Free Press ; C.B. Perrow (1976), *Complex Organizations : A Critical Essay*, 2e édition, New York, Random House.

n'est pas un acteur complètement libre et ayant une information parfaite. Néanmoins, le projet de cette école consiste à trouver des moyens de reculer les limites de la rationalité en situation de prise de décision. Dans les décennies qui suivront, la notion de rationalité limitée aura une influence majeure sur le développement des théories des organisations.

Conclusion

Durant les années 1940-1950, les théories des organisations prennent de l'expansion en se questionnant sur la rationalité. De leur côté, les analystes de la bureaucratie proposent une relecture wébérienne du processus de rationalisation intrinsèque à la modernité. Leurs travaux empiriques suggèrent que la mise en œuvre de la rationalité formelle est en soi porteuse de conséquences inattendues donnant lieu à des dysfonctions organisationnelles. Quand aux auteurs s'intéressant à la prise de décision, ils se penchent plutôt sur la rationalité individuelle et suggèrent qu'elle est limitée par diverses contraintes. Bien que ces deux écoles de pensée renouvellent, chacune à sa manière, la question de la rationalité, le projet de connaissance qu'elles portent est différent. Alors que les sociologues de la bureaucratie proposent diverses analyses visant à démontrer l'échec de la mise en œuvre de la rationalité formelle, les théoriciens de la prise de décision cherchent des moyens rationnels de reculer les limites de la rationalité individuelle.

Durant cette période d'expansion, la production des connaissances en théories des organisations suscite l'intérêt de différentes disciplines des sciences sociales. D'un côté, la sociologie et, de l'autre, l'économie et la psychologie favorisent l'explosion de la production des connaissances sur les organisations. Ballé (2006) rapporte que March évalue à près de trente le nombre d'ouvrages publiés avant 1959, qu'il qualifie d'ancestraux. En 1965, March publie un livre de synthèse des principaux travaux effectués durant ces années[16]. On y retrouve des écrits venant de diverses tendances. Dans les années 1950, la revue *Administrative Science Quarterly* est fondée par la *Graduate School of Business and Public Administration* de l'Université de Cornell. Les théories des organisations deviennent ainsi un domaine d'études à part entière.

16. J. March (1965), *Handbook of Organizations*, Chicago, Rand McNally & Co.

CHAPITRE 3

LA CONSOLIDATION

Les années 1960

Les années 1960 voient l'aboutissement des tendances amorcées dans les périodes précédentes tant sur le plan économique que sur le plan des connaissances. Sur le plan économique, le mouvement de croissance effrénée de l'après-guerre atteint son apogée. L'internationalisation des activités des grandes entreprises prend de plus en plus d'ampleur. En se diversifiant, elles deviennent gigantesques, ce qui renforce la complexité des structures et des modes de fonctionnement. Cette période est aussi marquée par l'expansion du secteur public qui suscite de nouveaux problèmes d'organisation.

Sur le plan des connaissances, les années 1960 consacrent la victoire des écoles de gestion sur les départements de sciences sociales. Ceux qui s'intéressent aux organisations délaissent petit à petit les départements de sociologie, qui deviennent des lieux de contestation et se retrouvent dans les départements de comportement organisationnel. Toutefois, les chercheurs sont de moins en moins préoccupés par l'action des individus. Ce sont maintenant les questions d'ordre structurel qui retiennent leur attention (p. ex., la taille, la technologie, les niveaux hiérarchiques, etc.). Pour résoudre les problèmes d'incertitude, ils sont à la recherche de modèles d'explication simplifiés en vue de formaliser et de systématiser les traits essentiels des organisations qui sont de plus en plus complexes. Cette période est principalement marquée par l'essor de deux ancrages théoriques : l'analyse systémique et les théories de la contingence.

3.1. L'analyse systémique

La théorie générale des systèmes fait son apparition dans les années 1930. Fruit de la rencontre entre chercheurs appartenant à des univers disciplinaires différents[1], selon Séguin et Chanlat (1983), l'analyse systémique devient, à la fin des années 1950 et dans les années 1960, une des grilles de lecture les plus utilisées pour comprendre les organisations formelles. Le but de l'analyse systémique en théories des organisations est de partir des principes communs à la théorie générale des systèmes pouvant tout aussi bien s'appliquer à la biologie, à la physique qu'à la sociologie pour expliquer le fonctionnement des organisations.

Un système est un ensemble d'éléments en interaction. Il peut s'agir d'un système fermé ou d'un système ouvert, c'est-à-dire ayant des échanges avec son environnement. À la base de la théorie des systèmes, on trouve les principes suivants.

a) Le principe d'interaction et d'interdépendance

Un système quel qu'il soit ne peut être compris sans faire l'étude de l'interaction entre ses parties. L'ordre qui unit les parties d'un système résulte de l'interrelation dynamique entre ces parties. Celles-ci, prises isolément, ne se comportent pas de la même manière que lorsqu'elles sont intégrées à un ensemble.

b) Le principe de totalité

Les phénomènes ne se réduisent pas à des événements locaux ; ils appartiennent à un tout qui est supérieur à la somme de ses parties. Par exemple, le travail en équipe ou en groupe donne un résultat différent de ce que des individus

1. Les pères fondateurs de l'approche systémique sont : Norbert Wiener (professeur au Massachusetts Institute of Technology [MIT], Boston), Warren MacCulloch (créateur de la bionique), Ludwig Von Bertalanffy (biologiste) et Jay W. Forrester (cybernétique, MIT).

auraient pu accomplir seuls, aussi performants soient-ils. Par la rencontre de diverses compétences et subjectivités, un travail commun donne un résultat irréductible aux éléments qui le constituent.

c) Le principe de rétroaction

Il s'agit d'un type de causalité circulaire ou en boucle (voir figure 3.1). À la suite d'un stimulus, un message est transmis par un récepteur (p. ex., thermomètre) vers un réalisateur (appareil de chauffage) qui, par l'énergie suscitée, envoie en retour un message d'ajustement au récepteur. Ainsi, l'effet (tel un thermostat) rétroagit sur la cause qui l'a produit. Les rétroactions peuvent être positives ou négatives. Une rétroaction est positive lorsque le réalisateur fournit une variation supplémentaire ou amplifiée au récepteur. Au contraire, lorsqu'il provoque en lui une variation amortie ou diminuée, il s'agit d'une rétroaction négative. Ces rétroactions positives ou négatives sont essentielles pour comprendre les relations entre les éléments d'un système. Ce sont elles qui permettent de voir si un système est doté ou non de régulateurs efficaces.

FIGURE 3.1
Boucle simple de rétroaction

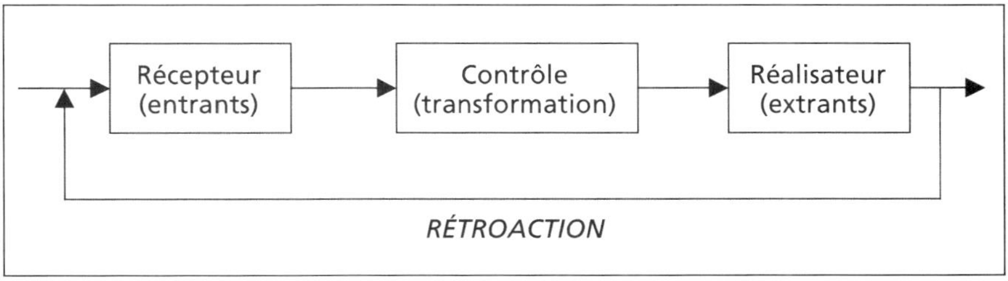

d) Le principe d'équifinalité

Ce principe s'applique aux systèmes ouverts. Dans un système fermé, les conditions initiales déterminent l'état final du système. Dans un système ouvert, le même état final peut être atteint à partir de conditions initiales différentes ou par des chemins différents.

Selon l'analyse systémique, une organisation productive est un système comme n'importe quel autre système qui peut être étudié à partir de ces principes comme un système fermé ou un système ouvert. En tant que système fermé, l'organisation est un ensemble de sous-systèmes dont il faut comprendre les interrelations. De plus, ce sont les objectifs d'ensemble qui doivent assurer la coordination des différents sous-systèmes de l'organisation. En tant que système ouvert, une organisation peut être étudiée en fonction des entrées par lesquelles l'extérieur intervient et des sorties qui influencent son environnement. La variation des relations entre les intrants et les extrants permet de déterminer si l'organisation est régulée efficacement ou non. Du point de vue de l'analyse systémique, il y a plusieurs manières d'assurer la stabilité et l'équilibre des relations entre l'organisation et son environnement. Les organisations ne sont pas limitées dans leur gestion des changements internes à une uniformité de comportements.

□ ***Jay Wright Forrester.*** Pour dépasser la généralité de la théorie des systèmes, Forrester (1961, 1968) met au point dans les années 1960 un modèle mathématique d'analyse systémique appliquée aux organisations[2]. Selon lui, les systèmes sociaux sont plus difficiles à comprendre que les systèmes techniques. Il faut donc trouver une manière de représenter mathématiquement la complexité des interrelations entre les éléments d'un système social telle l'organisation. Sa première expérience en ce sens a été réalisée pour la General Electric dans les années 1950. À cette époque, l'entreprise était aux prises avec une grande instabilité de l'emploi dans ses usines de fabrication d'appareils électriques situées au Kentucky, qui revenait suivant un cycle de trois ans. En mettant au point une simulation faisant varier l'écoulement des stocks et impliquant les décisions d'embauche et de licenciement, Forrester démontra que l'instabilité de l'emploi à la General Electric était reliée à la structure de l'entreprise et non à un cycle de l'industrie. Cette simulation constituait le début de la dynamique des systèmes comme champ d'étude.

Dans les années qui suivirent, Forrester mit au point avec son équipe de recherche une méthode expérimentale visant à simuler, à partir d'équations, les interrelations entre divers éléments composant une entreprise (flux des stocks, salaires, ventes, publicité, etc.). Cet auteur est convaincu qu'il est possible de représenter mathématiquement les interconnexions entre ces éléments qui forment le système de l'entreprise. Ces interconnexions sont décrites par des équations mathématiques dont les signes représentent les niveaux, les flux et les points de décision. Ces interconnexions sont d'abord

2. Jay Wright Forrester, ingénieur au Laboratoire de servomécanismes du MIT, déposa plusieurs brevets dans ce domaine et dans celui des ordinateurs. En 1956, il devint professeur de gestion à la Sloan School of Management du MIT. Ses idées lui valurent la notoriété dans le domaine des systèmes sociaux. Entre autres, il fut conseiller auprès du Club de Rome en 1970 pour la réalisation du modèle du monde. Il s'est également intéressé au développement et à la planification des systèmes urbains.

initialisées avec des grandeurs réelles. En faisant varier certains éléments dans le temps, il est alors possible de connaître et de prédire l'impact de cette variation sur les autres éléments du système qui ont une importance majeure (p. ex., bénéfice, chiffre d'affaires, effectif du personnel, etc.). L'objectif de la simulation est de connaître le comportement du système pour voir si des changements dans certains éléments peuvent ou non permettre d'atteindre les objectifs de l'entreprise. Le modèle se révélera particulièrement utile pour l'étude des éléments affectant la structure de l'organisation. Il donnera lieu à une simulation utilisée sur ordinateur (DYNAmic MOdels) dans l'étude de la dynamique des systèmes pendant les trente années qui suivront.

□ ***Frederick Emery (1925-1997) et Eric L. Trist (1909-1993).*** À la fin des années 1960, Emery et Trist, des chercheurs du Tavistock Institute of Human Relations de Londres, spécialisés dans l'étude des problèmes du travail, proposent de définir l'entreprise comme un système sociotechnique ouvert (Emery et Trist, 1969). Un système sociotechnique est un système où le technologique et le social sont en interaction constante. C'est un système autorégulé susceptible d'être influencé par l'environnement. Ces auteurs défendent notamment l'idée que l'étude des petits groupes ne doit pas se limiter à l'analyse des caractéristiques professionnelles et psychologiques de ses membres, car les contraintes techniques influencent les contraintes individuelles et réagissent à celles-ci.

Considérer les entreprises comme des systèmes sociotechniques ouverts implique de reconnaître à quel point elles sont influencées par leur environnement. L'environnement externe exerce des pressions constantes sur les systèmes technique et social de l'entreprise. Ceux-ci s'adaptent et se transforment en fonction des contraintes environnementales. Les contraintes externes suscitent des besoins qui sont pris en compte de différentes manières par l'organisation interne de l'entreprise. À la différence des systèmes fermés, les organisations en tant que systèmes sociotechniques peuvent atteindre un certain niveau de stabilité même si les arrangements internes qui les définissent ne sont pas homogènes. Vu la nature ouverte de l'organisation comme système sociotechnique, la direction doit gérer l'entreprise comme un système interne et l'environnement comme un système externe.

Sur le plan de la pensée, l'analyse systémique apporte une contribution majeure aux théories des organisations. En définissant l'organisation comme un système ouvert sur l'environnement, elle fournit une vision dynamique de l'organisation et remet en question le *one best way*. D'une part, en proposant de s'intéresser aux interactions et aux processus de rétroaction, elle propose une vision dynamique de l'organisation. D'autre part, l'analyse systémique, et plus particulièrement celle des systèmes sociotechniques, se fonde sur la reconnaissance du fait qu'il y a plusieurs manières de s'organiser pour faire face à l'environnement et qu'il n'y a donc pas qu'une seule façon, pour une organisation, d'atteindre des résultats positifs.

ENCADRÉ 3.1
Les fondements de l'analyse systémique

- Un système est un ensemble d'éléments en interaction les uns avec les autres.
- Un système se compose de différents sous-systèmes.
- Les systèmes peuvent être ouverts ou fermés.
- Il existe des principes généraux de fonctionnement des systèmes : interaction, totalité, rétroaction, équifinalité.
- Les principes généraux de fonctionnement des systèmes s'appliquent à n'importe quelle discipline (p. ex., biologie, physiologie, écologie, sciences sociales, etc.).
- L'organisation est un système (sociotechnique) ouvert sur son environnement.
- Les individus sont une composante du système organisationnel.
- L'analyse systémique fournit une vision dynamique de l'organisation.
- Même si elle n'est pas la seule ni même la plus générale, l'analyse systémique d'une organisation peut se faire à partir de modèles mathématiques.
- Les organisations en tant que systèmes sociotechniques peuvent atteindre un certain niveau de stabilité même si les arrangements internes qui les définissent ne sont pas homogènes.

L'analyse systémique des organisations est également porteuse de nombreux enseignements pour la gestion. Entre autres, elle suppose qu'il est inutile de vouloir corriger un élément indésirable sans travailler en même temps sur les éléments auxquels il est relié. Par exemple, il est inutile de vouloir modifier le comportement d'un individu pour transformer l'organisation sans travailler sur l'ensemble du contexte dans lequel cet individu agit. De plus, la gestion d'une entreprise ne peut pas être limitée au contrôle de la croissance et du développement interne, elle doit aussi prendre en compte la gestion des relations avec l'environnement.

À la base de l'analyse systémique des organisations, on trouve le projet de réunir les diverses disciplines scientifiques autour d'un vocabulaire commun. Chaque science est définie en fonction d'un objet d'étude qui lui est propre et qui la distingue des autres sciences. À l'époque, on est convaincu qu'une théorie générale des systèmes pourrait donc fournir des modèles utilisables par différentes disciplines et transférables de l'une à l'autre. En fait, cette théorie semble être aux yeux de plusieurs la voie privilégiée pour conduire à l'unité de la science. Selon Von Bertalanffy (1973, p. 36), la théorie des systèmes « peut être un moyen important pour atteindre une théorie exacte dans les domaines scientifiques non physiques ».

L'analyse systémique est un métamodèle, un outil général d'observation, une grille de lecture permettant l'analyse générale d'une situation, voire d'une intervention dans l'organisation. Elle propose un ensemble de principes permettant de tenir compte des relations entre divers éléments. Devant l'interaction de plus en plus complexe des composantes d'un phénomène, de nouveaux problèmes surgissent et demandent des outils conceptuels qui peuvent permettre de tenir compte de la circularité des causes qui l'affectent. L'analyse systémique répond à ce défi. Toutefois, elle manque de valeur explicative. Elle permet difficilement d'expliquer les multiples processus qui se juxtaposent et forment l'intérieur des systèmes. Pour paraphraser ici l'économiste Hayek, elle fournit des « explications de principe » sans conduire à la compréhension des spécificités et des singularités d'un phénomène. De plus, elle ne permet pas d'identifier clairement l'origine des problèmes.

Néanmoins, on retrouve l'influence de l'analyse systémique dans tout le développement des théories des organisations. En effet, la notion de système a été utilisée par les théoriciens des organisations dès les premiers écrits. Les penseurs de l'école des relations humaines ont eu recours à la notion de système pour représenter la complexité des relations dans les petits groupes. Parsons lui-même utilise cette analogie pour penser la société qu'il définit comme un sous-système du système général d'action[3]. De même, les sociologues de la bureaucratie et tous ceux qui s'intéressent aux structures formelles de l'organisation s'inspireront de cette notion.

Dans les années qui suivent, l'analyse systémique influence de nombreux courants théoriques et se renouvelle. C'est ainsi que la théorie de l'information, la cybernétique, la théorie des jeux, les modèles stochastiques, les théories de la décision et la recherche opérationnelle reposent sur une démarche systémique. Dans les années 1980, l'analyse systémique se renouvelle en théories des organisations sous l'influence des théories de la complexité qui

3. Le système général d'action comporte selon Parsons quatre sous-systèmes : un système culturel, un système social, un système de la personnalité et un système de comportement. Chaque sous-système a une fonction spécifique (maintien des modèles, intégration, réalisation des objectifs et adaptation à l'environnement). Le sous-système social compte lui-même quatre sous-systèmes : le système de maintien des modèles culturels, le système de la communauté sociale, le système politique et le système économique. Pour une information détaillée, voir Parsons (1973), *Le système d'action des sociétés modernes*, Paris, Dunod.

présentent l'organisation comme un système d'une grande complexité régi par des lois dynamiques et circulaires. Selon Thiétart (2000), ces théories peuvent prendre de nombreuses formes : la théorie des systèmes adaptatifs complexes, la théorie de la complexité coévolutionnaire, la théorie de l'auto-organisation et enfin la théorie du chaos.

3.2. Les théories de la contingence

Les théories de la contingence résultent de travaux de recherche empirique se réclamant d'une démarche formelle, systémique et comparative sans précédent. Jusque-là, les théories des organisations reposaient principalement sur des études de cas exploratoires et cliniques. Les théories de la contingence introduisent les enquêtes statistiques et consacrent le triomphe des analyses quantitatives. Les théories de la contingence reconnaissent que toutes les organisations sont différentes et qu'il n'y a pas de structures formelles qui soient idéales. Cependant, elles postulent qu'il y a des éléments du contexte qui influencent de manière déterminante les structures et les processus internes de l'organisation. La performance des entreprises dépend donc de leur capacité à faire en sorte qu'il y ait adéquation (*fit*) entre ces éléments. Les théories de la contingence se développent sur trois décennies et prennent de multiples formes : la contingence technologique (années 1950), la contingence structurelle (années 1960) et la contingence stratégique (années 1970).

3.2.1. La contingence technologique

□ ***Joan Woodward (1916-1971).*** À la fin des années 1950, la technologie est de plus en plus considérée comme un facteur déterminant pour expliquer le fonctionnement des structures organisationnelles. Dans ce contexte, Joan Woodward, professeure de sociologie industrielle au Collège impérial de science et de technologie de l'Université de Londres, effectue une étude empirique pour comprendre ce qui fait varier la structure de l'organisation et quel type de structure est le plus performant (Woodward, 1965). Cette étude est au centre de qu'on appelle dans les années 1950 l'école de la technologie, mouvement précurseur des théories de la contingence.

De 1953 à 1957, Woodward dirige un groupe de recherche qui réalise une étude importante sur les structures des entreprises industrielles. L'enquête porte sur cent entreprises industrielles implantées dans le sud-est de l'Essex, en Angleterre. On y trouve des entreprises dont la taille varie de cent à plus de quatre mille employés. Cette enquête lui permet de collecter un ensemble d'informations sur la structure organisationnelle de ces entreprises (p. ex., nombre de niveaux d'autorité, nombre de subordonnés par supérieur, type de communications, degré de spécialisation des fonctions, etc.). Après avoir observé de grandes différences entre les entreprises, elle effectue des tests statistiques pour déterminer quels facteurs expliquent ces différences.

Il s'est avéré que ni la taille ni l'histoire ni le secteur n'expliquaient ces différences. Toutefois, la technologie semblait jouer un rôle majeur. En effet, il est apparu que des systèmes de production semblables tendaient à avoir des structures d'organisation semblables. Woodward distingue trois types de technologie : la production unitaire ou par petits lots, la production en grande série et la production en continu (figure 3.2). Par exemple, dans une usine de production en continu, l'équipement est défini en fonction de résultats précis, la hiérarchie est longue et il existe une proportion faible de personnel de production et une proportion forte de personnel administratif. Il en va autrement des caractéristiques organisationnelles des autres systèmes techniques de production.

FIGURE 3.2
La typologie des systèmes techniques de Woodward

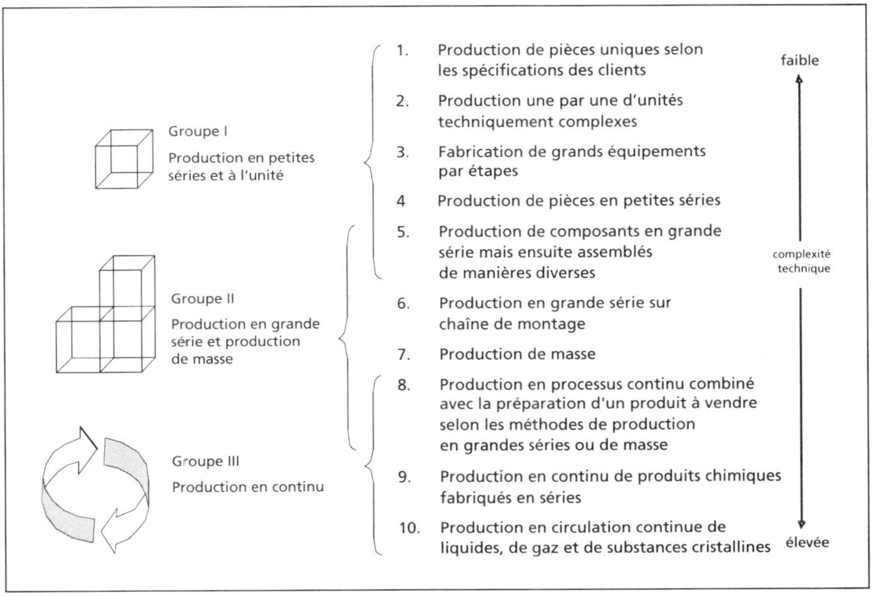

Source : M.J. Hatch, 2000, p. 151.

De plus, l'enquête démontra que les entreprises qui obtenaient les meilleurs résultats financiers étaient celles qui tendaient à avoir des caractéristiques organisationnelles apparentées aux systèmes techniques auxquelles elles appartenaient. C'est ce qui a amené Woodward à conclure qu'il existait un type de structure organisationnelle convenant mieux à chaque système technique. Ainsi, ses travaux permirent d'établir, données empiriques à l'appui, qu'il existait une relation entre technologie, structure et performance (figure 3.3).

FIGURE 3.3
Relations entre technologie, structure et performance

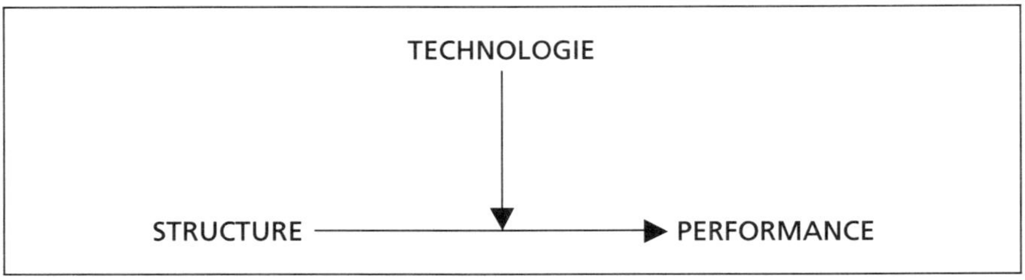

Dans la même veine, apparaît l'idée que l'environnement peut être un facteur de contingence pour comprendre les liens entre innovation technique et structure. Plus tard, Burns et Stalker (1966) essaient de comprendre pourquoi les entreprises écossaises traditionnelles ont de la difficulté à introduire des technologies nouvelles pour répondre à l'évolution du marché. Leur étude les conduit à montrer qu'il existe deux types d'organisation ayant des environnements différents : le type mécanique convenant à des conditions stables (p. ex., les entreprises du textile) et le type organique dont l'environnement peut être qualifié d'instable (p. ex., les entreprises du secteur des appareils électroniques)[4]. Dans leurs études, ils mesurent l'incertitude de l'environnement

4. Le type mécanique convenant à des conditions environnementales stables se caractérise par : la division des problèmes et des tâches spécialisée ; l'exécution de chaque tâche de manière isolée des autres tâches ; le contrôle de l'exécution des tâches par un supérieur hiérarchique immédiat ; la définition précise du travail des rôles fonctionnels ; la structure hiérarchique ; la connaissance des problèmes par le sommet de la hiérarchie ; des communications verticales ; l'insistance sur la loyauté et l'obéissance ; la valorisation de la connaissance interne et locale des problèmes.

Le type organique convenant à des conditions instables se caractérise par : la redéfinition des tâches individuelles continue ; la participation de chacun au-delà de ses limites de responsabilité ; le réseau compliqué de contrôle, d'autorité et de communication ; la localisation de la connaissance des problèmes à tous les niveaux hiérarchiques ; des communications latérales nombreuses ; des communications axées sur le partage de l'information ; des connaissances techniques plus appréciées que la loyauté.

à l'aide des taux de changement technique et de variation des ventes. Selon eux, le passage d'un type à l'autre est extrêmement difficile. La structure d'une organisation et sa capacité d'innovation technologique dépendent de facteurs externes, c'est-à-dire de l'environnement (figure 3.4). L'apport de ces travaux est d'avoir introduit l'idée que l'environnement est un facteur de contingence important de la structure des entreprises[5]. Cette idée entraînera le développement de la théorie de la contingence structurelle.

FIGURE 3.4
Relations entre environnement, technologie et structure

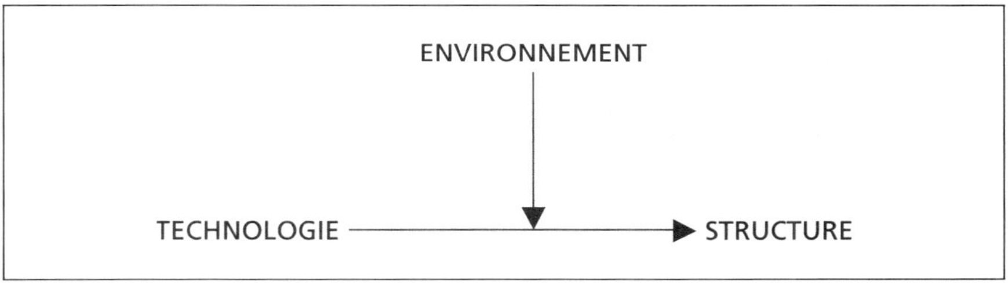

3.2.2. La contingence structurelle

□ ***Paul Roger Lawrence, Jay William Lorsch et le groupe d'Aston (Angleterre).*** Les travaux que l'on associe à la théorie de la contingence reposent sur un même canevas. Ils portent sur les relations causales entre l'environnement, la structure et la performance des entreprises (figure 3.5). On parle de contingence structurelle parce que les auteurs qui y sont associés ont en commun de mettre en évidence l'effet déterminant de l'environnement sur la

FIGURE 3.5
Relations entre environnement, structure et performance

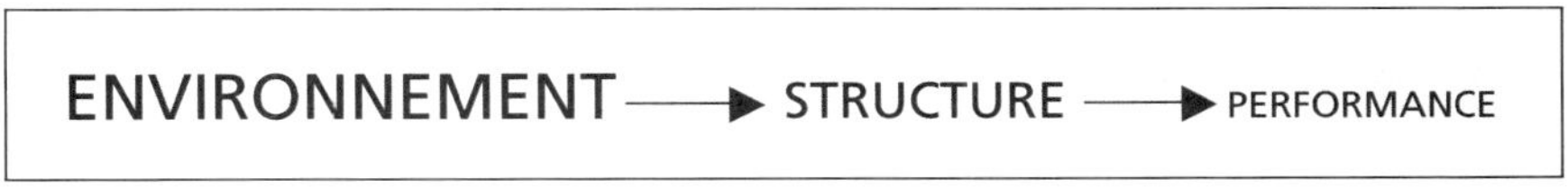

5. D'autres auteurs s'inspireront des idées de Burns et Stalker. J. Hage et M. Aiken (1967), « Program change and organizational properties : A comparative analysis », *American Journal of Sociology*, vol. 72, p. 503-519 ; J. Hage et M. Aiken (1969), « Routine technology, social structure and organizational goal », *Administrative Science Quarterly*, vol. 14, n° 3, p. 366-376 ; J.D. Thompson (1967), *Organizations in Action*, New York, McGraw-Hill.

structure. Dans la suite des travaux empiriques sur la technologie, Lawrence et Lorsch, professeurs en design organisationnel à l'Université Harvard, aux États-Unis, sont les premiers à énoncer clairement cette relation. Ils proposent le nom de théorie de la contingence pour étiqueter les travaux qui reconnaissent le poids contraignant de l'environnement sur les structures.

Lawrence et Lorsch (1967) approfondissent les idées de Woodward, ainsi que celles de Burns et Stalker. Ils se posent la question suivante : quelles sortes d'organisation sont nécessaires pour faire face aux différents environnements de l'entreprise ? Pour y répondre, ils examinent, entre 1963 et 1966, dix entreprises américaines ayant des environnements différents en matière d'incertitude et de diversité technique (six entreprises dans l'industrie chimique, deux dans le secteur de l'emballage et deux dans le secteur de l'industrie alimentaire). Pour chaque entreprise, ils mesurent l'incertitude dans les trois types d'environnement suivants : l'environnement scientifique, l'environnement du marché et l'environnement technico-économique. Ils concluent que les entreprises les plus efficaces sont celles qui s'adaptent au degré d'incertitude de chacun des types d'environnement. L'entreprise la plus performante avait un service de recherche peu structuré pour faire face à un environnement incertain, un service marketing plus ou moins structuré pour faire face à un environnement plus ou moins certain et un service de production et d'administration très structuré pour faire face à un environnement certain.

Par ailleurs, Lawrence et Lorsch constatent que les organisations s'adaptent à leur environnement par un double mécanisme de différenciation et d'intégration de leurs structures. C'est en effet en se fractionnant en différentes fonctions pour se spécialiser que les organisations s'adaptent à leur environnement. Toutefois, cette différenciation peut avoir des effets néfastes sur l'atteinte des buts communs de l'organisation ; il convient alors d'intégrer les fonctions par différents mécanismes de coordination. Ainsi, ils proposent les règles d'organisation suivantes, qui marqueront des générations d'étudiants en design organisationnel : d'abord, regrouper les activités qui ont les mêmes orientations vis-à-vis de l'environnement ; ensuite, choisir les meilleurs moyens d'intégrer la structure organisationnelle : hiérarchie, contacts directs entre gestionnaires, comités, services de liaison, règles interdépartementales, etc.

De manière parallèle, une équipe de chercheurs britanniques appartenant à l'Université d'Aston (Hinings, Pugh et Hickson, parmi les plus connus) met sur pied un programme de recherche. Le groupe d'Aston voulait étudier de manière systématique et comparative différents facteurs de contingence. Ses travaux reposent sur les postulats suivants. 1) Les organisations et leur environnement sont complexes. Par conséquent, il faut les étudier en adoptant une approche causale multivariée. Ainsi, la recherche de facteurs de contingence doit considérer ces facteurs comme des variables ayant des relations de dépendance mesurables statistiquement. 2) Les organisations ont une réalité différente de la réalité individuelle : elles doivent donc être étudiées suivant les éléments formels qui les constituent (p. ex., division du travail, système de contrôle, hiérarchie, etc.). Les questions que l'on pose aux individus ne doivent pas être reliées à leur expérience de l'organisation, mais plutôt nous fournir les informations objectives sur l'organisation dans laquelle ils travaillent.

ENCADRÉ 3.2
Les fondements des théories de la contingence

- Il n'y a pas une structure d'organisation qui soit la meilleure de toutes.
- Toutes les structures d'organisation ne sont pas aussi efficaces.
- La structure d'une organisation est déterminée par les éléments contingents qui caractérisent son environnement.
- Les entreprises doivent s'adapter à leur environnement ; la recherche de l'adéquation entre l'entreprise et son environnement est centrale.
- La structure organisationnelle est le résultat d'une double dynamique de différenciation et d'intégration.
- La recherche sur les organisations doit être multivariée (causalité multiple des facteurs environnementaux) et reposer sur la collecte de données objectives (structure organisationnelle formelle).

Les travaux du groupe d'Aston ont donc été effectués principalement à l'aide de questionnaires qui ont fait l'objet de traitements statistiques sophistiqués (régression multiple et autres). Les chercheurs ont mis beaucoup de soin à définir précisément les facteurs environnementaux, structurels et de performance qu'ils jugeaient nécessaires de considérer (figure 3.6). Ils ont composé un ensemble de questionnaires permettant de collecter des données pour faire des mesures quantitatives concrètes de ces facteurs. Dans ces études, ils ont d'abord pondéré les facteurs pour chaque organisation étudiée. Ensuite, ils ont établi des corrélations afin de déterminer statistiquement s'il y avait ou non adéquation entre les facteurs environnementaux, structurels et de performance.

FIGURE 3.6
Les facteurs retenus dans les travaux du groupe d'Aston

Variables indépendantes	Variables dépendantes	
ENVIRONNEMENT ——→	STRUCTURE ——→	PERFORMANCE
Origine et histoire	Spécialisation	Profitabilité
Propriété et contrôle	Standardisation	Productivité
Taille	Formalisation	Adaptabilité
Technologie	Centralisation	Marché
Ressources	Configuration	Morale, etc.
Localisation		
Interdépendance		

Source : S.R. Clegg et D. Dunkerly, 1980, p. 225.

Le programme de recherche du groupe d'Aston a débuté par une étude de 46 entreprises appartenant à divers secteurs industriels. Les hypothèses qui en ont découlé ont été testées sur plusieurs échantillons d'entreprise de différents pays. Les chercheurs ont examiné les facteurs de contingence dans des entreprises manufacturières, des entreprises de service, des entreprises privées et des entreprises publiques. Le programme de recherche a duré plus de dix ans[6]. Il en est résulté un ensemble d'outils concrets de mesure et de variables descriptives qui leur a permis d'élaborer différentes propositions visant à modéliser empiriquement les relations entre environnement, structure et performance.

De toutes les contributions de ces travaux, l'histoire retient surtout qu'ils ont distingué deux principales dimensions des structures : la spécialisation des fonctions et la concentration de l'autorité. De plus, ils ont remis en cause les conclusions auxquelles Woodward et ses collègues étaient arrivés. Parmi les facteurs de contingence les plus déterminants, les chercheurs du groupe d'Aston ont soutenu que la taille et la dépendance des organisations envers les autres étaient les facteurs contingents par excellence de la structure des organisations.

---

6. Voir entre autres : D.S. Pugh et D.J. Hickson (1976), *Organizational Structure in Its Context. The Aston Programme I*, Londres, Saxon House ; D.S. Pugh et D.J. Hinings (1976), *Organizational Structure : Extension and Replication. The Aston Programme II*, Farnborough, Hants, Saxon House ; D.S. Pugh *et al.* (1968), « Dimensions of organization structure », *Administrative Science Quarterly*, vol. 13, n° 1, p. 65-105 ; D.J. Hickson *et al.* (1969), « Operations technology and organization structure : An empirical reappraisal », *Administrative Science Quarterly*, vol. 14, n° 3, p. 378-397 ; D.J. Hickson (1966), « A convergence in OT », *Administrative Science Quarterly*, p. 224-237.

3.2.3. La contingence stratégique

□ *John Child, Jeffrey Pfeffer et Gerald R. Salancik.* Au début des années 1970, les critiques à l'endroit de la théorie de la contingence structurelle sont de plus en plus nombreuses. Ainsi, on constate des résultats empiriques divergents et les travaux présentent des faiblesses conceptuelles et empiriques. Toutefois, une des critiques majeures qui retient l'attention concerne le caractère déterministe de cette théorie. En effet, la théorie de la contingence structurelle implique que l'environnement détermine les structures organisationnelles de sorte que les personnes, en l'occurrence les gestionnaires, semblent avoir très peu de marge de manœuvre. Child (1972), un des chercheurs du groupe d'Aston, dénonce cette position. Selon lui, les choix stratégiques que les gestionnaires exercent leur permettent de contrôler en partie leur environnement (figure 3.7). Il est donc impératif de faire une place au choix stratégique dans le modèle de la contingence afin de reconnaître le rôle des gestionnaires. Certes, l'environnement contraint l'organisation des structures, mais par la prise de décision, les gestionnaires contribuent à l'ajustement de l'entreprise à son environnement.

Dans le même esprit, Pfeffer et Salancik (1978) proposent, quelques années plus tard, la perspective de la dépendance des ressources. Ces auteurs cherchent à comprendre comment l'organisation est reliée aux autres organisations qui composent son environnement. Pfeffer et Salancik considèrent que l'environnement n'est pas une réalité objective sur laquelle les gestionnaires n'ont aucun pouvoir. Pour démontrer leur point de vue, ces auteurs reprennent deux variables clés servant à définir l'environnement chez les théoriciens de la contingence structurelle : la dépendance aux autres entreprises et l'accès aux ressources. Selon ces auteurs, la vulnérabilité d'une organisation vis-à-vis de son environnement est liée à la possibilité d'obtenir les ressources dont elle a besoin (capital, savoir, équipes de travail, etc.). Ces ressources sont souvent contrôlées par l'environnement. Si l'on est dépendant de ces ressources, l'environnement est effectivement contraignant. Par contre, si l'organisation contrôle les ressources dont elle a besoin, son environnement est moins contraignant.

Le rôle des gestionnaires est de trouver les moyens de réduire la dépendance de leur organisation vis-à-vis des ressources de l'environnement ou à travailler à augmenter celle des autres organisations vis-à-vis des ressources rares. Par exemple, pour réduire le pouvoir des fournisseurs, une entreprise peut faire affaire avec plusieurs fournisseurs ou acquérir un fournisseur important. Ainsi, la théorie de la dépendance des ressources propose aux gestionnaires de faire l'analyse des liens entre les entreprises de leur environnement pour comprendre les relations de pouvoir et de dépendance qui

FIGURE 3.7
La contingence et le rôle des choix stratégiques selon Child

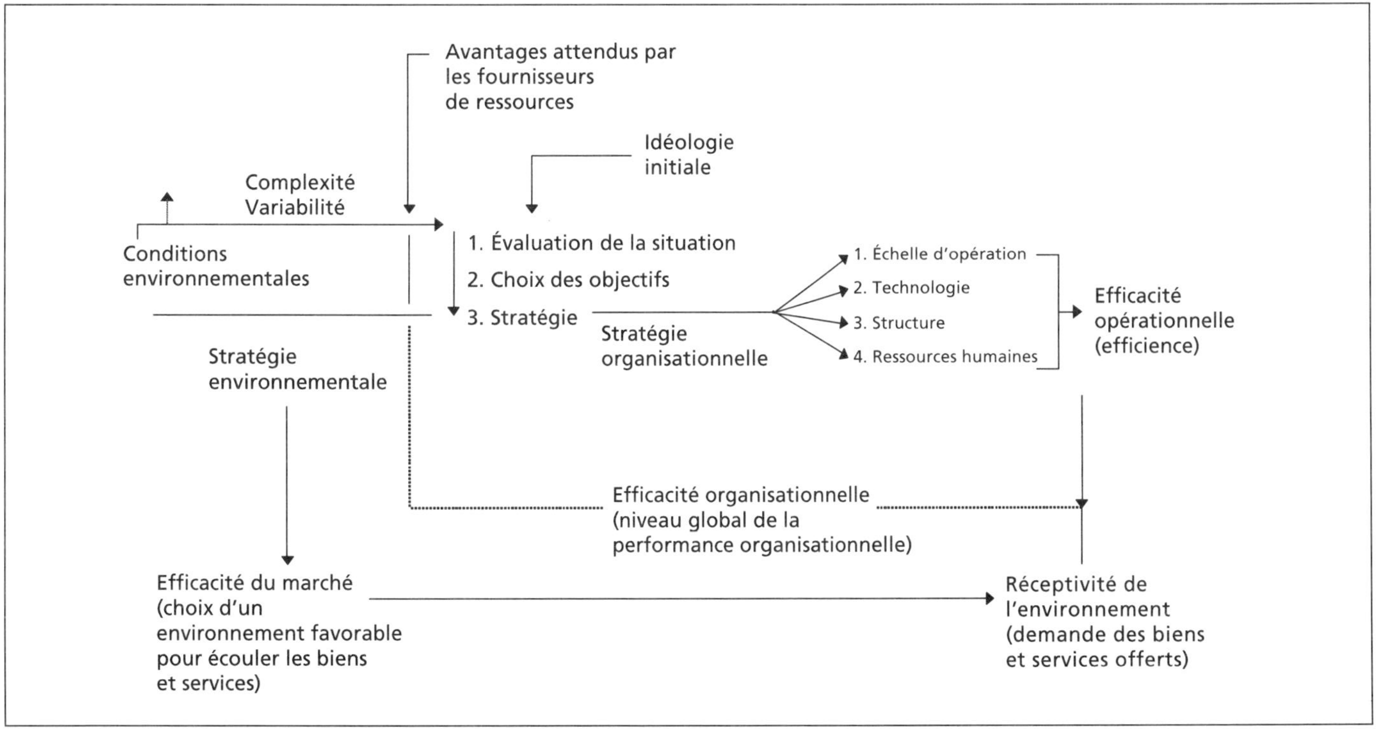

Source : Child, 1972, p. 18.

existent entre elles. En travaillant à modifier l'échange des ressources entre les acteurs de l'environnement, ils s'assureront un plus grand contrôle sur leur environnement.

En somme, les théories de la contingence marquent les années 1960 en tentant de comprendre comment les contraintes extérieures affectent la structure de l'organisation. L'importance de l'environnement dans la compréhension de ce qu'est une organisation est une idée qui se développe au cours des décennies suivantes au sein de l'analyse sociologique des organisations (chapitre 5). Quant aux théories de la contingence, elles continuent d'être au centre de nos enseignements en gestion dans le design organisationnel, l'analyse des configurations[7] et une partie de l'enseignement de la stratégie. De plus, comme école de pensée, elles trouvent toujours d'ardents défenseurs[8] et continuent d'être l'objet de réflexions[9] quant à leur pertinence et leur position dans le champ des théories des organisations.

---

7. La perspective des configurations constitue une autre étape dans le développement des théories de la contingence dans les années 1980. Elle prend forme avec le célèbre ouvrage de Henry Mintzberg paru en 1982 aux Éditions d'Organisation à Paris et intitulé *Structure et dynamique des organisations.* Dans cet ouvrage, Mintzberg défend l'idée de base des théories de la contingence, à savoir que la structure d'une organisation est largement déterminée par la complexité de son environnement et sa capacité à s'y adapter. Pour décrire le fonctionnement des organisations, il discute des paramètres de conception de l'organisation (p. ex., spécialisation du travail, formalisation du comportement, etc.) et des facteurs de contingence (âge, taille, environnement, système technique, pouvoir). Une organisation fonctionne à partir des éléments de base suivants : sommet stratégique, ligne hiérarchique, technostructure, fonctions de support et centre opérationnel. Ces éléments de base prennent des formes différentes selon les forces environnementales qui font pression sur l'organisation. En fait, ils se configurent de manière à former une structure simple, une bureaucratie mécaniste, une bureaucratie professionnelle, une structure divisionnalisée ou une adhocratie. À chaque forme organisationnelle correspondent des mécanismes de coordination et d'autorité spécifiques.

   En stratégie, Danny Miller a utilisé l'approche des configurations pour établir des configurations stratégiques à partir des liens entre stratégie, structure et environnement (D. Miller [1986], « Configurations of strategy and structure : Towards a synthesis », *Strategic Management Journal*, vol. 7, n° 3, p. 233-250.
8. L. Donaldson (1996), « The normal science of structural contingency theory », dans Clegg, Hardy et Nord (dir.), *Handbook of Organization Studies*, Londres, Sage, p. 57-76. L. Donaldson (2001), *The Contingency Theory of Organizations (Foundations for Organizational Science)*, Londres, Sage.
9. H.L. Tosi et J.W. Slocum (1984), « Contingency theory : Some suggested directions », *Journal of Management*, vol. 10, n° 1, p. 9-26 ; J.M. Pennings (1992), « Structural contingency theory : A reappraisal », *Research in Organizational Behavior*, vol. 14, p. 267-309.

Conclusion

En théories des organisations, les années 1960 ont donc été très fécondes. Deux ancrages théoriques, l'analyse systémique et les théories de la contingence, font leur marque et exercent une influence majeure. Dans cette décennie, les chercheurs centrent leurs travaux sur la compréhension des dynamiques et des relations entre l'organisation et son environnement. Ils fournissent des outils conceptuels et méthodologiques pour réfléchir sur les structures organisationnelles. Jusque-là, le développement des théories des organisations n'avait pas permis, selon eux, de comprendre en quoi consistait une structure organisationnelle ni quels étaient les principes à observer pour qu'une entreprise soit organisée de manière efficace. Contrairement aux ancrages théoriques précédents, les chercheurs, tant ceux qui se réclament de l'analyse des systèmes que ceux qui sont associés aux théories de la contingence, sont convaincus qu'il y a plusieurs manières d'organiser les structures d'une entreprise de façon qu'elle soit performante. Toutefois, si certaines entreprises sont plus performantes que d'autres, c'est qu'elles tiennent compte de l'incertitude et de l'ambiguïté de l'environnement.

Cette décennie constitue en quelque sorte un « âge d'or » en théories des organisations. En effet, dans les années 1960, un grand nombre de théoriciens des organisations sont convaincus d'avoir trouvé la vérité, c'est-à-dire d'avoir découvert une manière de concevoir l'organisation qui, dans les décennies futures, ne pourra que faire l'unanimité. En effet, ils sont convaincus que, grâce à l'analyse systémique et aux théories de la contingence, les théories des organisations peuvent maintenant fournir des connaissances susceptibles de s'inscrire dans un même univers paradigmatique. Les connaissances sur les organisations seraient en train de devenir une science normale, c'est-à-dire une science unitaire qui se développe par cumul de données empiriques et généralisation des résultats dans les théories reconnues et acceptées par la communauté des chercheurs. En effet, l'analyse systémique et les théories de la contingence proposent, selon eux, des règles objectives pour modéliser le fonctionnement de l'organisation et un ensemble d'idées quantitativement vérifiables susceptibles d'enrichir notre compréhension des organisations en démontrant comment elles s'ajustent à l'environnement. Dans les années 1960, les théories des organisations sont donc en train de devenir une discipline organisée dans une unité paradigmatique permettant aux chercheurs de juger de ce qui est acceptable ou non comme connaissances dans ce domaine. Toutefois, ce rêve hégémonique sera remis en question dans la décennie suivante.

CHAPITRE 4

LA REMISE EN QUESTION

Les années 1970

En marge de la théorie des systèmes et des théories de la contingence dont la popularité se renforce dans les années 1970, de nouvelles idées sur ce qu'est l'organisation font leur apparition. Elles développent notamment l'argument suivant: l'organisation n'est pas qu'un système dans un environnement économique, mais aussi le résultat d'un amalgame de rapports sociaux, et c'est cette socialité que l'on veut introduire dans le discours sur l'organisation. Ces idées créent une brèche dans le consensus paradigmatique qui est en train de se mettre en place en théories des organisations.

Les années 1970 sont des années propices à cette remise en question. Cette décennie est marquée par un climat de contestation. Pensons entre autres à mai 68, au mouvement de libération du tiers-monde, à la guerre du Vietnam et aux projets de développement en Amérique latine. Sur le plan économique, les années 1970 constituent une période charnière. En 1973, la crise du pétrole inaugure une vague de bouleversements économiques d'ordre structurel. Depuis les années 1930, les théories des organisations se développent dans un contexte de croissance laissant à penser que le modèle de développement idéal repose sur la grande entreprise. À partir des années 1970, ce contexte se transforme et suscite un ensemble de réflexions sur les limites de la croissance[1].

Dans le monde universitaire, on assiste également à la dissolution du consensus orthodoxe. Dans toutes les disciplines, il règne un climat de différenciation scientifique et intellectuelle. Le développement de nouvelles formes de pensée est encouragé. Sur les campus universitaires, c'est l'époque des grèves et des contestations étudiantes. Dans les départements de sciences sociales, on propose désormais des cours sur la pensée marxiste. Comme l'avait déjà annoncé Daniel Bell près d'une décennie plus tôt, c'est la fin de l'idéologie libérale dominante[2].

Les théories des organisations sont évidemment marquées par ce contexte de production des connaissances. D'une part, c'est l'heure des bilans. Une grande partie de la production de cette période consiste à faire le rappel des théories et des connaissances produites jusque-là, et à les classifier[3]. Ce mouvement de classification se poursuit dans les années 1980 et donne lieu au débat sur la question des paradigmes. D'autre part, c'est l'heure des critiques et des questionnements. Quelques auteurs dénoncent le caractère fonctionnaliste et conservateur des théories dominantes. De manière spécifique, deux nouveaux courants de pensée remettent en question la production des connaissances dans les théories des organisations depuis le début du siècle : dans la première moitié des années 1970, quelques chercheurs s'inspirent de la critique des théories sociologiques de l'action et proposent une analyse actionniste[4] de l'organisation ; dans la seconde, la pensée marxiste fait son apparition dans les théories des organisations.

---

1. Voir notamment E.F. Schumacher (1973), *Small Is Beautiful: Economics as if People Mattered*, Londres, Blond & Briggs.
2. D. Bell (1962), *The End of Ideology*, New York, Collier-MacMillan.
3. G. Burrell et G. Morgan (1979), *Sociological Paradigms and Organizational Analysis*, Londres, Heineman ; S. Clegg et D. Dunkerley (1980), *Organization, Class and Capital*, Londres, Routledge and Kegan Paul.
4. Il ne faut pas confondre l'analyse actionniste avec l'analyse actionnaliste. Tandis que l'actionnisme est une démarche méthodologique d'analyse des relations sociales dans les ensembles organisés, l'actionnalisme consiste à étudier la manière dont les mouvements sociaux déterminent les formes institutionnelles et les modes de fonctionnement des sociétés industrielles. L'actionnalisme est généralement associé aux travaux d'Alain Touraine.

4.1. L'analyse actionniste

Au début des années 1970, des Britanniques prennent position contre le discours dominant des théories de la contingence. Entre autres, ils dénoncent les fondements réifiants des travaux effectués jusque-là (tableau 4.1). Selon eux, il est faux de dire que l'organisation a des besoins et des buts. Un tel message transporte une vision anthropomorphique de l'organisation qui a notamment pour effet de dégager les gestionnaires de leur responsabilité. Les gestionnaires ont intérêt à parler de l'organisation comme d'une entité autonome, car cela permet de masquer la pluralité et la nature conflictuelle des buts que poursuivent les différents membres de l'organisation. De plus, en se concentrant sur les structures formelles de l'organisation, les théoriciens contribuent à la reproduction de l'idéologie managériale. En associant l'organisation principalement à ses structures formelles, ils la décrivent de la manière que les gestionnaires pensent et voudraient qu'elles fonctionnent. En outre, en tentant de développer des théories générales qui s'appliquent à toutes les sortes d'organisations, ils prêtent peu d'attention à la compréhension des liens entre l'organisation et les structures sociales plus larges. En réponse à ces critiques, certains auteurs proposent de s'intéresser à l'action des individus et des groupes qui interagissent et négocient entre eux la définition de la réalité organisationnelle.

TABLEAU 4.1
Critiques faites aux théories des organisations dominantes

- Vision asociologique
- Analyse ahistorique
- Réification des objets organisationnels
- Vision conservatrice et consensuelle
- Vision déterministe de l'organisation
- Unité d'analyse centrée sur la dimension organisationnelle
- Vision réductrice de l'individu
- Vision anthropomorphique de l'organisation
- Position idéologique qui renforce le pouvoir des classes dominantes
- Vision élitiste des travaux renforçant les intérêts du management

L'analyse actionniste des organisations[5] s'inspire des théories sociologiques dites interactionnistes qui, autour des années 1960 aux États-Unis, remettaient en question le structuro-fonctionnalisme. Dans les sections précédentes, nous avons vu, en examinant la production des théoriciens de la bureaucratie, qu'au tournant des années 1950 la sociologie américaine était dominée par les travaux de Parsons. En réaction au formalisme théorique et

5. Aussi appelée école anglaise de psychosociologie des organisations.

à la vision systémique qui caractérisent le courant structuro-fonctionnaliste dominant de l'époque, se développe l'interactionnisme. Héritier de l'école de Chicago, ce courant de pensée est marqué par un intérêt pour l'étude empirique des petites communautés et pour la recherche sur le terrain. Bien qu'il y ait plusieurs variantes de l'interactionnisme[6], ce courant privilégie l'observation de la vie quotidienne pour dégager les processus sociaux suivant lesquels les individus interagissent. Au lieu de faire de la grande théorie sur le fonctionnement de la société, on cherche plutôt à examiner ce qui se passe dans les interactions afin de comprendre comment les individus mobilisent du savoir et des compétences sociales dans leurs échanges quotidiens avec les autres. On s'intéresse donc moins aux structures globales de la société et à leur reproduction qu'au comportement de l'individu en interaction afin de comprendre comment il participe à la reproduction des structures sociales plus larges. L'interactionnisme vise en quelque sorte à mettre au jour les propriétés élémentaires de l'action. De plus, pour les interactionnistes, les individus ne font pas que se soumettre aux normes sociales comme le prétendent les structuro-fonctionnalistes, ils bénéficient d'une certaine marge de manœuvre.

◇ ***Goffman (1922-1982).*** Une part de ce courant se développe autour de la métaphore du théâtre popularisée en sciences sociales par Goffman. Pour ce dernier, la vie sociale est « mise en scène » quotidiennement dans les interactions. Ainsi, il considère que les individus sont des acteurs sociaux qui, dans les interactions face à face, jouent des rôles. Développé par Goffman[7] dans les années 1950, le modèle dramaturgique suppose que toute interaction met en œuvre un jeu théâtral durant lequel l'acteur interprète divers rôles devant

---

6. L'interactionnisme symbolique (Goffman), l'ethnométhodologie (Schütz) et l'analyse conversationnelle (Garfinkel) constituent les trois branches principales de l'interactionnisme. L'interactionnisme symbolique met l'accent sur la nature symbolique de la vie sociale. En interagissant, les acteurs produisent des significations sociales. L'ethnométhodologie analyse les procédures, les dispositifs que les individus utilisent pour mener à bien leurs activités quotidiennes (A. Schütz [1967], *Phenomenology of the Social World*, Evanston, Northwestern University Press). L'analyse conversationnelle est en quelque sorte une variante de l'ethnométhodologie. Elle vise à mettre au jour les procédés que les individus utilisent dans la production de leurs échanges linguistiques (H. Garfinkel [1967], *Studies in Ethnomethodology*, Englewood Cliffs, NJ, Prentice-Hall Inc.).
7. Deux ouvrages principaux de cet auteur retiennent particulièrement l'attention en théories des organisations. Dans *La représentation de soi dans la vie quotidienne* (Paris, Minuit, 1973 – 1re éd. 1956), Goffman part de ses observations des modalités de communication des habitants d'une des îles des Shetland au nord de l'Écosse pour illustrer les différentes stratégies d'interaction face à face. Dans *Asiles* (Paris, Minuit, 1968 – 1re éd. 1961), il montre comment l'asile contribue à stigmatiser les comportements déviants. Il admet néanmoins que les individus peuvent, par des adaptations secondaires, s'écarter du rôle que l'institution leur assigne.

différents publics. Par la théâtralité de la vie quotidienne, les acteurs observent différents rituels pour s'assurer que ni eux ni leurs interlocuteurs ne perdent la face durant leurs interactions. C'est ainsi que les acteurs, grâce à de subtiles techniques de maîtrise des impressions, coopèrent et assurent la reproduction de l'ordre social. Selon Goffman, l'ordre social repose donc sur les capacités de négociation et d'interprétation des acteurs, plutôt que sur l'intégration fonctionnelle de nature systémique comme le soutiennent les structuro-fonctionnalistes. Le message des interactionnistes est clair : au lieu de faire des grandes théories sur le fonctionnement de la vie sociale, regardons comment les acteurs mobilisent leurs savoirs dans leurs interactions et négocient la définition de la réalité sociale[8].

□ ***David Silverman.*** L'analyse actionniste des organisations est principalement défendue par David Silverman (1970), professeur à l'Université de Londres. Dans les années 1960, il a étudié aux États-Unis et fréquenté les interactionnistes. À son retour, il expose ses idées dans *The Theory of Organisations*. Ce livre constitue une critique radicale de l'influence positiviste dans les théories des organisations et propose une méthodologie interprétative reconnaissant que les acteurs donnent un sens à leur action et que la réalité organisationnelle est socialement construite. Selon Silverman, les organisations reflètent les formes institutionnelles inhérentes aux relations sociales. Elles sont le résultat de formes institutionnelles qui moulent la logique subjective des acteurs. On ne peut donc pas les comprendre sans comprendre la dimension interprétative de l'action.

Plutôt qu'une théorie de l'action, Silverman (1970) propose une méthode, l'analyse actionniste, pour comprendre comment les individus définissent la réalité organisationnelle. Comme l'illustre le tableau 4.2, la procédure de l'analyse actionniste comporte six dimensions liées entre elles. Silverman examine la nature de ces dimensions en relation avec les problèmes de l'origine des organisations, du comportement organisationnel et du changement. De plus, il illustre les liens entre ses dimensions en s'appuyant sur un des ouvrages de Gouldner[9] qu'il revisite à partir de l'analyse actionniste en mettant l'accent sur l'histoire, les stratégies et les règles organisationnelles. De plus, l'analyse actionniste de Silverman explique le changement très différemment de ses prédécesseurs. Elle tente de démontrer qu'il vient des interactions des individus plutôt que de l'adaptation du système à son environnement. Selon Silverman, le changement organisationnel

8. La version phénoménologique de ces travaux est développée par Berger et Luckmann, en 1966, dans leur ouvrage *La construction sociale de la réalité* (voir chapitre 9).

9. A.W. Gouldner (1965), *Wildcat Strike*, Londres, Harper and Row.

TABLEAU 4.2
Les dimensions de l'analyse actionniste

- La compréhension de l'histoire des systèmes de rôles et d'interactions qui ont été construits dans l'organisation
- L'identification des acteurs typiques de l'organisation et la hiérarchie des objectifs
- La définition de la situation présente des acteurs dans l'organisation et leurs attentes vis-à-vis des autres compte tenu des ressources stratégiques
- Les actions concrètes des différents acteurs et la signification qu'ils leur accordent
- La nature et l'origine des conséquences voulues et non voulues de l'action
- Les changements dans les objectifs des acteurs et dans le système de rôles

Source : Silverman, 1970, p. 134-135.

résulte soit d'un changement des règles du jeu, soit d'un changement dans l'attitude des acteurs envers ces règles. Dans la plupart des cas, nous dit Silverman, ces deux niveaux de réalité sont interdépendants dans une situation de changement.

Dans le même ordre d'idées que Silverman, Bittner (1973) suggère que les travaux en théories des organisations examinent les diverses facettes des organisations en essayant de comprendre les significations que les acteurs leur accordent dans le cours de leurs activités quotidiennes, plutôt que de partir de définitions opérationnelles qui réduisent la complexité du phénomène. Au lieu de faire de la recherche pour collecter des informations vérifiables et déduites d'hypothèses formelles, cette position encourage la production de travaux sur le terrain inspirés de démarches ethnographiques.

ENCADRÉ 4.1
Les fondements de l'analyse actionniste

- L'adaptation de l'organisation à son environnement se fait par les interactions entre les acteurs.
- L'organisation est un système d'action.
- Les individus sont des acteurs qui négocient en permanence la définition de la situation et de leur rôle.
- L'actionnisme vise à dégager les stratégies des acteurs et de leurs jeux avec les règles et les normes sociales.
- L'actionnisme est une méthode d'analyse.
- L'actionnisme privilégie la collecte des données sur le terrain et la description des pratiques des acteurs.

Au-delà de ces positions, l'analyse actionniste a donné lieu à quelques travaux durant la première moitié des années 1970. Entre autres, Pollner et Zimmermann (1971) ont examiné la rationalité quotidienne des pratiques d'enregistrement des informations fournies par la clientèle dans une agence d'assistance publique. Ils ont fait une analyse ethnographique méticuleuse des processus de distribution de l'aide financière aux personnes éligibles. Ils ont observé que la procédure pour distinguer celles qui sont éligibles de celles qui ne le sont pas était le résultat de règles et de pratiques locales impliquant un jugement préalable des candidats par les professionnels. Mis à part le fait que ces derniers produisaient un document en apparence objectif, la manière d'établir le profil des candidats et de les répartir entre les professionnels orientait largement la décision. De son côté, Sudnow (1972) a réalisé une étude similaire dans une cour de justice américaine[10]. Il a constaté que les accusés étaient encouragés à plaider coupables lorsque l'offense considérée était jugée comme un « crime normal ». Le fait de plaider coupable permettait alors d'amorcer entre la défense publique et le client un processus de négociation qui contribuait à diminuer la peine. À partir de leurs expériences des délits et des jugements prononcés, les avocats, les procureurs et les juges construisaient ainsi des types préétablis (crimes normaux) qui orientaient le déroulement du procès, plutôt que de s'en tenir à l'administration pure des règles de droit. Enfin, Silverman et Jones (1976) ont étudié le processus de sélection du personnel lors d'entrevues d'embauche. Ils ont constaté qu'au-delà des compétences techniques et professionnelles des candidats, le succès d'une entrevue d'emploi reposait d'abord et avant tout sur leur capacité à démontrer qu'ils partageaient, avec les personnes qui les interrogeaient, un ensemble de connaissances et de règles implicites.

Au début des années 1970, l'analyse actionniste critique l'analyse formelle et contingente des organisations en même temps qu'elle propose une méthode d'analyse interprétative pour comprendre les organisations. Toutefois, comme la théorie interactionniste en sociologie dont elle s'inspire, l'analyse actionniste obtient un succès mitigé en théories des organisations au début des années 1970. Cela dit, elle constitue le point de départ d'un important mouvement de remise en question. Au début des années 1990,

10. David Sudnow a fait partie du petit groupe de personnes que Garfinkel avait citées en 1967 dans la préface des *Studies* comme celles ayant contribué, avec lui, à la naissance de l'ethnométhodologie. Cette même année 1967, Sudnow a présenté sa thèse de doctorat à Berkeley devant un jury formé de Garfinkel, Goffman et Cicourel. David Sudnow est l'auteur de *Ways of the hand*, Cambridge, Harvard University Press, publié en 1978 et réédité en 1993 et en 2001.

on reconnaîtra qu'elle est le chaînon manquant entre la tradition compréhensive d'inspiration wébérienne et le retour des études de cas pour dégager les processus qui se trouvent dans la boîte noire de l'organisation. Entre ces deux moments, l'analyse stratégique de Crozier (1977), quoiqu'elle diffère sur les fondements théoriques, constituera la version achevée de la méthode d'analyse proposée par Silverman au début des années 1970 (voir section 7.3)[11].

4.2. L'analyse marxiste

Dans la deuxième moitié des années 1970, la pensée marxiste fait son entrée dans les théories des organisations et radicalise la position critique en posant la question de la domination. Dans la section précédente, nous avons vu que les tenants de l'analyse actionniste reprochaient aux théoriciens des organisations, particulièrement à ceux de la contingence, de ne pas considérer l'action. Les marxistes, quant à eux, accusent les actionnistes de ne pas tenir compte de la question du pouvoir dans leur critique. Ainsi, diront-ils, le pouvoir est au centre de la question organisationnelle et pourtant, dans les théories orthodoxes comme dans les théories de l'action, il est considéré comme une ressource ou une capacité. Pour les marxistes, le pouvoir s'exerce par l'intermédiaire des structures capitalistes de contrôle par lesquelles le groupe dominant exerce et maintient son hégémonie sur les autres.

Pour bien comprendre l'impact, dans les années 1970, de la pensée marxiste sur les théories des organisations, revenons brièvement sur l'évolution de cette tradition. À la fin du XIXe siècle, les travaux de Karl Marx sur la théorie du capital et ses idées sur l'aliénation contribuent à la fondation d'une théorie sociale radicale qui sera au centre des débats contemporains de la sociologie du travail. Durant les Trente Glorieuses, une génération de penseurs européens engagés contribuent à renouveler la pensée économique marxiste (p. ex., Althusser, Gramsci, Poulantzas). Ce sont eux qui, dans la seconde moitié des années 1970, inspireront les théoriciens marxistes des organisations.

11. Au-delà de cette méthode, Silverman et Crozier sont des auteurs qui ont des visions du monde très différentes. Silverman propose une démarche interprétative qui ne tient pas compte du pouvoir, alors que l'analyse stratégique et systémique de Crozier est entièrement fondée sur la notion de pouvoir.

◇ *Karl Marx (1818-1883).* Marx, l'économiste[12], propose le matérialisme historique et dialectique, une méthode d'analyse qui repose sur deux principes : 1) pour être compris, un phénomène doit être situé dans son contexte ; 2) un phénomène est constitué par l'unité de ses contraires. Partant de ces principes, Marx étudie l'évolution des systèmes économiques dans le temps. Il en dégage une loi selon laquelle l'histoire évolue en passant d'un mode de production à un autre : antique, féodal, capitaliste et communiste. Cette évolution se fait au rythme des contradictions qui se creusent entre les forces productives (état des techniques : cheval, moulin à eau, vapeur, énergie atomique) et les rapports sociaux (esclavagisme, servage, salariat) d'un mode de production spécifique. Par exemple, l'existence d'une classe de commerçants dans la société féodale entraîne l'apparition de la fabrique et de la manufacture grâce à l'invention de nouveaux moyens techniques (machines-outils, machines à vapeur), lesquels permettront ensuite aux bourgeois et aux prolétaires de renverser l'ordre féodal.

Dans le système de production capitaliste, les forces productives sont de plus en plus collectives dans la mesure où elles ont besoin d'un grand nombre de personnes pour fonctionner, alors que la propriété est de plus en plus privée. C'est sur cette contradiction que repose la lutte des classes. Dans chaque système de production, deux classes antagoniques sont en lutte (esclaves et maîtres, serfs et seigneurs, prolétaires et bourgeois). La classe matériellement dominante possède les moyens de production intellectuelle et s'en sert pour retarder le plus possible le moment de son renversement qui, malgré tout, est historiquement inéluctable. C'est, comme dirait Marx, la loi d'airain du capital[13].

Dans les années 1960 et 1970, une vague d'intellectuels marxistes renouvellent la pensée du jeune Marx. Cette période se caractérise par un regain du mouvement syndical et des revendications de gauche qui attirent des intellectuels surtout en France et en Amérique latine. Ceux-ci se consacrent principalement à l'étude des institutions pour expliquer comment se

12. Il faut savoir que, selon les analystes, les écrits de Marx comportent deux périodes : certains parlent des écrits du « jeune » et du « vieux » Marx ; d'autres évoquent plutôt l'orientation économique ou sociologique pour caractériser les deux grands axes de son œuvre. Dans cette section, nous insistons sur la vision économique qui sous-tend les travaux de Marx. Dans une section ultérieure, nous reviendrons sur Marx le sociologue (voir le chapitre 10).

13. Un ensemble de concepts tirés de l'économie politique permettent d'expliquer les fondements économiques sur lesquels repose le matérialisme historique. Il s'agit de la théorie de la valeur travail et de la théorie de la plus-value. Pour les approfondir, lire *Le Capital* de K. Marx. Texte français établi par J.-P. Samson, Paris, Presses universitaires de France, 1935. Réimpression : Presses universitaires de France, 1963, 4e tirage.

reproduisent les rapports sociaux de production dans la société contemporaine. Selon eux, le rôle de l'État est fondamental dans le maintien du système capitaliste.

C'est ainsi qu'Althusser propose la notion d'« appareils idéologiques d'État » (AIE) pour penser l'ensemble des institutions qui permettent la reproduction sociale[14] : l'école, l'Église, la famille, le droit, les partis politiques, etc. La notion d'« appareil » renvoie à l'idée que les institutions sont des mécanismes indéfectibles de la reproduction et celle d'« idéologie », à l'idée de la domination d'un groupe sur un autre. C'est l'époque des slogans du genre « l'école au service de la classe dominante ». De son côté, Poulantzas avance la notion de bloc historique (ensemble des classes et fractions de classe qui dominent politiquement)[15]. Gramsci, quant à lui, discute du contrôle politique et de l'hégémonie qu'exercent les classes dominantes[16]. Ces auteurs démontrent que la reproduction d'un mode de production n'est pas qu'économique, qu'elle est aussi le fait des institutions politiques et des idéologies sociales et culturelles. On dira de ces auteurs qu'ils sont des « structuro-marxistes » pour souligner que leur marxisme est axé sur l'étude des structures fondamentales du capitalisme, qu'ils présentent d'ailleurs comme si elles existaient objectivement en dehors des individus.

C'est de ces marxistes contemporains que s'inspirent les auteurs marxistes en théories des organisations (Benson, 1977 ; Clegg, 1979 ; Clegg et Dunkerley, 1980 ; Goldman et Van Houten, 1977 ; Littler, 1978 ; Salaman et Thompson, 1980 ; Zey-Ferrell et Aieken, 1981). Leurs réflexions visent à démystifier la nature des théories organisationnelles développées jusque-là. Ainsi, ils remettent en question l'exclusivité et la domination du paradigme fonctionnaliste dans le champ des théories des organisations. Néanmoins, ils reconnaissent qu'il existe peu de consensus sur les aspects particuliers de l'organisation auxquels les chercheurs accordent de l'importance. Ils s'attaquent également aux cadres théorique et méthodologique qui privilégient l'étude de la structure formelle des organisations. Les notions de départements, de stratégies de recrutement, de fonctions d'entreprise, de niveaux hiérarchiques utilisées dans le langage courant des entreprises sont, selon eux, devenues des concepts académiques. Faire l'analyse des organisations en transformant les catégories de la pratique en concepts ne permet

---

14. L. Althusser (1975), *Positions*, Paris, Éditions sociales.
15. N. Poulantzas (1976), *La crise de l'État*, Paris, Presses universitaires de France.
16. A. Gramsci (1971), *Selection from the Prison Note-Books*, Londres, Lawrence & Wishart.

pas, selon les théoriciens marxistes, de développer un point de vue critique et scientifique sur ce que sont les organisations. En fait, les théories des organisations ont, jusqu'alors, fait peu d'efforts pour intégrer les travaux sur la bureaucratie à l'intérieur de théories sociales plus globales tenant compte des rapports de classe.

Ces auteurs dénoncent aussi le fait que les théories des organisations constituent un ensemble d'informations, de modèles et d'idées assurant la reproduction du capital et de ses agents. Entrepreneurs et gestionnaires ont historiquement travaillé à l'instauration de moyens de contrôle et de discipline pour domestiquer une force de travail récalcitrante et ont ainsi prolongé la survie du système capitaliste. Les écrits marxistes de cette période veulent principalement redéfinir les notions utilisées dans les théories traditionnelles (p. ex., division du travail, hiérarchie, supervision, contrôle) en fonction de cette perspective. Par exemple, on dira que le contrôle du procès du travail est assujetti aux règles de production dont l'application arbitraire contribue à discipliner les travailleurs. Ils construisent ainsi une sorte d'idéal-type du mode de contrôle industriel et bureaucratique en reprenant les concepts de l'économie politique marxiste.

□ *Stewart R. Clegg.* La principale contribution du marxisme, dans la seconde moitié des années 1970, fut d'introduire la question du pouvoir et de la domination dans l'analyse des organisations. Stewart R. Clegg est un des auteurs critiques parmi les plus connus[17] en théories des organisations, et ses travaux marquent cette période. Tout son travail porte d'ailleurs sur la question du pouvoir. Pour lui, une théorie de l'organisation est une théorie du pouvoir. Ses réflexions sur les organisations ont évolué en même temps que la pensée critique s'est développée. Alors que, dans *Power, Rule and Domination* qui paraît en 1975[18], il aborde le pouvoir en étant très proche de la conception wébérienne et actionniste de l'organisation, il publie en 1979 *The Theory of Power and Organization* dans lequel il prend une orientation résolument marxiste. À cette période, Clegg défend l'idée que l'organisation est un appareil de contrôle et de surveillance visant la production de surplus économiques. En fait, l'organisation est, écrit Clegg (1981, p. 546), le « produit d'agents économiques qui à la fois calculent, commettent

17. Il est notamment coauteur de trois livres de synthèse en théories des organisations. Voir Clegg et Dunkerley (1980), Clegg, Hardy et Nord (1996) et Westwood et Clegg (2003).

18. Il réalise une étude de cas et analyse les règles de travail dans un chantier de construction, particulièrement la règle de la température clémente. S.R. Clegg (1975), *Power, Rule and Domination*, Londres, Routledge.

ENCADRÉ 4.2
Les fondements de l'analyse marxiste

- Les organisations sont des instruments de domination dans les sociétés industrialisées.
- Les organisations sont des lieux privilégiés de la lutte des classes.
- Les organisations sont des lieux de tensions permanentes entre le capital et le travail.
- La division ethnique et sexuelle du travail est un système social qui contribue à l'accumulation du capital.
- L'intervention de l'État se fait à tous les niveaux de l'organisation pour soutenir les intérêts de la classe dominante.
- Le pouvoir dans l'organisation provient directement de la possession et du contrôle des moyens de production.
- Les propriétaires d'entreprise, les entrepreneurs et les gestionnaires sont les agents du capital.
- Les théories des organisations constituent l'idéologie dominante et les écoles de gestion sont les lieux institutionnels de la reproduction du capital.
- L'approche dialectique est la méthode privilégiée de l'analyse marxiste des organisations.

des erreurs et participent à l'accumulation historique du capital ». Autrement dit, c'est l'instrument de domination qui permet aux classes supérieures de satisfaire leurs intérêts[19].

Une des dimensions clés de l'analyse marxiste concerne le changement. La conception du changement véhiculée par les théoriciens marxistes de l'organisation s'inspire de l'approche historique sur laquelle repose le marxisme. Selon cette approche, l'évolution du mode de production capitaliste repose sur la lutte des classes. Les organisations sont donc le résultat d'un état permanent de tension entre le management et le travail, entre la base matérielle et les systèmes d'idées et de contrôle qui les supportent. Au-delà des sources individuelles de conflits, ceux qui se produisent dans les organisations ont donc nécessairement une base collective résidant dans la contradiction entre des rapports sociaux antagoniques. Le travail des théoriciens marxistes consiste donc à mettre au jour ces tensions fondamentales afin de supporter les mouvements collectifs des travailleurs qui se réunissent pour modifier les rapports entre le capital et le travail.

19. À la fin de la décennie suivante, ses travaux sur le pouvoir s'inspirent plus du postmodernisme. S.R. Clegg (1989), *Frameworks of Power*, Londres, Sage. En collaboration avec David Courpasson et Nelson Phillips, il publie chez Sage en 2006 *Power and Organizations*.

De plus, l'analyse marxiste inscrit l'organisation dans une perspective macroéconomique qui se préoccupe de l'évolution du système capitaliste monopoliste, ce que nous appelons aujourd'hui l'économie mondiale. Selon les auteurs marxistes de l'époque, les fusions et les méga-organisations sont des réponses aux crises d'accumulation du capital. Clegg (1981) distingue les principaux cycles longs du développement de l'économie capitaliste jusqu'aux années 1980 (tableau 4.3). Il affirme que chaque période d'accumulation a vu l'émergence d'institutions et de mouvements d'idées (p. ex., théories des organisations) qui ont joué un rôle majeur dans le renouvellement du capital.

TABLEAU 4.3
Cycles économiques et mouvements d'idées correspondants

Périodes	Cycles	Mouvements d'idée
1890-1919	Expansion	Management scientifique
1920-1944	Récession	Relations humaines
1945-1970	Expansion	Théories de la contingence
1971-1980	Récession	Émergence de la critique

Source : S.R. Clegg, 1981, p. 554-559.

Au-delà de l'expansion tentaculaire de l'économie dans le monde, quelques théoriciens marxistes de l'organisation s'intéressent également aux systèmes sociaux plus larges sur lesquels repose l'économie. Par ailleurs, ils insistent sur le fait que les fondements de l'autorité organisationnelle viennent des systèmes sociaux de la division ethnique et sexuelle du travail qui renforcent l'accumulation du capital (structure différente du marché du travail et des conditions de travail selon l'appartenance à des catégories sociales spécifiques). Certains étudient aussi le rôle de l'État en tant que support de la reproduction des règles capitalistes. Les politiques gouvernementales et les interventions de l'État dans l'économie ont des répercussions à tous les niveaux de l'organisation. On ne peut donc comprendre les organisations sans tenir compte de ces dimensions extra-organisationnelles. Clegg (1981) décrit les règles organisationnelles et sociales qui assurent le contrôle du procès de travail dans les entreprises (voir la figure 4.1).

Sur le plan méthodologique, l'analyse marxiste des organisations repose sur l'approche dialectique, laquelle suppose que la réalité sociale est le résultat d'une série d'ordres sociaux qui se succèdent. Pour comprendre l'émergence et la transformation des organisations, Benson (1977) décrit les quatre

FIGURE 4.1
Matrice sédimentée des règles d'organisation selon Clegg

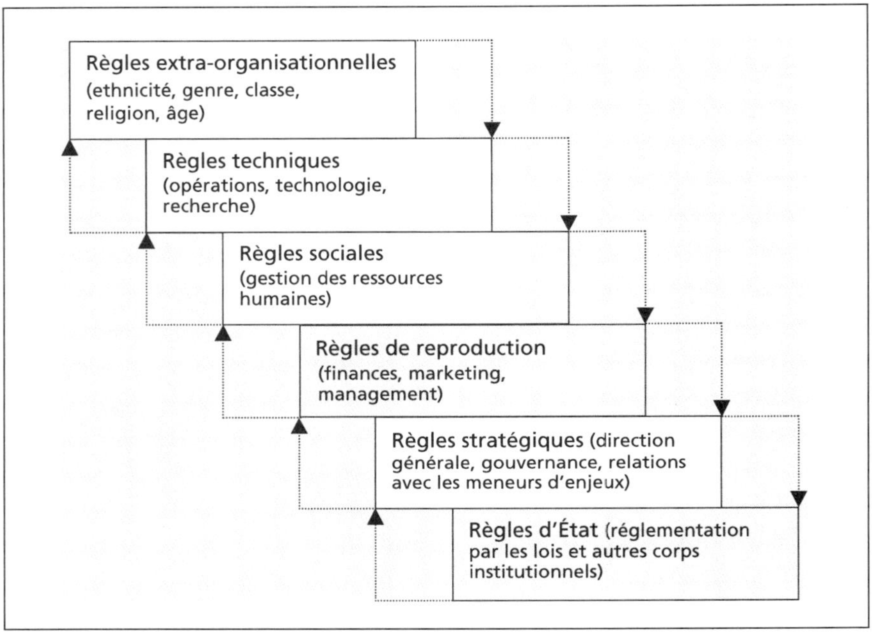

Source: S.R. Clegg, 1981, p. 553. Il s'agit d'une version simplifiée de la matrice.

principes de l'analyse dialectique: la production sociale (la transformation des organisations est intrinsèque à leur existence, mais n'est toutefois pas un processus rationnel et réfléchi), la totalité (pour comprendre l'organisation, il faut étudier un mode de production spécifique et examiner les nombreuses interrelations entre l'ensemble des parties qui constituent ce mode de production), la contradiction (toute organisation repose sur un ensemble de contradictions qui rendent possible le changement radical) et la *praxis* (la possibilité de changer les choses par une analyse raisonnée du potentiel que fournissent les structures organisationnelles existantes pour l'émancipation des groupes dominés).

Bref, l'essentiel de la production marxiste dans les années 1970 est une critique virulente des théories des organisations dominantes. La majorité des auteurs associés à ce courant s'intéressent à l'organisation bureaucratique traditionnelle. Ils traduisent en langage marxiste les notions chères aux théoriciens orthodoxes et proposent une vision critique de l'organisation. Dans leurs travaux, on trouve une volonté plus ou moins avouée de conscientiser les personnes appartenant aux classes dominées afin de dépasser les contradictions organisationnelles et de modifier les rapports sociaux. Toutefois, l'ensemble de la production marxiste de cette période demeure de l'ordre de la critique et de la réflexion.

Conclusion

L'analyse actionniste et l'analyse marxiste des organisations contribuent, dans les années 1970, à remettre en question les théories dominantes qui cherchent à comprendre les structures formelles de l'organisation. Dans le premier cas, on tente d'orienter les travaux vers une analyse microsociologique des interactions en revalorisant le rôle des acteurs. Dans le second, on situe l'organisation sur le plan macrosociologique en la définissant comme le résultat de contradictions inhérentes au système de production capitaliste. Dans les deux cas, on veut clairement situer l'organisation au sein des rapports sociaux qui la constituent.

Fait à noter, ce mouvement de contestation est principalement porté par des auteurs européens dont la plupart sont Britanniques[20]. Si l'Angleterre a été le creuset des théories de la contingence, c'est aussi dans ce pays que prend naissance le mouvement critique en théories des organisations[21]. Il faut bien être conscient cependant que ce mouvement de remise en question a peu d'ampleur dans les années 1970. L'hégémonie de la théorie des systèmes et des théories de la contingence se maintient. Toutefois, l'analyse actionniste et l'analyse marxiste remettent en question l'orthodoxie dominante et montrent qu'il peut y avoir d'autres visions, d'autres discours sur les organisations. Une brèche est créée et cela est irréversible.

---

20. Aux États-Unis, les travaux d'orientation marxiste sont rares. Il s'agit alors plutôt de prises de position critique que de tentatives de développer un cadre d'analyse marxiste des organisations. Dans cet esprit, l'ouvrage de Charles Perrow est à signaler : C. Perrow (1979), *Complex Organizations : A Critical Essay*, New York, McGraw-Hill.
21. Cela s'explique sans doute par l'importante tradition intellectuelle de la *labour process theory*, théorie critique visant à comprendre les transformations dans l'organisation du travail. À l'époque, les travaux de Braverman sur la qualification et la déqualification du travail dans le secteur manufacturier ont une influence marquante sur le développement de la pensée critique en sociologie industrielle (H. Braverman [1968], *Travail et capitalisme monopoliste*, Paris, Maspero).

CONCLUSION DE LA PARTIE 1

DES THÉORIES MODERNES

Cette première partie a permis de passer en revue les différentes approches qui ont vu le jour du début du XXe siècle à la fin des années 1970. C'est dans cette période que l'on assiste à l'apparition des approches classiques en théories des organisations. Fondamentalement anglo-saxonnes, elles se développent surtout par discontinuité. De leur fondation jusqu'à leur remise en question, les théories qui apparaissent se situent en réaction par rapport aux ancrages théoriques précédents. De plus, chacune des étapes de développement prend place dans un contexte socioéconomique marqué par des problèmes spécifiques dans les entreprises, problèmes auxquels les théories des organisations tentent d'apporter des solutions.

Dans l'introduction de ce livre, j'ai suggéré que les approches classiques avaient en commun de présenter des théories qui reflètent la modernité. Tous les éléments sont maintenant réunis pour expliquer ce que j'entendais par là. Que ce soit implicitement ou non, les approches classiques se composent de théories qui sont résolument modernes. En effet, ces approches proposent une représentation déterministe de l'organisation qui est dominante du début du XXe siècle à la fin des années 1970. De plus, elles prennent racine dans le projet fondamental de rationalisation de l'action par la science qui est à la base des sociétés industrialisés. Voyons cela un peu plus dans le détail.

Tout comme en théories sociales, les théories des organisations sont construites de liens que l'on définit entre la structure et l'action. En théories des organisations, on parle plutôt des liens entre l'organisation et l'individu. Dans les approches classiques, ces liens sont polarisés en fonction d'un niveau ou de l'autre. Ainsi, l'organisation scientifique et administrative du travail, l'analyse de la bureaucratie, l'analyse systémique, les théories de la contingence et l'analyse marxiste privilégient le niveau de l'organisation, tandis que les relations humaines, la prise de décision et l'actionnisme sont des ancrages théoriques qui mettent l'accent sur l'individu. Force est de constater que les approches classiques ont surtout privilégié l'organisation comme niveau d'analyse.

Et cette organisation, les approches classiques la représentent généralement comme une structure de décisions (organisation administrative du travail, prise de décision), comme un système social (relations humaines, analyse de la bureaucratie, analyse systémique et marxiste) ou comme une structure fonctionnelle (organisation scientifique du travail, théories de la contingence). À partir des années 1960, grâce à l'analyse systémique et aux théories de la contingence, cette organisation est de plus en plus représentée en fonction de ses liens avec l'environnement, lequel se compose d'autres organisations économiques ayant des buts et des objectifs et dont les échanges contribuent à la régulation des comportements organisationnels.

Ainsi, les explications que les approches classiques donnent de la nature et du fonctionnement des organisations reposent plutôt sur la dimension structurelle de l'organisation que sur les comportements des individus qui la composent. En effet, les approches classiques proposent une représentation atomisée et réductrice de l'individu. Dans les approches classiques, l'individu est évacué du discours (analyse de la bureaucratie, théories de la contingence et analyse marxiste) ou défini par une caractéristique unique, que ce soit son comportement économique (organisation scientifique du travail), affectif (relations humaines) ou sa rationalité (organisation administrative du travail, prise de décision). La théorie des systèmes, quant à elle, le considère comme un élément parmi d'autres.

Mis à part l'analyse marxiste, dans les approches classiques, l'organisation idéale est donc un tout supérieur à la somme de ses parties, consensuel, en équilibre et ayant des frontières claires. Elle est généralement définie comme un ensemble dont les parties sont interreliées afin d'assurer la coordination des activités des individus en vue de la réalisation d'objectifs communs.

C'est une machine ou un système qui, en lui-même, est doté d'agence. Cette représentation systémique, objectiviste et déterministe fonde le caractère moderne des approches classiques dans les théories des organisations du début du XXe siècle à la fin des années 1970.

Le monde moderne est le monde de l'efficacité, du progrès scientifique et de la recherche de la performance. L'idéal de la modernité repose sur un projet de rationalisation des pratiques qui permettent d'atteindre les fins et les objectifs visés. Ce projet est au centre de la plupart des approches qui ont été vues jusqu'à maintenant. Le taylorisme, la bureaucratie, les structures par division sont les prototypes mêmes de l'organisation moderne. Du début du XXe siècle jusqu'à la fin des années 1970, les théories des organisations se sont développées à partir de prétentions normatives ayant pour but de participer à la définition de l'organisation moderne, c'est-à-dire une entreprise en croissance à la recherche d'efficacité et de rentabilité. C'est le cas notamment de l'analyse de l'organisation scientifique et administrative du travail, des relations humaines, de la prise de décision de même que de l'analyse systémique et des théories de la contingence. Les ancrages théoriques qui n'ont pas répondu à ces caractéristiques sont demeurés marginaux (analyse de la bureaucratie, analyse actionniste et marxiste) durant cette période.

Ce monde de la rationalité formelle et de l'idéal du progrès organisationnel subsiste toujours aujourd'hui. Le taylorisme est loin d'être disparu, pas plus que la pensée managériale reposant sur l'insatiable quête du *fit* parfait entre l'entreprise et son environnement. Ce monde est présent dans différents pays et dans différentes cultures, même s'il prend maintenant de nouvelles formes. Dans les approches classiques, on retrouve les racines de ce qui est généralement enseigné au premier cycle dans les écoles de gestion. Ainsi, les approches classiques sont loin d'être dépassées, elles sont le fondement de la pensée en théories des organisations comme en gestion. De plus, elles continuent d'évoluer à la lumière des nouvelles influences et prennent de nouveaux visages. Toutefois, elles n'en reposent pas moins sur les mêmes fondements épistémologiques.

Cela dit, les années 1970 marquent la fin d'une illusion en théories des organisations, celle de la possibilité de rationaliser les organisations. Elles annoncent l'apparition d'un nouveau réalisme qui repose sur l'acceptation de l'incohérence et de l'irrationalité. Désormais, les organisations ne pourront plus être envisagées uniquement comme des exemples parfaits de modèles rationnels. Elles seront de plus en plus conceptualisées comme des ensembles imparfaits sujets à divers dysfonctionnements et fondés sur des différences.

PARTIE 2

LES APPROCHES CONTEMPORAINES

Les années 1980-1990

Sur le plan économique, les années 1980-1990 marquent le retour de la prospérité. On entre dans une période de transformations profondes. Les sociétés industrialisées prennent le virage de la valeur ajoutée et les activités financières des entreprises deviennent une source importante de profit. L'ouverture des marchés, l'informatisation des processus et la relocalisation de la production contribuent à accélérer la croissance des entreprises qui se fait de plus en plus à l'échelle mondiale. Toutefois, le modèle économique de la grande entreprise n'est plus considéré comme la voie idéale et inévitable de la prospérité. L'entrepreneuriat et le développement local deviennent des modèles de développement économique de plus en plus valorisés. De plus, les questions écologiques obligent les entreprises à revoir leurs manières de produire et de s'inscrire dans la communauté.

Durant ces deux décennies, le climat de la production des connaissances se modifie lui aussi. Les approches, les écoles et les objets d'étude se diversifient. Si les théories des organisations avaient jusqu'alors été marquées principalement par l'influence de la sociologie et de la psychologie, elles vont désormais s'inspirer d'autres disciplines : l'économie, la science politique, l'anthropologie. De plus, les chercheurs vont se pencher autant sur les petites que sur les grandes entreprises, qu'elles soient privées, publiques ou communautaires. Bref, les auteurs vont s'intéresser moins aux structures formelles de l'organisation qu'aux relations caractérisant le comportement des acteurs.

On constate aussi une ouverture géographique dans la production des connaissances dans ce domaine d'études, jusqu'alors chasse gardée d'auteurs américains et britanniques. À partir des années 1980, les Européens (particulièrement des Français et des Scandinaves) offriront des productions originales qui seront internationalement reconnues. L'institutionnalisation de ce champ d'études se poursuit. En effet, il devient une division officielle et reconnue dans les associations scientifiques[1], les revues dans lesquelles les travaux sont publiés pullulent et de plus en plus d'universités ajoutent cette matière dans leur programme d'études. Amorcée dans la décennie précédente, la publication de travaux visant à classifier les théories des organisations se poursuit[2].

Pour faire le tour des théories des organisations qui marquent les années 1980-1990, disons d'entrée de jeu qu'elles ont été regroupées avec les disciplines à partir desquelles elles se sont développées. D'abord, la sociologie assure la continuité de la production des classiques en revisitant les liens « environnement-structure » à partir de deux perspectives qui prennent leur essor à cette période : la théorie néo-institutionnelle et l'écologie des populations. Ensuite, l'économie entre dans le domaine des théories des organisations en s'intéressant à la firme, objet qu'elle avait auparavant négligé. Ainsi, la théorie de l'agence et la théorie des coûts de transaction s'inscrivent dans le corpus des théories des organisations à partir des années 1980. Puis, la science politique devient incontournable. Outre l'analyse des coalitions et

1. Au début des années 1980, on assiste à la fondation de l'EGOS (European Group of Organization Studies), une association scientifique destinée à l'avancement des connaissances sur les organisations. Cette association compte aujourd'hui près de 1500 membres dans quarante-six pays. *Organization Studies* est la revue officielle de cette association.

2. Voir entre autres : J.-F. Chanlat (1992), « L'analyse des organisations : un regard sur la production de langue française contemporaine (1950-1990) », *Cahier de recherche sociologique*, 18-19, p. 93-138 ; J.-F. Chanlat (1989), « L'analyse sociologique des organisations : un regard sur la production anglo-saxonne contemporaine (1970-1988) », *Sociologie du travail*, vol. 3, p. 381-399.

celle des ressources qui se situent dans le prolongement de courants précédents, l'analyse stratégique occupe une place de premier plan dans l'analyse politique des organisations. Enfin, en anthropologie et en sciences cognitives, l'analyse symbolique prend de l'importance et offre trois variantes : l'analyse de la culture, l'analyse interprétative et l'analyse cognitive.

CHAPITRE 5

L'ANALYSE SOCIOLOGIQUE

Dans la foulée des théories de la contingence et tenant pour acquis que les organisations s'adaptent à leur environnement, des chercheurs américains contribuent au renouvellement des théories de l'organisation de deux manières. D'une part, certains se demandent comment les structures et les choix organisationnels sont façonnés, modélisés, voire médiatisés par les arrangements institutionnels. Ainsi, la théorie néo-institutionnelle examine les liens entre l'environnement institutionnel et l'organisation en mettant l'accent sur les valeurs et la légitimité. D'autre part, certains veulent comprendre comment l'environnement contraint les organisations en essayant d'expliquer pourquoi il y a différents groupes d'organisations. L'écologie des populations utilise le modèle de la sélection naturelle pour étudier le comportement des populations d'organisations.

Jusque-là, l'environnement était généralement représenté par ses composantes économiques (p. ex., autres entreprises, fournisseurs, etc.) et les structures organisationnelles par ses composantes formelles (niveaux hiérarchiques, degrés de spécialisation, degrés de standardisation, etc.). La théorie néo-institutionnelle introduit la dimension symbolique dans laquelle se constituent les liens entre l'environnement institutionnel et les structures de l'organisation. L'écologie des populations contribue à approfondir la vision déterministe de l'environnement sur les structures organisationnelles. Voyons cela d'un peu plus près.

5.1. La théorie néo-institutionnelle

Avant de présenter cette théorie, demandons-nous pourquoi on parle de « néo » institutionnalisme ? Ce préfixe indique qu'il s'agit du renouvellement de la théorie institutionnelle ayant vu le jour dans les années 1940 en sciences sociales (sociologie, économie et politique). En sociologie, la première vague de l'approche institutionnelle, aussi appelée le « vieil » institutionnalisme, a été portée par les travaux de Selznick qui a également été associé aux sociologues de la bureaucratie (voir section 2.1). Selznick (1957) est un des premiers auteurs à tenter de comprendre ce qui différencie une organisation d'une institution. Selon cet auteur, une organisation peut être considérée comme une institution dans la mesure où elle assure, par l'intermédiaire de ses dirigeants, la promotion de valeurs fortes généralement issues de la communauté. Au-delà de leurs objectifs d'efficacité et de performance, certaines organisations développent une identité qui assure leur pérennité, même si elles sont parfois plus ou moins profitables[1]. Les premiers institutionnalistes proposent de concevoir l'organisation non plus comme le résultat de coordinations rationnelles dans la poursuite ou l'atteinte d'un but, mais comme une structure sociale qui doit faire face à son environnement institutionnel. Ils reconnaissent l'importance du leadership, des valeurs et de la dimension informelle.

À la fin des années 1970 et au début des années 1980, la théorie institutionnelle fait à nouveau surface et, contrairement au vieil institutionnalisme qui met l'accent sur le caractère institutionnel de l'organisation, les néo-institutionnalistes s'intéressent plutôt au caractère répétitif de l'action dans les organisations (tableau 5.1). Pour eux, c'est moins l'organisation comme institution que l'institutionnalisation des structures et des pratiques de gestion organisationnelles qu'il importe d'étudier. L'institutionnalisation

1. Au Québec, c'est le cas notamment du journal *Le Devoir*, un quotidien engagé fondé au début du XXe siècle dans le but de défendre et de promouvoir les valeurs et intérêts de la communauté francophone du Québec. Malgré un faible tirage et de nombreuses crises, le journal existe toujours. Il s'agit d'une institution car, à travers le temps, ce journal a défendu les valeurs que lui accordent des membres de son personnel, son lectorat ainsi que des groupes de la société québécoise.

TABLEAU 5.1
Différences entre ancien et néo-institutionnalisme

	Ancien institutionnalisme	Néo-institutionnalisme
Source d'inertie	Intérêts cachés	Impératifs de légitimité
Importance de la structure	Structure informelle	Rôle symbolique de la structure formelle
Organisation encastrée dans	Communauté locale	Champ, secteur ou société
Cible de l'institutionnalisation	Organisation	Champ ou société
Dynamique organisationnelle	Changement	Persistance
Critique de l'utilitarisme	Conséquences inattendues	Activité non réflexive
Formes clés de la connaissance	Valeurs, normes, attitudes	Classification, routines, scripts, schémas
Base cognitive de l'ordre	Engagement	Habitude, action pratique

Source : P.J. DiMaggio et W.W. Powell, 1991, p. 13.

est alors définie comme le résultat des processus par lesquels les actions sont constamment répétées dans les organisations. Les néo-institutionnalistes prétendent qu'au fil du temps les organisations tendent à devenir de plus en plus homogènes sans nécessairement être plus performantes. Ainsi, ces auteurs cherchent à expliquer le caractère homogène de la vie organisationnelle, pourquoi les organisations se conforment aux demandes des différentes parties prenantes qui leur sont extérieures.

□ *John Meyer et Brian Rowan.* C'est à la fin des années 1970 que Meyer et Rowan (1977) proposent l'idée que les structures, les règles et les procédures organisationnelles véhiculent un ensemble de croyances. Dans leur article fondateur, ils démontrent que les structures formelles ont des dimensions symboliques. L'adoption de règles et de procédures n'est pas toujours que rationnelle. Elle succombe souvent à l'attrait des « mythes rationalisés» véhiculés à leur endroit. Un mythe rationalisé est une croyance en l'efficacité d'une règle, d'une procédure ou d'une technique. Par exemple, en adoptant des pratiques de certification ou de participation à un réseau, c'est moins l'efficacité qui est visée que la recherche de légitimité vis-à-vis des acteurs externes. Les entreprises qui adoptent de telles pratiques espèrent surtout augmenter leur légitimité auprès des clientèles qu'elles desservent en offrant des produits et des services dont la qualité est reconnue par des organismes externes de contrôle de la qualité. En adoptant des règles et des procédures qui sont prétendument efficaces et rationnelles, les organisations augmentent leur légitimité et assurent ainsi leur survie. Ce constat est particulièrement vrai pour les organisations situées dans des environnements fortement institutionnalisés (p. ex., hôpitaux, universités), qui, en augmentant leur légitimité, augmentent du même coup les ressources dont elles ont besoin pour survivre.

□ ***Paul J. DiMaggio et Walter W. Powell.*** Selon DiMaggio et Powell (1983), le processus par lequel les organisations se conforment aux pressions environnementales s'appelle l'isomorphisme. Ouvertes sur l'extérieur, les organisations subissent des pressions auxquelles il est difficile de résister. DiMaggio et Powell postulent qu'il existe trois types de pressions environnementales poussant les organisations à adopter des comportements similaires. Il s'agit des pressions coercitives, des pressions mimétiques et des pressions normatives.

D'abord, les pressions coercitives renvoient aux aspects légaux et réglementaires auxquels les organisations doivent se soumettre. L'État et les lois constituent les principales sources de pressions coercitives qui affectent l'ensemble des organisations. Par exemple, il impose aux entreprises d'accorder un pourcentage de leur budget de fonctionnement à la formation de leurs employés.

Ensuite, les pressions mimétiques sont, en quelque sorte, des réponses standard face à l'incertitude. Le mimétisme se rapporte aux comportements d'imitation. Lorsque, dans un secteur, une entreprise a obtenu du succès, les autres cherchent à l'imiter. L'adoption des modes managériales, le désir d'imiter les Japonais, les vagues de fusion et d'acquisition ou les stratégies de recentrage qui marquent les dernières années sont des exemples de comportements mimétiques.

Enfin, les organisations en viennent à se ressembler à cause des pressions normatives qu'elles subissent. Ces pressions viennent surtout des ordres professionnels qui édictent des normes quant aux comportements acceptables dans divers domaines d'activité. Ces normes sont ensuite introduites dans les entreprises par les professionnels qui les appliquent en obéissant au code de profession encadrant leurs pratiques. On n'a qu'à penser aux règles comptables qui sont les mêmes d'une organisation à l'autre et qui sont définies par un ordre professionnel reconnu. Selon la théorie néo-institutionnelle, l'État et les corporations professionnelles sont les acteurs externes dont les pressions pour homogénéiser les comportements des entreprises sont les plus fortes.

Une part importante des travaux des néo-institutionnalistes vise à comprendre comment se fait l'institutionnalisation des structures organisationnelles[2] et des pratiques de gestion dans les organisations. Tolbert et

2. Par exemple, voir les travaux sur la diffusion de la forme multidivisionnelle réalisés par N. Fligstein (1985), « The spread of the multidivisional form among large firms 1919-1979 », *American Sociological Review*, vol. 50, p. 377-391.

ENCADRÉ 5.1
Les fondements de la théorie néo-institutionnelle

- Les structures formelles ont des propriétés symboliques dont il faut tenir compte.
- Il est difficile pour les dirigeants qui prennent des décisions de résister aux pressions de l'environnement.
- Au fil du temps, les organisations tendent à devenir homogènes en se conformant aux pressions de l'environnement.
- L'adoption de règles et de procédures formelles est largement influencée par les mythes rationalisés qui sont véhiculés à l'endroit de ces règles et procédures.
- En adoptant les règles et les procédures qui sont prétendument efficaces et rationnelles, les organisations augmentent leur légitimité vis-à-vis de l'extérieur.
- Les organisations qui obtiennent la légitimité de leur environnement ont plus de ressources et augmentent, par conséquent, leurs chances de survie à long terme.
- Au fil du temps, le comportement des organisations s'institutionnalise, c'est-à-dire qu'elles en viennent à reproduire des modes d'action stables.
- Plus une organisation fonctionne à partir de modes d'action institutionnalisés, plus il est difficile d'y introduire des changements.

Zucker (1996) ont résumé la forme générale que prennent les processus d'institutionnalisation. En plus des forces extérieures qui agissent à des moments clés, les processus d'institutionnalisation comportent trois étapes : l'habituation, l'objectification et la sédimentation (figure 5.1). La première étape consiste à développer des structures appropriées et des comportements spécifiques pour résoudre des problèmes. L'habituation correspond en fait à

FIGURE 5.1
Composantes des processus d'institutionnalisation

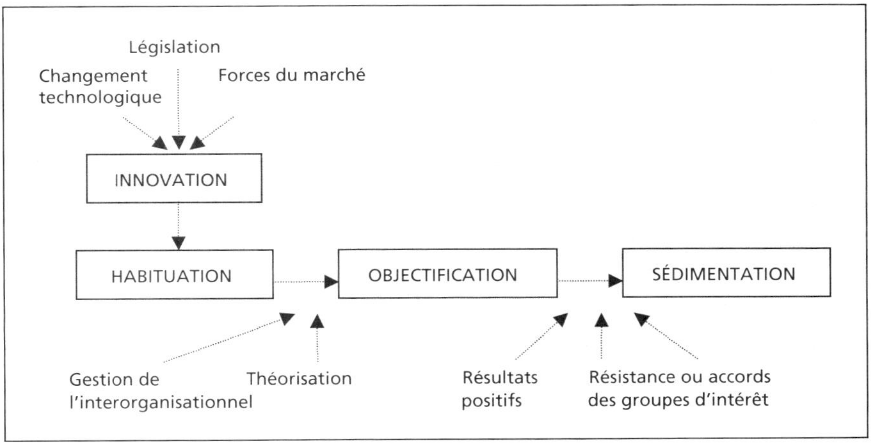

Source : P.S. Tolbert et L.G. Zucker, 1996, p. 182.

l'étape de pré-institutionnalisation. Avec le temps, ces nouveaux arrangements structurels et ces comportements sont typifiés et partagés par les membres d'un groupe. Cela s'appelle l'objectification, étape durant laquelle des structures organisationnelles ou des pratiques de gestion sont en voie d'institutionnalisation (on parle alors de semi-institutionnalisation). Une fois les arrangements structurels et les comportements partagés, ils sont facilement transmissibles aux nouveaux venus dans l'organisation. À partir du moment où ils sont adoptés sans qu'on remette en question leurs origines et tels qu'ils sont présentés, ils ont atteint une certaine extériorité. On peut alors dire qu'ils sont complètement institutionnalisés. Ce processus d'institutionnalisation[3] peut se réaliser à différents degrés, que ce soit entre des organisations ou à l'intérieur d'une organisation. Plus des types d'arrangements structurels et de comportements sont institutionnalisés, plus il est difficile de les transformer.

La majorité des travaux associés à la théorie néo-institutionnelle portent sur des organisations du secteur public et du secteur communautaire. L'objet de ces recherches est diversifié. Certains auteurs s'intéressent aux organisations artistiques[4], d'autres aux organisations scolaires[5] ou aux organisations sans but lucratif[6]. Sur le plan conceptuel, les auteurs s'entendent sur la nécessité de comprendre les déterminants des processus d'institutionnalisation des structures organisationnelles, c'est-à-dire la diffusion de différents types de structures dans des contextes spécifiques, et cela, au fil du temps. Toutefois,

---

3. À la suite de ces trois étapes, il peut aussi y avoir désinstitutionnalisation. C'est le modèle de la courbe de diffusion en « S » proposée par D. Strang et N. Tuma (1994), « Spatial and temporal heterogeneity in diffusion », *American Journal of Sociology*, vol. 99, p. 614-639. Le modèle a ensuite été amélioré par T.B. Lawrence, M.I. Winn et J. Devereaux (2001), « The temporal dynamics of institutionalization », *Academy of Management Review*, vol. 26, n° 4, p. 624-645.
4. Par exemple, voir : H. Aldrich et M. Fiol (1994). « Fools rush in ? The institutional context of industry creation », *Academy of Management Review*, vol. 19, p. 645-670 ; P. DiMaggio (1991), « Constructing an organizational field as a professional project : US art museums, 1920-1940 », dans Powell et DiMaggio (dir.), *The New Institutionalism in Organizational Analysis*, Chicago, University Press of Chicago, p. 267-292.
5. Par exemple, voir B. Rowan (1982), « Organizational structure and the institutional environment : The case of public schools », *Administrative Science Quarterly*, vol. 27, p. 259-279 ; M. Covaleski et M. Dirsmith (1988), « An institutional perspective on the rise, social transformation and fall of a university budget category », *Administrative Science Quarterly*, vol. 33, p. 562-587 ; P.S. Tolbert (1985), « Institutional environments and resource dependence : sources of administrative structure in institutions of higher education », *Administrative Science Quarterly*, vol. 31, p. 1-13.
6. Par exemple, voir S. Christensen et J. Molin (1995), « Origin and transformation of organization : institutional analysis of the Danish Red Cross », dans Scott et Christensen (dir.), *The Institutional Construction of Organizations*, Londres, Sage, p. 67-90.

il y a peu de consensus sur la manière de procéder. On trouve autant de travaux de nature quantitative que de nature qualitative qui se réclament de la théorie néo-institutionnelle. Ces travaux ont cependant en commun de reposer sur une démarche historique et longitudinale (données d'archives, analyse de contenu de documents écrits recueillis sur une longue période de temps, etc.).

Dans les années 1980-1990, trois groupes d'écrits fondamentaux se réclament de la théorie néo-institutionnelle. À la fin des années 1970 et au début des années 1980, les articles de Meyer et Rowan (1977) et de DiMaggio et Powell (1983) se diffusent. Ils font figure de textes fondateurs de la théorie néo-institutionnelle. Plus tard, en 1985, Zucker réunit dans un colloque les gens qui s'intéressent aux processus d'institutionnalisation. L'idée d'un courant de pensée spécifique fait alors son chemin. Elle se concrétise quelques années plus tard lorsque Zucker (1988) édite un ouvrage regroupant les écrits provenant de cette rencontre. Au début des années 1990, DiMaggio et Powell (1991) proposent un ouvrage qui retrace l'histoire de la théorie néo-institutionnelle et en démontre la vitalité et les perspectives d'avenir[7]. Enfin, dans la deuxième moitié des années 1990, on revisite les tendances qui coexistent au sein de la théorie néo-institutionnelle. D'abord, les chercheurs renouent avec le projet symbolique derrière l'idée de mythes rationalisés en proposant de s'intéresser davantage à la dimension cognitive, à l'action et aux interactions dans la constitution des processus d'institutionnalisation (Barley et Tolbert, 1997 ; Scott et Christensen, 1995). Ensuite, Scott (1995) réalise une synthèse des travaux qu'il articule autour de la notion de piliers institutionnels (régulateur, normatif et cognitif) et suggère de nouvelles avenues de recherche pour l'étude des pressions institutionnelles.

À la fin des années 1990, les critiques de la théorie néo-institutionnelle sont nombreuses[8]. On leur reproche principalement leur déterminisme, c'est-à-dire leur incapacité à prendre en compte l'action et leur trop grande

---

7. Cet ouvrage constitue un état des lieux de la théorie néo-institutionnelle développée jusque-là. Il comporte trois parties. La première reproduit les principaux articles à la base de la théorie. La deuxième propose des textes de différents auteurs qui discutent des défis de l'avenir de la théorie néo-institutionnelle. La troisième présente des travaux empiriques.

8. R. Greenwood et C.R. Hinings (1996), « Understanding radical organizational change : Bringing together the old and the new institutionalism », *Academy of Management Review*, vol. 21, p. 1022-1054 ; H. Hasselbladh et J. Kallinikos (2000), « The project of rationalization : A critique and reappraisal of neo-institutionalism in organization studies », *Organization Studies*, vol. 21, n° 4, p. 697-720 ; M. Lounsbury (2003), « The problem of order revisited : Towards a more critical institutional perspective », dans R. Westwood et S.R. Clegg (2003), *Debating Organization*, Oxford, Blackwell Publishing, p. 210-219.

préoccupation pour les structures et l'environnement (Scott et Meyer, 1994). On leur reproche aussi une vision trop statique et le peu d'attention qu'ils portent au changement et aux variations dans les pressions institutionnelles. Enfin, on souhaite voir plus d'applications de la théorie dans le secteur privé afin de mieux comprendre les nouvelles demandes de l'environnement relatives à la responsabilité sociale et aux normes de standardisation industrielle.

Depuis le début des années 2000, des efforts importants sont déployés pour dépasser les limites de la théorie néo-institutionnelle. De plus en plus de travaux sur l'entrepreneur institutionnel tentent de comprendre comment les acteurs influencent les contextes institutionnels[9]. De plus, c'est maintenant l'hétéromorphisme, c'est-à-dire la variation dans l'adoption des structures et des pratiques de gestion, qui retient l'attention des chercheurs[10]. Dans le même ordre d'idée, de plus en plus de travaux s'intéressent au début du processus d'institutionnalisation et à l'innovation (étape de la pré-institutionnalisation et formation de proto-institutions)[11]. En outre, la théorie néo-institutionnelle apprivoise de plus en plus l'étude du changement[12] en même temps qu'elle considère l'importance des mouvements sociaux comme acteurs privilégiés du changement institutionnel[13].

Depuis le début des années 2000, sous le signe de la réconciliation entre le vieil institutionnalisme et le néo-institutionnalisme[14], on assiste à un développement sans précédent de la théorie néo-institutionnelle dans

---

9. N. Fligstein (1997), « Social skill and institutional theory », *The American Behavioral Scientist*, vol. 40, p. 397-405 ; F. Déjean, J.-P. Gond et B. Leca (2004), « Measuring the unmeasured : an institutional entrepreneur strategy in an emerging industry », *Human Relations*, vol. 57, n° 6, p. 741-764.
10. M. Lounsbury (2001), « Institutional sources of practice variation : Staffing college and university recycling programs », *Administrative Science Quarterly*, vol. 46, p. 29-56.
11. N. Phillips, T.B. Lawrence et C. Hardy (2000), « Inter-organizational collaboration and the dynamics of institutional fields », *Journal of Management Studies*, vol. 37, n° 2, p. 23-43 ; T.B. Lawrence, C. Hardy et N. Phillips (2002), « Institutional effects of inter-organizational collaboration : The emergence of proto-institutions », *Academy of Management Journal*, vol. 45, n° 1, p. 281-290.
12. P. Martin de Holan et N. Phillips (2002), « Managing in transition : A case study of institutional management and organization chance », *Journal of Management Inquiry*, vol. 11, n° 1, p. 68-83.
13. H. Rao, C. Morrill et M.N. Zald (2000), « Power plays : How social movements and collective action create new organizational forms », *Research in Organizational Behavior*, vol. 22, p. 239-282.
14. P. Selznick (1996), « Institutionalism old and new », *Administrative Science Quarterly*, vol. 41, p. 270-277.

le monde[15]. En fait, on parle d'une troisième vague que l'on appelle, de manière très originale, le « nouveau » néo-institutionnalisme ou la théorie néo-institutionnelle « renouvelée ». De nos jours, la théorie néo-institutionnelle se développe par hybridation en faisant intervenir un large spectre d'ancrages théoriques allant de l'économie des transactions à l'analyse critique du discours[16].

5.2. L'écologie des populations

À la fin des années 1970, apparaît l'écologie des populations, un courant théorique qui remet en question l'hypothèse de l'« adaptation » de l'organisation à son environnement que soutiennent les théoriciens de la contingence stratégique. On se souvient que, dans les années 1970, les débats sur la théorie de la contingence structurelle ont amené certains auteurs à atténuer le déterminisme de l'environnement en attirant le regard sur la manière dont l'organisation, par l'action de ses gestionnaires, s'adapte à son environnement (Child, 1972 ; Pfeffer et Salancik, 1978). Bien qu'ils admettent la thèse de l'adaptation, des chercheurs américains, pour la plupart sociologues, soutiennent qu'étant donné les limites de cette adaptation de l'organisation à son environnement, ce qu'il faut comprendre, c'est moins la marge de manœuvre des gestionnaires que les dynamiques contraignantes auxquelles ils peuvent difficilement se soustraire (Aldrich, 1979 ; Hannan et Freeman, 1977 ; McKelvey, 1982). Dans cet esprit, ils proposent de mettre l'accent sur l'hypothèse de la « sélection naturelle » des organisations. Selon eux, ce ne sont pas les organisations qui s'adaptent à leur environnement, mais plutôt l'environnement qui sélectionne un certain nombre d'organisations qui voient ainsi leur survie assurée.

L'écologie des populations applique les idées darwiniennes de la sélection naturelle aux connaissances en théories des organisations. Cette perspective tente donc de rendre compte de la complexité des liens entre l'organisation et son environnement en partant du point de vue que seules les espèces vivantes les plus fortes survivent face aux pressions naturelles de l'environnement. Dans cette optique, l'écologie des populations propose un modèle général d'évolution de la vie organisationnelle qui emprunte la séquence d'actions suivante : « variation-sélection-rétention-compétition ».

---

15. I. Huault (2004), *Institutions et gestion*, Paris, FNEGE/Vuibert.

16. N. Phillips (2003), « Discourse or institution ? Institutional theory and the challenge of critical discourse analysis », dans R. Westwood et S.R. Clegg (dir.), *Debating Organization*, Oxford, Blackwell Publishing, p. 220-231.

Les entreprises présentent des variations structurelles qu'elles peuvent modifier au gré du bon vouloir de leurs dirigeants. C'est l'environnement qui sélectionne celles dont les variations internes correspondent le mieux aux demandes externes. Les organisations qui sont sélectionnées (ou qui ne meurent pas) voient leur capacité de survie se renforcer. Elles sont toutefois toujours soumises à la compétition avec les autres organisations qui forment la population à laquelle elles appartiennent. Selon Baum (1996), l'écologie des populations repose sur les observations suivantes : 1) la diversité est une propriété des regroupements d'organisations ; 2) ces regroupements d'organisations ne sont pas stables. Dans chacun d'eux, des organisations apparaissent et d'autres disparaissent continuellement ; 3) les organisations ont de la difficulté à changer dans des contextes incertains.

Au centre de ces travaux, on trouve la notion de « population » d'organisations. Une population d'organisations, c'est un ensemble d'organisations engagées dans des activités semblables et qui utilisent leurs ressources de manière similaire. Ainsi, les hôtels de Manhattan (1898-1990)[17], les entreprises de semi-conducteurs (1975-1986)[18] et les fabricants de vins californiens (1940-1985)[19] sont des populations d'organisations qui ont été étudiées par des chercheurs associés à l'écologie des populations. Les populations d'organisations sont le résultat de processus environnementaux qui isolent des groupes d'organisations les uns des autres (extension des régulations gouvernementales, développements technologiques, etc.). Toutefois, les populations d'organisations peuvent développer des relations avec d'autres populations d'organisations. Elles en viennent ainsi à former des « communautés d'organisations ». Les populations d'organisations peuvent entretenir différents types de relations. Il peut s'agir de relations de symbiose, de relations de compétition plus ou moins fortes, ou encore de relations de neutralité. Baum et Oliver (1991) ont étudié les liens entre les centres de soins de jour et les écoles d'infirmières dans la région de Toronto entre 1971 et 1987. Ils ont pu observer une forte compétition entre les deux populations, la densité de la première ayant des effets néfastes sur la seconde.

---

17. J.A.C. Baum (1995), « The changing basis of competition in organizational population : the Manhattan hotel industry, 1898-1990 », *Social Forces*, vol. 74, p. 177-204.
18. J.F. Freeman (1990), « Ecological analysis of semi-conductor firm mortality », dans J.V. Singh (dir.), *Organizational Evolution : New Directions*, Newbury Park, CA, Sage, p. 53-77.
19. J. Delacroix, A. Swaminathan et M.E. Solt (1989), « Density dependence versus population dynamics : An ecological study of failings in California wine industry », *American Sociological Review*, vol. 54, p. 245-262.

Les travaux en écologie des populations ont généralement pour but de comprendre l'instabilité qui caractérise les populations d'organisations. De manière spécifique, ils s'intéressent aux entrées et aux sorties des entreprises au sein d'une même population. Ils examinent donc les taux de naissance et de mortalité organisationnelles au sein de diverses populations d'organisations. Alors que les travaux en gestion attribuent habituellement le succès ou l'échec des organisations aux qualités ou à l'incompétence des équipes de gestion, ceux-ci les expliquent par des facteurs extérieurs à l'organisation, par des causes environnementales de nature démographique, écologique ou contextuelle.

L'étude des processus démographiques occupe une part importante des travaux réalisés en écologie des populations (Hannan et Freeman, 1984). Les chercheurs accordent beaucoup d'attention à l'étude des taux de naissance et de mortalité organisationnelles en fonction de la taille et de l'âge des organisations composant différentes populations. Ils en sont ainsi venus à démontrer, chiffres à l'appui, que les petites entreprises ont généralement un taux de mortalité plus élevé que les grandes. De la même façon, il semble que les jeunes entreprises aient généralement un taux de mortalité important. En fait, les chercheurs associés à l'écologie des populations affirment que les taux d'échec organisationnel diminuent au fur et à mesure que la taille des entreprises augmente.

Au centre de l'écologie des populations, les travaux qui tentent d'expliquer les causes de l'échec ou du succès des entreprises par des processus écologiques occupent une place de choix. L'impact de la densité dans les populations d'organisations et l'étude de la dynamique de création de niches font partie des processus écologiques qui retiennent une grande attention dans ce courant[20]. La dynamique de la densité dans une population d'organisations est une explication de type écologique largement utilisée pour rendre compte de la naissance et de la mortalité organisationnelles. Ainsi, on cherche à démontrer comment le fait qu'il y ait un certain nombre d'entreprises dans un secteur donné facilite la fondation de nouvelles entreprises. Toutefois, lorsque la densité devient très forte au sein d'une population d'organisations donnée, la lutte pour les ressources a pour effet

20. G.R. Caroll et J. Delacroix (1982), « Organizational mortality in the newspaper industry of Argentina and Ireland : an ecological approach », *Administrative Science Quarterly*, vol. 27, p. 169-198 ; J. Delacroix, A. Swaminathan et M.E. Solt (1989), « Density dependence versus population dynamics : an ecological study of failings in California wine industry », *American Sociological Review*, vol. 54, p. 245-262 ; M.T. Hannan et G.R. Carroll (1992), *Dynamics of Organizational Populations : Density, Competition and Legitimation*, New York, Oxford University Press.

d'augmenter le taux de mortalité des entreprises qui en font partie. À partir du moment où il y a moins d'entreprises dans une même population, il est plus facile pour de nouvelles entreprises de s'y introduire. Au sein d'une même population d'organisations, il y aurait donc des vagues de « fondation » qui seraient entrecoupées de périodes importantes de « mortalité ». En fait, la densité organisationnelle dans une population donnée aurait un effet curvilinéaire sur la naissance et la mortalité des entreprises.

□ ***Michael T. Hannan et John H. Freeman.*** Par ailleurs, c'est à Hannan et Freeman (1977) que revient le mérite d'avoir tiré de la théorie de la niche un modèle de prédiction des capacités de survie. Ces auteurs tentent d'expliquer dans quelles circonstances les entreprises spécialistes (entreprises qui s'engagent dans un seul segment stratégique) et les entreprises généralistes (entreprises présentes sur la majorité des segments d'un secteur) sont plus aptes à survivre. Ils affirment notamment que les entreprises spécialisées peuvent faire face à des conditions environnementales incertaines plus facilement que celles qui sont dites généralistes. Ce constat remet en question l'idée largement acceptée qu'il est plus facile pour les entreprises généralistes de faire face à des conditions incertaines étant donné qu'elles peuvent répartir leurs risques. C'est que, selon Carroll (1985), dans une population d'organisations, il se fait naturellement une répartition des ressources entre généralistes et spécialistes. Dans les secteurs où il y a une forte concentration des activités entre quelques entreprises généralistes, les entreprises spécialistes peuvent se développer sans nécessairement avoir à entrer en compétition avec les généralistes. Par conséquent, la concentration des activités d'un marché est plus dangereuse pour la survie des entreprises généralistes que pour celle des entreprises spécialistes.

Certains chercheurs associés à l'écologie des populations s'intéressent également à l'impact des processus sociopolitiques sur la dynamique des populations d'organisations. Ainsi, certains étudient l'influence de la turbulence politique sur la création des entreprises. Par exemple, la fondation de journaux en Argentine et en Irlande est fortement dépendante des périodes de turbulence politique[21]. D'autres ont étudié comment les régulations gouvernementales influencent les formes de création et de faillite organisationnelles[22]. Enfin, l'évolution des technologies est aussi une dimension qui affecte la

21. J. Delacroix et G.R. Carroll (1983), « Organizational foundings : An ecological study of the newspaper industries of Argentina and Ireland », *Administrative Science Quarterly*, vol. 28, p. 274-291.
22. W.P. Barnett et G.R. Carroll (1993), « How institutional constraints affected the organization of early American telephony », *Journal of Law*, Economics and Organization, vol. 9, p. 98-126.

création et le retrait des entreprises au sein d'une population d'organisations. La structure compétitive d'une population reflète un état d'avancement technologique particulier et l'innovation technologique peut modifier la dynamique et l'évolution d'une population d'organisations au fil du temps[23].

ENCADRÉ 5.2
Les fondements de l'écologie des populations

- La population d'organisations constitue l'unité de base de l'analyse des organisations.
- L'ensemble d'organisations engagées dans des activités similaires et utilisant les ressources de la même façon constitue une population d'organisations.
- Une population d'organisations est rarement stable – des organisations « naissent » et d'autres « meurent » constamment.
- Les causes du succès ou de l'échec des entreprises sont d'abord et avant tout de nature environnementale : démographique, écologique et contextuel.
- Les organisations sont « sélectionnées » par leur environnement.
- Variation-Sélection-Rétention-Compétition sont les quatre processus de base du changement.
- L'inertie organisationnelle est un indicateur de survie organisationnelle.

Le changement est une préoccupation majeure pour les chercheurs associés à l'écologie des populations (Hannan et Freeman, 1984). Toutefois, les idées que ces auteurs soutiennent à propos de la capacité de changer des organisations diffèrent largement de celles véhiculées par la vision volontariste de la théorie des choix stratégiques et des courants managériaux. Selon eux, il est loin d'être certain que le changement soit bénéfique pour les organisations. De plus, ils ne sont pas convaincus que les organisations puissent changer. Selon eux, l'inertie organisationnelle est une condition fondamentale pour qu'une organisation soit sélectionnée par son environnement ; il faut donc qu'il y ait un haut niveau de reproductibilité des routines dans l'organisation, c'est-à-dire un certain degré d'inertie. Ce degré varie, bien sûr, avec l'âge et la taille de l'organisation. Par conséquent, le changement dans les organisations apparaît comme quelque chose pouvant mettre en danger leur survie. Les tentatives de changer les caractéristiques organisationnelles (p. ex., buts, autorité, technologie, stratégie marketing) pour assurer

23. J.W. Brittain et D.H. Wholey (1988), « Competition and coexistence in organizational communities : population dynamics in electronic components manufacturing », dans G.R. Carroll (dir.), *Ecological Models of Organizations*, Cambridge, MA, Ballinger, p. 195-222.

la survie exposent l'organisation à un plus haut risque de faillite et de mortalité à court terme. Les chercheurs associés à ce courant tentent de mesurer « l'inertie structurelle » afin de déterminer à quel degré le changement est possible sans mettre en péril la survie de l'organisation.

Les apports de cette perspective sont nombreux. Entre autres, l'écologie des populations propose une vision de l'organisation décentrée du management et des structures organisationnelles. En adoptant le point de vue de l'environnement, l'écologie des populations offre une vision plus détachée du fonctionnement interne de l'organisation. Une telle position peut nous aider à relativiser l'importance de la prise de décision et à tenir compte de points de vue différents. Il s'agit également d'une approche qui trouve de nombreuses applications pour les gestionnaires publics. En effet, les agences gouvernementales ont souvent tendance à gérer par « populations d'organisations ». Dans les années 1990, les agences gouvernementales québécoises utilisaient l'expression « grappes industrielles » pour désigner des filières industrielles et définir des politiques d'adaptation ou de développement des entreprises[24]. Il s'agit d'un modèle de gestion défini en fonction d'une population ou d'un regroupement d'organisations étant aux prises avec des enjeux similaires.

Cela dit, les critiques ont été et demeurent nombreuses à l'endroit de l'écologie des populations (Baum, 1996). On reproche à ces études d'avoir une vision réductrice des processus démographiques. Au-delà de l'âge, d'autres facteurs comme l'approbation sociale, la légitimité, la stabilité et l'obtention de ressources suffisantes peuvent aussi influencer la naissance et la mortalité organisationnelles. L'âge et la taille sont des éléments importants, mais qui ne permettent pas nécessairement de saisir la complexité des processus démographiques influençant la naissance et la mortalité organisationnelles. De plus, ces travaux examinent principalement le début et la fin de la vie d'une organisation. Ils négligent donc la partie la plus importante de la vie organisationnelle, soit la croissance et la maturité.

Pour bien comprendre ce que ces chercheurs veulent dire, il faut adopter un schème de pensée évolutionniste. Par ailleurs, l'écologie des populations fait peu de place aux processus dynamiques et aux acteurs. Sur le plan méthodologique, les théoriciens de l'écologie des populations fournissent des matériaux empiriques issus de bases de données longitudinales pour étayer leurs idées. Ils privilégient ainsi la généralisation au détriment du réalisme

---

24. Direction génerale de la promotion des investissements en collaboration avec la Direction génerale des politiques et la Direction générale de l'analyse économique, *Les grappes industrielles*, Québec, Ministère de l'Industrie, du Commerce et de la Technologie, Direction des communications, 1993.

empirique. Par exemple, l'âge et la taille sont des mesures précises qui permettent la généralisation. Toutefois, ce sont des mesures indirectes et peu élaborées pour expliquer le succès ou l'échec des entreprises. Le travail sur ces bases de données éloigne les résultats obtenus de la substance des concepts développés et de la complexité de la réalité examinée.

Depuis l'article fondateur écrit par Hannan et Freeman (1977), trois livres regroupant divers auteurs permettent de retracer l'évolution des idées qui sont au centre de l'écologie des populations. À la fin des années 1980, Carroll (1988) publie un livre qui compte surtout des études empiriques portant sur les taux de mortalité et de natalité dans diverses populations d'organisations. Dans cet ouvrage, les auteurs prennent position par rapport à la dépendance des ressources et au management stratégique. De plus, ils expliquent pourquoi l'hypothèse de la sélection, plutôt que celle de l'adaptation, permet de mieux comprendre les liens entre l'organisation et l'environnement. Il s'agit surtout de sociologues dont plusieurs ont étudié avec Hannan et Freeman. Deux ans plus tard, un nouveau livre paraît (Singh, 1990). Il introduit des nuances dans les positions de l'écologie des populations, d'une part, en accordant plus d'importance aux processus organisationnels et, d'autre part, en proposant plus de contenu théorique. De plus, alors que les travaux étaient surtout influencés par la sociologie, des chercheurs provenant d'autres disciplines (économie, gestion, sciences biologiques, etc.) contribuent à cet ouvrage. Au milieu des années 1990, dans leur livre de synthèse, Baum et Singh (1994) élargissent les processus écologiques aux différents niveaux d'analyse (intra-organisationnel, organisationnel, population d'organisations et communauté d'organisations). L'ouverture aux autres disciplines et à d'autres courants en théories des organisations est caractéristique de cet ouvrage. Les travaux qui y sont présentés reposent notamment sur la construction de liens théoriques entre l'écologie des populations et un ou plusieurs autres ancrages théoriques tels les théories de la contingence, la théorie de la dépendance des ressources et la théorie néo-institutionnelle[25].

Bref, depuis la fin des années 1970, les travaux effectués par les chercheurs de l'écologie des populations ont grandement évolué. D'abord centrée sur des recherches empiriques, la réflexion théorique a pris de l'ampleur. De plus, on est passé de l'étude des taux de mortalité et de natalité à l'analyse des processus permettant d'expliquer ces phénomènes. Enfin,

---

25. Pour avoir une vision à jour des questionnements, des thèmes et des liens que l'écologie des populations entretient avec d'autres ancrages théoriques, voir le livre intitulé *Companion to Organizations* dirigé par Joël C. Baum chez Blackwell en 2002.

alors que le courant était au premier abord porté par des sociologues, on y retrouve maintenant une pluralité d'influences disciplinaires et de courants théoriques.

Conclusion

La théorie néo-institutionnelle et l'écologie des populations permettent de dépasser la vision de l'organisation comme système et structure en même temps qu'elles offrent une nouvelle vision de l'environnement. Celui-ci n'est plus un environnement dans le sens économique du terme, défini exclusivement par des concurrents, des fournisseurs et des clients, mais comprend aussi d'autres organisations qui, par les règles et les normes qu'elles imposent, contraignent l'organisation et ses composantes structurelles. L'apport du projet sociologique aux approches contemporaines est qu'il fournit une compréhension de l'organisation faisant intervenir des phénomènes globaux et complexes qui la dépassent.

Dans le prolongement des théories de la contingence, la théorie néo-institutionnelle et l'écologie des populations ont en commun de regarder l'organisation en examinant les contraintes environnementales qui la structurent. La relation à l'environnement y est redéfinie en matière de survie et en fonction du concept central de légitimité. Elles se démarquent toutefois l'une de l'autre dans la définition qu'elles font des liens entre l'organisation et l'environnement. Pour la théorie néo-institutionnelle, la légitimité de l'organisation dépend de la capacité de ses structures à se conformer à son environnement institutionnel, alors que pour l'écologie des populations la légitimité est en tant que telle le résultat de processus écologiques, puisqu'elle augmente avec l'âge et la taille de l'organisation.

Dans les années 1980 et 1990, la théorie néo-institutionnelle et l'écologie des populations sont des ancrages théoriques qui occupent une place importante dans la production des connaissances en théories des organisations aux États-Unis. En fait, elles constituent la nouvelle orthodoxie dominante des approches contemporaines. D'ailleurs, il y a de plus en plus de complémentarité entre les deux perspectives. De nos jours, plusieurs auteurs font des liens entre la théorie néo-institutionnelle et l'écologie des populations, et proposent de synthétiser leur contribution respective dans un cadre commun.

CHAPITRE 6

L'ÉCONOMIE DES ORGANISATIONS

Dans *Économie et Société*, Weber nous invite à considérer l'activité économique, c'est-à-dire l'ensemble des échanges, comme ancrée dans des réseaux d'activités sociales. Ainsi, prétend-il, les activités économiques sont intégrées aux activités domestiques, aux liens ethniques et aux pratiques religieuses. Pourtant, l'économie et la sociologie ont, par la suite, évolué dans des univers de pensée séparés. Elles se sont développées de manière autonome l'une de l'autre comme si les transactions économiques n'avaient rien à voir avec les caractéristiques sociales des individus qui les font. Pendant de longues années, les économistes ont donc pensé les échanges à partir des lois du marché, alors que les sociologues ont examiné les liens sociaux sans égard au comportement économique des individus. Il faudra plusieurs années avant que l'on considère à nouveau les liens entre économie et société comme indissociables. Une exception cependant, les institutionnalistes des années 1940 qui ont relancé la question des liens entre économie et société[1]. Le retour de ce courant dans les années 1970, Granovetter (1985) en tête, favorise l'essor de la démarche institutionnelle en économie, dont l'économie des organisations représente une ramification importante.

L'analyse économique des organisations acquiert ses lettres de noblesse en théories des organisations dans les années 1980. Elle pose la question des liens entre l'économique et le social, entre le marché et la firme, entre la dimension individuelle et la dimension collective du comportement. Pendant longtemps, la microéconomie a donné à la firme, c'est-à-dire à l'entreprise, une place limitée en la représentant de manière rudimentaire. En situation d'information parfaite, les entreprises n'ont pas grand-chose à faire, sinon que de transformer des matières premières en produits finis. Dans la théorie économique, la firme est donc une boîte noire qui transforme des ressources de manière efficiente. Plutôt que de s'intéresser principalement au marché comme les économistes classiques, les économistes des organisations examinent les structures de gouvernance des entreprises et leur importance dans la réalisation des échanges, donc des transactions économiques.

L'analyse économique des organisations est loin d'être un courant de pensée homogène. Il s'agit d'un vaste champ de recherche qui compte plusieurs traditions. Certains considèrent que l'économie industrielle, la théorie des ressources, les modèles de coopération interfirmes, la théorie évolutionniste de la firme et la théorie des compétences font partie de l'analyse économique des organisations[2]. En théories des organisations, l'économie des organisations est principalement associée à la théorie de l'agence et à la théorie des coûts de transaction. Ce sont ces théories qui sont présentées dans les prochaines lignes.

---

1. J.R. Commons, K.H. Parsons et S. Perlman (1950), *The Economics of Collective Action*, New York, Macmillan.
2. Pour une recension des écrits de ces différents courants (théorie de l'agence et théorie des coûts de transaction y compris), voir : B. Coriat et O. Weinstein (1995), *Les nouvelles théories de l'entreprise*, Paris, inédit ; J.B. Barney et W. Hesterly (1996), « Organizational economics : Understanding the relationship between organizations and economic analysis », dans S.R. Clegg, C. Hardy et W. Nord (dir.), *Handboook of Organization Studies*, Londres, Sage.

6.1. La théorie de l'agence

Théorie voisine de celle des droits de propriété[3], la théorie de l'agence examine les relations d'agence et les coûts relatifs qu'elle entraîne. La relation d'agence est une relation entre un principal et un agent, donc toute relation entre deux individus dans laquelle la situation de l'un (principal) dépend de l'action de l'autre (l'agent). En théories des organisations, la théorie de l'agence est largement associée au problème de la gestion de la relation entre les propriétaires et les gestionnaires qui dirigent une entreprise[4]. Elle vise à répondre à la question suivante : comment accorder les intérêts des actionnaires et ceux des gestionnaires ?

Dans la théorie de l'agence, l'entreprise n'a pas d'existence indépendante, elle n'est pas considérée comme un individu ayant des motifs d'agir. Elle se compose d'un ensemble d'individus qui ont des relations contractuelles. Les organisations sont des nœuds de contrats entre un principal et l'agent auquel il confie la gestion de ses biens. La théorie de l'agence s'intéresse donc principalement au système de relations contractuelles qui unissent les individus au sein d'une même entreprise.

La théorie de l'agence reprend l'hypothèse de la rationalité limitée et suppose que chaque partie cherche à minimiser son utilité. Les individus ont des capacités cognitives limitées de sorte qu'ils ont tendance à prendre des décisions satisfaisantes, plutôt que des décisions optimales. Par ailleurs, les individus agissent dans le but de satisfaire leurs intérêts (hasard moral). Ce faisant, la relation d'agence est problématique vu l'incomplétude des contrats. En effet, toute relation contractuelle risque de subir des problèmes lorsque les intérêts entre les deux parties divergent, lorsqu'il y a information imparfaite et asymétrie d'information. Dans une relation d'agence, il arrive fréquemment que le principal et l'agent n'aient pas les mêmes intérêts et que l'agent en sache plus sur la tâche à accomplir que le principal (sélection

---

3. La théorie des droits de propriété entend démontrer la supériorité des systèmes de propriété privée sur toutes les formes de propriété collective. Elle considère que tout échange entre agents est un échange de droits de propriété sur des objets. Les droits de propriété incitent les individus à créer, à conserver et à valoriser des actifs. La notion entre en ligne de compte dans l'analyse des coûts de transaction et des externalités. Plusieurs agents peuvent avoir des droits sur un même actif. Selon cette théorie, la définition de l'organisation dépend donc de la manière dont sont délimités et affectés les droits de propriété reliés à des actifs spécifiques.
4. AA. Berle et G.C. Means (1932), *The Modern Corporation and the Private Property*, New York, Macmillan.

adverse). Par conséquent, le contrat qui lie les parties est incomplet de sorte qu'il est impossible pour le principal de s'assurer d'un contrôle parfait de l'agent.

Dans ce contexte, le principal doit limiter les effets néfastes qui pourraient survenir en raison d'intérêts divergents et d'asymétries d'information avec l'agent en mettant en place un système d'incitation approprié et des moyens de surveillance[5]. Or ce système et ces moyens ont des coûts, ce sont les coûts d'agence.

Les coûts d'agence sont de trois types : les dépenses de surveillance et d'incitation, les coûts d'obligation et les coûts entraînés par la perte résiduelle. Les dépenses de surveillance et d'incitation sont ce qu'il en coûte au principal pour motiver les personnes qu'il embauche. Par exemple, il peut s'agir de systèmes d'évaluation par objectifs ou de systèmes financiers d'intéressement (bonus, participation à la propriété, etc.). Les coûts d'obligation sont les coûts qui permettent au principal de s'assurer que l'agent n'agira pas contre lui. Advenant le cas où l'agent porte préjudice au principal, celui-ci doit s'assurer d'être dédommagé. Ainsi, le coût des assurances en responsabilité civile est un coût d'obligation. Enfin, comme la maximisation effective du bien-être du principal est difficilement atteignable, le principal doit prévoir le coût des écarts entre ses objectifs et les réalisations de l'agent. Par perte résiduelle, on entend donc l'estimation des dépenses pouvant être engendrées par les écarts de comportement de l'agent.

Au fur et à mesure qu'une entreprise croît, ses dirigeants n'ont pas le choix, ils doivent déléguer et cela entraîne des coûts d'agence. Il faut donc tenter de limiter le plus possible ces coûts. La gestion des coûts d'agence venant des relations entre actionnaires et gestionnaires peut se faire de diverses façons. Par exemple, pour éviter la centralisation de l'autorité entre les mains de quelques gestionnaires dans les organisations complexes, Fama et Jensen (1983) suggèrent de répartir les types de décision (p. ex., de contrôle et d'administration) entre différents groupes de gestionnaires. Eisenhardt (1985) souligne l'importance d'avoir toute l'information pertinente relative à un agent pour être en mesure de comprendre quels sont ses objectifs et ses intérêts. Pour contrôler les gestionnaires, les mécanismes de gouvernance peuvent également s'avérer très utiles (p. ex., examen des plans d'action, ajout d'investisseurs institutionnels ou de membres indépendants sur le conseil d'administration, surveillance des résultats, etc.). En dernière instance,

5. M.C. Jensen et W.H. Meckling (1976), « Theory of the firm : Managerial behaviour, agency cost, and ownership structure », *Journal of Financial Economics*, vol. 3, n° 4, p. 305-360.

ENCADRÉ 6.1
Les fondements de la théorie de l'agence

- L'entreprise est considérée comme un ensemble d'individus qui ont des relations contractuelles. Elle est un système de contrats libres entre agents égaux.
- La relation d'agence est une relation entre un principal et un agent. Elle concerne donc toute relation entre deux entités, généralement des individus, dans laquelle la situation de l'un (principal) dépend de l'action de l'autre (l'agent).
- La théorie de l'agence met généralement l'accent sur les liens entre les actionnaires (principaux) et les gestionnaires (agents).
- Le principal et l'agent n'ont pas les mêmes intérêts. De plus, entre les deux, il y a généralement asymétrie d'informations.
- Les coûts d'agence sont les coûts que supportent les deux parties pour mettre en place des systèmes d'obligation et de contrôle.
- Les coûts d'agence comportent trois éléments : les dépenses de surveillance et d'incitation, les coûts d'obligation et les coûts de perte résiduelle.
- Pour limiter les coûts d'agence, les principaux disposent de leur autorité, de mécanismes de contrôle et d'incitatifs financiers.
- La théorie de l'agence est utilisée pour comprendre le rôle des conseils d'administration et pour étudier les systèmes de récompenses des gestionnaires de haut niveau.

les principaux ont recours aux mécanismes financiers d'incitation pour contrôler le comportement des agents. À cet égard, la théorie des coûts d'agence affirme que valoriser les agents par des compensations financières peut faire en sorte qu'ils se comportent en fonction des intérêts des principaux.

À la fin des années 1980, la théorie de l'agence est l'objet de nombreuses critiques[6]. On déplore l'individualisme méthodologique qui caractérise cette théorie. En effet, la seule réalité qui importe est celle des rapports individuels, ce qui laisse peu de place à la dimension organisationnelle ou collective des rapports sociaux. Il se trouvera donc plusieurs auteurs pour affirmer que la vision du comportement humain centrée sur l'appât du gain financier qui est à la base de cette théorie est pour le moins réductrice[7]. De plus, on reprochera aux auteurs de cette approche d'accorder une plus

6. Pour une excellente revue des travaux effectués à partir de la théorie de l'agence dans les années 1980, voir K.M. Eisenhardt (1989), « Agency theory : An assessment and review », *Academy of Management Review*, vol. 14, p. 57-74 ; pour une vision critique de la théorie de l'agence, voir C. Perrow (1986), *Complex Organizations : A Critical Essay*, New York, Random House.
7. P.M. Hirsch, R. Friedman et M.P. Koza (1990), « Collaboration or paradigm shift ? Caveat emptor and the risk of romance with economic models for strategy and policy research », *Organization Science*, vol. 1, p. 87-98.

grande importance aux intérêts du principal qu'à ceux de l'agent[8]. Pour répondre à ces critiques, les années 1990 voient apparaître plusieurs travaux visant à enrichir les fondements de la théorie en ajoutant d'autres ancrages théoriques[9]. Ceux-ci appartiennent soit aux théories du comportement et ont pour but de fournir une représentation plus complexe de l'individu, soit aux théories des organisations qui sont alors utilisées de manière à proposer des représentations plus soutenues des liens entre principaux et agents. Au-delà de ces travaux, la théorie de l'agence continue, durant cette décennie et dans celle qui suit, à alimenter la réflexion sur les problèmes de compensation des dirigeants et la réflexion sur les modes de gouvernance[10].

6.2. La théorie des coûts de transaction

Les théories économiques classique et néoclassique reposent sur le postulat que les activités économiques sont coordonnées par les mécanismes du marché. Si les marchés sont si efficaces pour coordonner les échanges, pourquoi la firme existe-t-elle ? C'est la question à laquelle Coase, un économiste institutionnel, tente de répondre dans un percutant essai sur la nature de l'entreprise qu'il publie en 1937[11]. Dans cet essai, il défend l'idée que les firmes existent parce qu'il en coûte parfois plus cher de coordonner les échanges sur les marchés que de les gérer au sein des organisations[12]. Le

---

8. W.S. Hesterley, J. Liebeskind et T.R. Zenger (1990), « Organizational economics : An impending revolution in organization theory », *Academy of Management Review*, vol. 15, p. 402-420.
9. À titre d'exemple, S.N. Ramaswami, S.S. Srinivasan et S.A. Gorton (1997), « Information asymetry between salesperson and supervisor : Postulates from agency and social exchange theories », *The Journal of Personal Selling and Sales Management*, vol. 17, n° 3, p. 29-51 ; A.J. Hillman et T. Dalziel (2003), « Boards of directors and firm performance : Integrating agency and resource dependence perspective », *Academy of Management Review*, vol. 28, n° 3, p. 383-396 ; J. Hendry (2002), « The principal's other problems : Honest incompetence and the specification of objectives », *Academy of Management Review*, vol. 27, n° 1, p. 98-113.
10. K.M. Daily, D.R. Dalton et A.A. Cannella (2003), « Corporate governance : Decades of dialogue and data », *Academy of Management Review*, vol. 28, n° 3, p. 371-382 ; C. Sundaramurthy et M. Lewis (2003), « Control and collaboration : Paradoxes of governance », *Academy of Management Review*, vol. 28, n° 3, p. 397- 415.
11. R.H. Coase (1937), « The Nature of the Firm », *Economica*, vol. 4, p. 386-405.
12. La première extension des idées de Coase se trouve dans le travail d'Alchian et Demsetz qui, en 1972, se sont intéressés au travail d'équipe. Plusieurs idées tirées de ce modèle ont influencé l'économie des organisations et, en particulier, l'économie des coûts de transaction. Pour plus de détails : A.A. Alchian et H. Demsetz (1972), « Production, information costs and economic organization », *American Economic Review*, vol. 62, p. 777-795.

point central de la théorie des coûts de transaction repose sur l'idée que les marchés et les organisations sont des modes de coordination des échanges. C'est la comparaison entre les coûts de transaction sur le marché et ceux nécessités par la hiérarchie qui permet de déterminer quelle est la forme de gouvernance la plus efficace.

Selon Ménard (1997), l'économie des organisations définit le marché comme un mécanisme de transfert de droits de propriété. Il va de soi que l'on considère ce transfert comme non contraint et volontaire. De plus, l'économie des organisations conçoit l'organisation comme un ensemble de règles contractuelles qui sont largement le résultat de choix ou de négociations entre individus. La capacité de modifier ces règles internes dans de très courts délais fait que ce mécanisme de coordination des échanges peut s'avérer moins coûteux que le marché. Par ailleurs, lorsqu'on parle de coûts de transaction, on évoque les coûts de fonctionnement du système d'échange, c'est-à-dire ce qu'il en coûte pour procéder à l'allocation des ressources permettant l'échange. De tels coûts sont incontournables et ils sont de quatre types : les coûts d'exclusion (problème de la non-séparabilité de certaines activités) ; les coûts d'information (reliés au système d'information, comme le prix), les coûts de taille (étendue du marché) et les coûts de comportements (reliés à l'intérêt individuel).

□ ***Oliver E. Williamson.*** Cet auteur est le chef de file de l'économie des coûts de transaction. En plus de proposer les hypothèses de comportement à la base de cette théorie, il a réfléchi sur les formes de gouvernance les plus adéquates suivant les caractéristiques des transactions (Williamson, 1975, 1985). Il s'est aussi consacré à l'étude des formes intermédiaires de gouvernance, celles qui se situent à mi-chemin entre le marché et la hiérarchie (alliances, *joint-ventures*, franchises, intégration verticale à la japonaise). Enfin, il analyse les types de contrat pour proposer une théorie générale du choix des formes de gouvernance.

Comme dans toute théorie économique, l'économie des transactions repose sur des hypothèses de comportement qu'on attribue à l'individu identifié comme un *homo contractor*. Il s'agit de la rationalité limitée et de l'opportunisme. On reconnaît des limites aux capacités cognitives des individus, limites qui font que les individus prennent des décisions satisfaisantes plutôt que des décisions optimales. Quant à l'opportunisme, il concerne la motivation à agir et repose sur la recherche de l'intérêt personnel par le moyen de la tromperie, de la ruse ou, le plus souvent, par la divulgation d'informations incomplètes ou dénaturées. Il existe deux types d'opportunisme : il y a opportunisme *ex ante* lorsque la tricherie se produit avant la passation du contrat (coûts de négociation), et opportunisme *ex post* lorsqu'elle se produit pendant l'exécution du contrat. Cette source d'incertitude quant au comportement individuel augmente les coûts de transaction et peut, par conséquent, inciter les gestionnaires à choisir d'internaliser les transactions, c'est-à-dire à faire en sorte qu'elles soient coordonnées par l'entreprise.

L'économie des coûts de transaction suppose qu'il existe des raisons économiques de choisir le marché ou la hiérarchie comme mode de coordination des échanges. Ces raisons dépendent des caractéristiques des transactions. La théorie des coûts de transaction identifie trois traits fondamentaux des transactions dont il faut tenir compte pour choisir la forme de gouvernance la plus efficace : la spécificité des actifs, l'incertitude et la fréquence (voir tableau 6.1). La spécificité des actifs est la caractéristique la plus importante. Il y a spécificité des actifs lorsqu'un investissement durable doit être effectué pour réaliser une transaction (site, actif physique, actif humain, actif lié à la transaction elle-même). Par exemple, pour obtenir un contrat avec l'entreprise B, une entreprise A peut devoir investir dans l'apprentissage d'une langue, dans l'adoption de nouvelles technologies et dans des efforts de relations publiques. Ces investissements sont peu spécifiques s'ils peuvent être utilisés pour desservir d'autres clients de l'entreprise A. Dans le cas contraire, il s'agit d'investissements dont le degré de spécificité est élevé. Si la spécificité de l'actif induit une dépendance durable de l'entreprise A envers l'entreprise B, les possibilités de comportement opportuniste de l'entreprise B augmentent. Lorsque les actifs sont spécifiques, il est alors préférable pour l'entreprise A de choisir la hiérarchie plutôt que le marché comme forme de gouvernance des transactions qu'elle effectue avec l'entreprise B.

Quant à l'incertitude, elle concerne les aléas reliés à la réalisation des transactions. Elle peut être adaptative (venir des conditions matérielles et externes de la transaction) et comportementale (venir du comportement

TABLEAU 6.1
Exemples de transactions

		Caractéristiques de l'environnement		
		Non spécifique	**Mixte**	**Idiosyncrasique**
Fréquence	**Occasionnelle**	Achats d'équipements standards	Achats d'équipements sur commande	Construction d'une usine
	Récurrente	Achats de matériaux standards	Achats de matériaux sur commande	Transfert spécifique d'un produit intermédiaire à travers des étapes successives

Source : O.E. Williamson (1994), *Les institutions de l'économie*, Paris, InterÉditions, p. 101.

humain). Plus la spécificité des actifs est importante, plus l'incertitude, particulièrement l'incertitude comportementale, est grande. Dans le cas de transactions habituelles impliquant des actifs non spécifiques, l'incertitude a peu d'effet sur la coordination de la transaction. La fréquence des transactions est une caractéristique dont il faut tenir compte pour choisir la forme de gouvernance adéquate lorsque la transaction requiert un investissement spécifique. Une transaction peut être unique, occasionnelle ou récurrente. Plus les transactions sont récurrentes, plus on doit recourir à des modes de gouvernance spécialisés. Il est improbable qu'une transaction unique nécessite l'internalisation des activités dans l'entreprise.

Compte tenu des caractéristiques des transactions, les gestionnaires ont donc des arbitrages à faire en matière de coûts pour choisir la forme de gouvernance la plus avantageuse. La gouvernance désigne les moyens de contrôle et de guidage, soit le cadre contractuel dans lequel se situe une transaction. Il existe trois types de contrat :

- *le contrat classique* : il correspond à la forme contractuelle traditionnelle des échanges sur le marché. Il s'agit d'un échange impersonnel correspondant à une transaction ponctuelle relativement à un objet délimité ;
- *le contrat néoclassique* : il apparaît nécessaire lorsqu'il n'est pas possible de prévoir toutes les adaptations qui seront nécessaires. Il importe alors de pouvoir recourir à l'arbitrage d'un tiers de nature juridique (cour, tribunal) ;
- *le contrat personnalisé* : il s'impose lorsque la durée et la complexité des liens deviennent importantes. Il s'agit de relations personnalisées durables qui se construisent au fil du temps et qui se rapprochent d'une relation de type administratif.

Les caractéristiques des transactions et le choix du type de contrat déterminent les formes de gouvernance (tableau 6.2). Il existe trois formes de gouvernance : la gouvernance du marché (contrat classique), la gouvernance latérale (contrat néoclassique ou personnalisé) et la gouvernance unifiée (contrat personnalisé). Lorsque les transactions sont non spécifiques, c'est le marché, forme de gouvernance correspondant au contrat classique, qui est le mieux adapté. Il s'agit d'une transaction standardisée qui se conclut sans signature d'un document juridique. Les choses se compliquent quand les actifs deviennent spécifiques. Dans le cas de transactions occasionnelles requérant des investissements mixtes ou très spécifiques, une structure juridique correspondant au contrat néoclassique s'impose. Compte tenu de la spécificité des actifs, il faut en effet qu'un tiers puisse arbitrer les litiges en cas de conflit. Si, par ailleurs, la fréquence des transactions est élevée et que

TABLEAU 6.2
La gouvernance efficace

		Caractéristiques de l'environnement		
		Non spécifique	**Mixte**	**Idiosyncrasique**
Fréquence	**Occasionnelle**	Gouvernance du marché (contractualisation classique)	Gouvernance trilatérale (contractualisation néoclassique)	
	Récurrente		Gouvernance bilatérale (contractualisation évolutive)	Gouvernance unifiée (contractualisation évolutive)

Source : O. Williamson, O. (1994), *Les institutions de l'économie*, Paris, InterÉditions, p. 106.

les actifs sont spécifiques, la mise en place d'une structure de gestion des relations entre les parties selon un contrat personnalisé est requise. Cette structure peut être bilatérale ou unifiée. Les alliances, les ententes de sous-traitance et les ententes de partenariat sont des exemples de structure bilatérale, tandis que l'internalisation des activités au sein de l'entreprise caractérise la structure de gouvernance unifiée.

La théorie des coûts de transaction est très utile pour répondre à des questions sur les structures organisationnelles complexes. Fusion-acquisition, externalisation des activités, diversification sont des options stratégiques qui posent des problèmes d'arbitrage auxquels la théorie des coûts de transaction tente d'apporter des réponses. Doit-on « faire » ou « faire faire » ? Par exemple, une entreprise doit-elle sous-traiter ses services à la clientèle, à une autre entreprise ou embaucher des employés qui vont dispenser, à l'interne, ces services ? L'économie des coûts de transaction fournit un cadre de réflexion pour évaluer les coûts et les bénéfices de chacune de ces options.

L'apport de la théorie des coûts de transaction en théories des organisations est considérable. Elle permet de comprendre l'évolution des structures organisationnelles modernes et complexes en postulant que la finalité de ces innovations repose sur la réduction des coûts de transaction. En s'intéressant à la forme multidivisionnelle (forme-M) comme forme centrale de l'évolution des structures de gouvernance industrielles et en faisant de l'intégration verticale un problème de gestion contemporain, elle se situe dans la ligne directrice du projet fondamental des théories des organisations. De plus, elle sous-tend un ancrage idéologique libéral en appuyant les projets visant à conserver des rapports internes quasi marchands pour équilibrer les formes collectives de coordination et prévenir l'inefficacité due à la complexité et à la taille des structures organisationnelles.

ENCADRÉ 6.2
Les fondements de la théorie des coûts de transaction

- Les économies de marché se caractérisent par la coexistence de deux modes distincts de coordination des échanges, le marché et la hiérarchie.
- L'organisation est un système de relations contractuelles.
- Le comportement économique des individus repose sur deux hypothèses : celle de la rationalité limitée et celle de l'opportunisme.
- Il y a trois caractéristiques dont il faut tenir compte pour différencier les transactions : la spécificité des actifs, l'incertitude et la fréquence.
- Il existe trois types de contrat : classique, néoclassique et personnalisé.
- Le caractère des transactions détermine le choix des formes contractuelles et, par conséquent, des formes de gouvernance.
- Il existe trois formes de gouvernance : la gouvernance de marché (contrat classique) ; la gouvernance latérale (contrat néoclassique ou personnalisé) ; la gouvernance unifiée (contrat personnalisé).
- La théorie des coûts de transaction met l'accent sur la gouvernance bilatérale (sous-traitance, partenariat, alliances).

Quand on critique la théorie des coûts de transaction, on lui reproche surtout de ne pas aller assez en profondeur pour comprendre la nature et l'essence des entreprises (Pitelis, 1993 ; Ghoshal et Moran, 1996 ; Holmstom et Roberts, 1998)[13]. Bien qu'elle permette le renouvellement des liens entre la microéconomique et les théories des organisations, elle ne rend pas justice au projet des premiers institutionnalistes dont elle se réclame. En effet, Williamson propose une conception du contrat qui reconnaît l'importance des processus de prise de décision et du déroulement dans le temps des rapports contractuels. Il fournit ainsi aux théories des organisations une vision de la firme qui dépasse celle véhiculée par la microéconomie classique. En même temps, il propose une vision du comportement des agents plus réaliste que celle de la théorie de la décision. Toutefois, en adoptant une approche microéconomique fondée sur l'individualisme méthodologique, Williamson est loin de participer au renouvellement du projet de l'économie institutionnelle. La théorie des coûts de transaction ramène tout à une vision contractuelle et néglige le fait que les activités économiques comportent des dimensions sociales, politiques et culturelles, ce que les premiers économistes institutionnalistes défendaient dans les années 1940.

13. C.N. Pitelis (dir.) (1993), *Transaction Costs, Markets and Hierarchies*, Oxford, Basil Blackwell ; S. Ghoshal et P. Moran (1996), « Bad for practice : A critique of the transaction cost theory », *Academy of Management Review*, vol. 21, n° 1, p. 13-47 ; B. Holmstrom et J. Roberts (1998), « The boundaries of the firm revisited », *Journal of Economics Perspectives*, vol. 12, n° 4, p. 73-94.

Outre Williamson, d'autres auteurs s'intéresseront aux problèmes de coordination des échanges. Entre autres, Ouchi (1979, 1980) propose l'idée qu'il existe une autre forme de gouvernance. Avec le marché et la hiérarchie, le clan serait selon lui une forme de coordination des échanges qui combine les règles formelles de la hiérarchie avec les valeurs et croyances qui influencent la coopération entre les individus. Selon Ouchi (1980), l'analyse des transactions doit également considérer l'incongruité des buts et l'ambiguïté de la performance. Quand ces deux éléments deviennent difficilement contrôlables par le marché, la bureaucratie est le mécanisme de coordination privilégié, car l'exercice de l'autorité et l'existence de règles rendent les buts plus congruents et augmentent la performance. Sous certaines conditions, la coordination des échanges peut s'avérer inefficace (p. ex., échanges nécessitant des connaissances difficiles à acquérir rapidement, implication des employés à long terme). Dans ce cas, le clan, en tant que mécanisme de coordination et outil de contrôle par les croyances et les valeurs, est plus adéquat. Cette position stimulera les travaux sur l'importance de la culture comme mécanisme de contrôle et de coordination des échanges[14].

Parallèlement à ces travaux, des chercheurs, dont Williamson, examinent le rôle de la confiance dans la théorie économique des coûts de transaction[15]. De plus, au-delà de son utilité pour comprendre les mécanismes économiques de l'intégration verticale, la théorie des coûts de transaction est devenue au fil des années une perspective utile pour discuter des questions touchant la gouvernance et le contrôle[16]. Dans cette optique, plusieurs auteurs tentent de faire des liens avec la théorie des ressources[17]. À cet égard, Williamson (2000) lui-même considère que l'avenir de l'économie institutionnelle, dont la théorie des coûts de transaction est une variante, passe par l'acceptation du pluralisme dans la production des connaissances.

---

14. C.C. Chen, M.W. Peng et P.A. Saparito (2002), « Individualism, collectivism, and opportunism : A cultural perspective on transaction cost economics », *Journal of Management*, vol. 28, n° 4, p. 567-583.
15. O.E. Williamson (1993), « Calculativeness, trust, and economic organization », *Journal of Law and Economics*, vol. 36, p. 453-486 ; M. Beccerra et A.K. Gupta (1999), « Trust within the organization : Integrating the trust literature with agency theory and transaction costs economics », *Public Administration Quarterly*, vol. 23, n° 2, p. 177-204.
16. M.A. Covaleski, M.W. Dirsmith et S. Sajay (2003), « Changes in the institutional environment and the institutions of governance : Expanding the contributions of transaction cost economics within the management control literature », *Accounting, Organizations, and Society*, vol. 28, n° 5, p. 417-441.
17. C.N. Pitelis et A.N. Pseiridis (1999), « Transaction costs versus resource value ? », *Journal of Economics Studies*, vol. 26, n° 3, p. 221-238 ; E.G. Furubotn (2001), « The new institutional economics and the theory of the firm », *Journal of Economic Behavior and Organization*, vol. 45, n° 2, p. 133-154.

Conclusion

Depuis le début des années 1980, l'économie des organisations est un vaste champ de recherche qui constitue, avec les approches sociologiques et plus particulièrement aux États-Unis, une part importante de la production actuelle en théories des organisations. C'est sans doute parce qu'elle répond à certaines des questions auxquelles font face les grandes entreprises qui agissent en contexte de mondialisation. Entre autres, elle permet d'aborder de manière différente les problèmes de coordination des agents et la question de l'arrangement des structures organisationnelles. De son côté, la théorie de l'agence fournit des outils pour comprendre le problème des salaires des dirigeants et la question de la gouvernance. La théorie des coûts de transaction, quant à elle, apporte un nouvel éclairage sur l'intégration verticale et la transformation de la forme multidivisionnelle.

Sur le plan théorique, l'économie des organisations innove en proposant une représentation du contrat qui assouplit le caractère monolithique et contraignant que les théories des organisations lui reconnaissaient auparavant. En même temps, elle complexifie la manière de représenter l'individu en ajoutant à la rationalité limitée une autre caractéristique, celle de l'opportunisme. Toutefois, en considérant l'organisation comme une forme de contrat, elle reprend l'idée voulant que l'organisation soit un système en équilibre. Enfin, ces théories maintiennent des hypothèses de comportement propres à l'économie néoclassique (rationalité limitée et asymétrie d'information) et débouchent ce faisant sur certaines insuffisances théoriques.

Si la vision de l'organisation que proposent la théorie de l'agence et celle des coûts de transaction s'éloigne du projet des premiers économistes institutionnalistes, de nouveaux programmes de recherche, qui se développent depuis une vingtaine d'années principalement en France, s'y adonnent avec beaucoup d'ardeur. C'est le cas notamment de la théorie économique des conventions[18]

18. L'économie des conventions se donne pour objectif de comprendre les phénomènes de coordination des échanges. Selon ces économistes, l'accord entre des individus n'est pas possible s'ils ne partagent pas un cadre, c'est-à-dire des conventions. Les conventions rendent possibles les actions individuelles. Olivier Favereau, François Eymard-Duvernay, Robert Salais et André Orléans sont des économistes associés à ce courant. Pour une meilleure idée de ce qu'est l'économie des conventions, voir P. Batifoulier (2001), *Théorie des conventions*, Paris, Economica.

et de la théorie de la régulation[19], lesquelles trouvent encore peu d'écho en théories des organisations, mais ont un potentiel de contribution indéniable. De manière différente, ces programmes de recherche veulent renouveler l'articulation des liens entre l'économique et le social.

19. La théorie de la régulation tente d'expliquer les changements depuis les années 1970. Il s'agit d'un programme de recherche qui, dans la foulée de l'économie politique marxiste, tente de cerner ce qui caractérise les formes institutionnelles des différents régimes d'accumulation du capital et se questionne sur les modes de régulation émergents. Pour plus de détails, voir Yves Saillard et Robert Boyer (2002), *Théories de la régulation : l'état des savoirs*, Paris, La Découverte.

CHAPITRE 7

L'ANALYSE POLITIQUE

L'analyse politique devient importante en théories des organisations dans les années 1980 à la suite de la vague de travaux qui, dans la décennie précédente, ont remis en question les approches classiques. L'analyse politique est une expression générique qui permet de regrouper sous une même étiquette l'ensemble des analyses organisationnelles portant sur la notion de pouvoir. Il faut noter toutefois que ces analyses ne sont pas nécessairement critiques pour autant. Dans une large part, elles viennent répondre aux défis de gestion des organisations complexes dans lesquelles les lieux de pouvoir deviennent de plus en plus multiples et diffus. L'analyse politique des organisations, qui prend son envol dans la première moitié des années 1980, repose sur une vision qui associe le pouvoir à un résultat ou à une relation.

Le pouvoir est un concept multiforme qui, en sciences politiques, a historiquement été envisagé de diverses façons. Certains l'ont considéré comme l'attribut spécifique des individus, d'autres comme une chose que l'on possède. Mais la plupart des auteurs s'entendent maintenant pour le définir comme une relation. De manière générale, on envisage cette relation comme la capacité de faire en sorte que les autres se comportent comme on le voudrait. Ainsi, Dahl définit le pouvoir de la manière suivante : « Le pouvoir d'une personne A sur une personne B réside dans la capacité de A d'obtenir que B fasse quelque chose qu'il n'aurait pas fait sans l'intervention de A[1]. »

Au-delà de la tradition critique qui conçoit le pouvoir comme la domination d'un groupe sur un autre et dont cette section ne fait pas mention[2], trois types de travaux centrés sur le pouvoir occupent l'avant-scène des théories des organisations depuis les années 1980 : l'analyse des coalitions, l'analyse des ressources et l'analyse stratégique. L'analyse des coalitions et l'analyse des ressources se situent respectivement dans le prolongement de la prise de la décision et des théories de la contingence en prêtant une attention particulière au pouvoir en tant que résultat[3]. L'analyse stratégique examine les relations de pouvoir en tant que stratégies d'acteurs et renouvelle l'analyse des organisations depuis le début des années 1980. Mis à part Fayol au début du siècle, l'analyse stratégique constitue le véritable point de départ de la contribution francophone aux théories des organisations. Ce chapitre explique brièvement ce que sont l'analyse des coalitions et l'analyse des ressources et se penche plus particulièrement sur l'analyse stratégique.

7.1. L'analyse des coalitions

Comme Cyert et March (1963) l'affirmaient dans leurs premiers écrits, les organisations sont loin d'être des entités monolithiques, elles sont formées de coalitions ayant des programmes très différents. Une partie des écrits de March, principalement ceux qu'il a faits avec Olsen, insistent sur le caractère

1. R. Dahl (1957), « The concept of power », *Behavioral Science*, vol. 20, p. 210-215.
2. Dans la tradition critique, le pouvoir comme domination réapparaît dans les années 1980 à la faveur de la critique humaniste et du postmodernisme (chapitres 10 et 11). Entre autres, les travaux de Foucault permettent de revisiter la notion de pouvoir en théories des organisations en considérant que le pouvoir est à la fois contraignant et habilitant (à titre d'exemple, voir : M. Voronov et P.T. Coleman [2003], « Beyond the ivory towers : Organizational power practices and a practical critical postmodernism », *Journal of Applied Behavioral Science*, vol. 39, n° 2, p. 169-186). Comme les apports de Foucault aux théories des organisations seront présentés dans le chapitre 11, cette section se limite aux travaux non critiques d'analyse politique des organisations.
3. Bien sûr, la prise de décision et les théories de la contingence ne sont pas reconnues explicitement en tant que perspectives politiques. Toutefois, une large part de l'analyse politique des organisations anglo-saxonnes s'en inspire. Le lecteur intéressé à comprendre, ou à revoir, les représentations fondamentales de ces perspectives théoriques peut retourner aux sections 2.2 et 3.2 de la partie précédente.

politique de la prise de décision dans les organisations[4]. Ces auteurs sont parmi les premiers à reconnaître la nature pluraliste des organisations. Leurs travaux portent sur des organisations publiques complexes (université et armée).

Selon March et Olsen (1976), plus une organisation a des règles floues, plus elle a de chances de rassembler un plus grand nombre de personnes ayant des vues et des intérêts différents. Au contraire, plus elle est organisée de manière rigide, plus le projet qu'elle sous-tend risque d'être abandonné. Ainsi, une des clés de la survie serait « la possibilité de répondre aux exigences diverses de l'organisation successivement, plutôt que simultanément ». Dans cet esprit, ils introduisent le modèle de la poubelle (*garbage can model*) pour rendre compte de la prise de décision en mettant l'accent sur le hasard du processus[5]. Le modèle de la poubelle implique que les organisations sont loin d'être des ensembles rationnels. Vu la nature chaotique du processus de décision, les organisations sont en fait des « anarchies organisées[6] » dans lesquelles les phénomènes de pouvoir sont centraux.

---

4. J.G. March et J.P. Olsen (1976), *Ambiguity and Choice in Organizations*, Bergen, Universitetsforlaget ; J.G. March et R. Weissinger-Baylon (1986), *Ambiguity and Command : Organizational Perspectives on Military Decision Making*, Boston, Pitman ; J.G. James et J.P. Olsen (1989), *Rediscovering Institutions : the Organizational Basis of Politics*, New York, Free Press.
5. Contrairement à la séquence logique qu'implique le modèle traditionnel de la prise de décision (énoncé d'un problème, recherche de solutions et choix d'une option), il arrive que le hasard du processus fasse en sorte que ces éléments se lient de manière indépendante dans différents sens. Ainsi, il peut arriver qu'on fasse des choix sans pour autant résoudre le problème. Lors d'un changement stratégique, s'entendre sur la nécessité de développer la relation avec les clients (problème) n'est pas nécessairement lié aux mesures mises en place pour augmenter la formation du personnel (solution). De plus, il y a des problèmes qui ne sont jamais résolus. On peut penser à la régulation du trafic à l'heure de pointe. Enfin, des solutions peuvent être proposées sans qu'il y ait de problèmes. Par exemple, un département universitaire a un surplus budgétaire, ses dirigeants décident d'ajouter des ordinateurs dans les locaux d'étudiants de doctorat sans que cela ait été considéré comme un problème. Tout comme les déchets qui se trouvent dans une poubelle de manière non ordonnée, les éléments du processus de décision sont indépendants et ne suivent pas toujours une séquence rationnelle. La décision émerge de manière aléatoire, ce qui rend le processus complexe et difficilement prévisible. Voir : M.D. Cohen, J.G. March et J.P. Olsen (1972), « A garbage can model of organizational choice », *Administrative Science Quarterly*, vol. 17, n° 1, p. 1-25.
6. Les anarchies organisées ont les caractéristiques suivantes : « Les décisions sont élaborées selon des préférences variées, peu cohérentes entre elles et mal définies ; la technologie est floue ; les membres de l'organisation ne comprennent pas les procédures fonctionnant par essais et erreurs en tirant parti des expériences ; enfin, la participation des membres est multiple et fluctuante » (tiré de N. Alter, [1999], « Organisation et innovation : une rencontre conflictuelle », *Les organisations*, Paris, Éditions Sciences Humaines, p. 191).

Lorsque des décisions se prennent, il peut y avoir des désaccords sur les buts visés. Dans les organisations où la réalité est complexe et les ressources rares, les possibilités de conflits relatifs à l'existence d'objectifs multiples et conflictuels sont importantes. Dans ces conditions, certains décideurs occupent des positions privilégiées. Les individus et les groupes qui ont des positions similaires par rapport à une décision ont tendance à se regrouper pour unir leur force. Ils forment des coalitions qui modifient le caractère objectif et rationnel de la prise de décision. Dans ce cas, plutôt que d'être le résultat d'une démarche rationnelle, la décision est prise parce que la solution proposée fait consensus.

L'analyse des coalitions cherche à comprendre comment les acteurs mobilisent leurs ressources pour arriver à leurs fins, pour influencer le processus de la prise de décision. L'organisation est alors considérée comme un système dont les agents ont des intérêts si divers et multiples qu'elle devient une arène politique arbitraire sans finalité et dévorée par les conflits (Hardy, 1985 ; Narayanan et Fahey, 1982 ; Gray et Harris, 1985 ; Schwenk, 1989)[7]. L'analyse des coalitions permet de voir comment les acteurs utilisent leur marge de manœuvre, leur « pouvoir discrétionnaire » pour modifier la manière dont les décisions se prennent. Dans cet ordre d'idée, les travaux sur le pouvoir cherchent à montrer que des conflits résultent des intérêts divergents.

L'analyse des coalitions a également donné lieu à différents travaux cherchant à expliquer le phénomène de légitimation dans l'activité ou les processus de mobilisation du pouvoir (Astley et Sachdeva, 1984)[8]. Entre autres, on essaie de montrer comment les acteurs politiques, principalement les gestionnaires, utilisent le langage et les symboles pour légitimer leurs actions auprès des autres et ainsi éviter le conflit.

□ ***Andrew M. Pettigrew.*** Dans sa célèbre étude de cas de l'Imperial Chemical Industries (ICI), Pettigrew (1985) influence une génération de chercheurs sur le pouvoir en faisant l'analyse de la manière dont les groupes d'intérêt de cette grande entreprise sont en compétition pour le contrôle des ressources et participent ainsi au processus de légitimation du changement.

---

7. C. Hardy (1985), « The nature of unobtrusive power », *Journal of Management Studies*, vol. 22, n° 4, p. 384-399 ; V.K. Narayanan et L. Fahey (1982), « The micro-politics of strategy formulation », *Academy of Management Review*, vol. 7, n° 1, p. 25-34 ; B. Gray et S.S. Harris (1985), « Politics and strategic change across organizational life cycles », *Academy of Management Review*, vol. 10, n° 4, p. 707-723 ; C.R. Schwenk (1989), « Linking cognitive, organizational, and political factors in explaining strategic change », *Journal of Management Studies*, vol. 26, n° 2, p. 177-188.
8. W.G. Astley et P.S. Sachdeva (1984), « Structural sources of intraorganizational power : A theoretical synthesis », *Academy of Management Review*, vol. 9, n° 1, p. 104-113.

ENCADRÉ 7.1
Les fondements de l'analyse des coalitions

- Le pouvoir est une notion multiforme qui est généralement définie en théories des organisations comme une chose, un attribut des personnes ou une relation.
- L'analyse des coalitions se situe dans le prolongement de la théorie de la prise de décision.
- Les individus ont des intérêts divergents, ce qui les amène à mobiliser les ressources qu'ils ont pour arriver à leurs fins, pour influencer le processus de la prise de décision.
- L'organisation est un système dont les agents ont des intérêts si divers qu'ils la transforment en une arène politique arbitraire sans finalité et dévorée par des conflits.
- L'analyse des coalitions accorde de l'importance aux dimensions symbolique et légitime dans les processus de mobilisation du pouvoir.
- L'analyse des coalitions véhicule une vision négative du pouvoir et privilégie l'étude du pouvoir managérial et des coalitions dominantes qu'il présente comme s'il était souverain dans l'organisation.

En explorant les continuités et les ruptures qui ont façonné le changement sur les plans stratégique et opérationnel dans une entreprise complexe entre 1960 et 1983, Pettigrew (1985) montre comment les possibilités et les limites du changement sont influencées par l'histoire et les luttes de pouvoir entre les différents groupes d'intérêt qui agissent dans et autour de l'organisation. Il dit de l'ICI qu'elle est composée d'une série de coalitions plus ou moins lâches de personnes opérant dans chaque division de l'entreprise. Au-delà du contrôle des ressources qui fournit des motifs d'agir et de réagir au changement, les groupes d'intérêt se distinguent par des logiques différentes qui s'expriment par le langage et les symboles. En ce sens, le management des significations, qui consiste à créer de la légitimité pour promouvoir les demandes et le point de vue d'un groupe ou diminuer celle des autres groupes, constitue un processus politique clé du changement. Cette étude de cas en profondeur met donc au jour différents processus, intérieurs et extérieurs à l'organisation, reliés au contexte politique et culturel du géant de l'industrie chimique en Grande-Bretagne[9].

9. À partir de ces travaux, Pettigrew développe un cadre d'analyse du changement, l'approche contextualiste, qui met en relation trois dimensions : le contexte, les processus et le contenu. Il reconnaît au contexte une dimension interne et une dimension externe. Le contextualisme est une démarche de recherche et d'analyse des organisations qui vise à réconcilier les dimensions macro et micro des phénomènes politiques et culturels qui caractérisent les choix et le changement stratégiques.

Derrière l'analyse des coalitions, on trouve une vision négative du pouvoir, comme s'il était le résultat de rapports informels plus ou moins bien contrôlés par les dirigeants. En fait, le pouvoir dont on parle renvoie au pouvoir managérial qui contraint ou aux manœuvres politiques des individus. En quelque sorte, les travaux sur l'analyse politique présentent généralement le pouvoir managérial comme s'il était souverain dans l'entreprise et ne remettent aucunement en question sa nature hiérarchique. De plus, on est bien loin de la vision marxiste du pouvoir qui considère l'organisation comme le résultat de rapports de force capitalistes. L'analyse des coalitions propose toutefois une vision du pouvoir permettant aux dirigeants de mieux comprendre les aléas de cette dimension organisationnelle.

Dans les années 1990 et au tournant des années 2000, l'analyse du pouvoir par les coalitions prend de nouvelles formes. Parmi les plus pertinentes, signalons la théorie des parties prenantes (*stakeholders analysis*) qui permet d'analyser les intérêts et les relations de pouvoir entre les différents meneurs d'enjeux qu'ils soient situés à l'intérieur ou à l'extérieur de l'organisation[10]. Cette théorie fournit des travaux descriptifs et normatifs qui permettent de mieux comprendre les relations entre l'entreprise et la société en considérant différents points de vue. Enfin, les travaux qui s'intéressent aux organisations dites pluralistes, c'est-à-dire qui se caractérisent par l'existence de multiples objectifs, de lieux de pouvoir diffus et dans lesquelles le savoir occupe une place importante participent également au renouvellement de l'analyse politique des coalitions[11].

---

10. Pour une recension des développements de la théorie des parties prenantes, voir : E.P. Antonacopoulou et J. Méric (2005), « A critique of stakeholder theory : Management science or a sophisticated ideology of control ? », *Corporate Governance*, vol. 5, n° 2, p. 22-34 ; Y. Pesqueux et S. Damak-Ayadi (2005), « Stakeholder theory in perspective », *Corporate Governance*, vol. 5, n° 2, p. 5-22 ; M.F. Turcotte et J. Pasquero (2001), « The paradox of multistakeholder collaborative rountables », *Journal of Applied Behavioral Science*, vol. 37, n° 4, p. 447-465 ; T.M. Jones et A.C. Wicks (1999), « Convergent stakeholder theory », *Academy of Management Review*, vol. 24, n° 2, p. 206-221.

11. Sur le pluralisme voir le n° 4 de *Academy of Management Review* (2000), qui présente quelques articles portant sur la nécessité d'étudier le changement dans un monde pluraliste. Voir aussi : J.-L. Denis, L. Lamothe et A. Langley (2001), « The dynamics of collective leadership and strategic change in pluralistic organizations », *Academy of Management Journal*, vol. 44, p. 809-837 ; J.-L. Denis, A. Langley et L. Rouleau (2007), « Strategizing in pluralistic contexts : Rethinking theoretical frames », *Human Relations* (numéro spécial sur le *strategizing as practice*).

7.2. L'analyse des ressources

Alors que des chercheurs traditionnellement associés à la prise de décision ciblent la manière dont les individus exercent le pouvoir pour modifier à leur avantage les processus de décision, d'autres, dans la suite des théories de la contingence, mettent l'accent sur les ressources du pouvoir. Entre autres, c'est le pouvoir hiérarchique, le pouvoir intrinsèque aux ressources et aux relations entre les unités structurelles qui retient leur attention. Il existe des différences entre les unités opérationnelles, entre les niveaux hiérarchiques et entre les personnes, qui font que tous n'ont pas accès aux mêmes ressources ni aux mêmes privilèges. Ainsi, la réalisation d'une activité de production comporte des tâches essentielles (design, savoir, etc.) donnant du pouvoir aux unités qui s'en acquittent. Au-delà du pouvoir formel décrit par l'organigramme et reconnu officiellement, il y aurait donc une distribution informelle des lieux de pouvoir intrinsèque aux processus de production.

C'est dans cet ordre d'idées qu'Hickson *et al.* (1971) proposent la théorie contingente du pouvoir intraorganisationnel. Selon ces auteurs, il existe des contingences propres à l'exercice du pouvoir dans l'organisation qui rendent certaines sous-unités organisationnelles dépendantes des autres. En examinant les liens entre les unités opérationnelles, ils constatent que le degré d'interdépendance entre elles est variable. Certaines sont plus ou moins dépendantes et présentent ainsi différents degrés d'incertitude pour les autres. Parce qu'elles sont difficilement substituables, certaines sous-unités ont donc plus de pouvoir que les autres du fait qu'elles arrivent à contrôler l'incertitude. Dans ce cas, le pouvoir est contingent à la position qu'occupent les différentes unités organisationnelles les unes par rapport aux autres.

De manière encore plus spécifique, la question du pouvoir est au centre de la contingence stratégique (Pfeffer et Salancik, 1978, voir chapitre 3). Ce courant part de l'idée que le pouvoir, dans l'organisation, réside dans la dépendance que les unités ont envers les ressources dont elles ont besoin. Ce sont les ressources rares qui confèrent du pouvoir. Par conséquent, les travaux qui se situent dans cette ligne de pensée ont pour but d'identifier les sources de pouvoir (Pfeffer, 1981). Celles-ci sont nombreuses. Parmi les plus reconnues, on trouve les ressources financières, l'information, l'expertise, l'accès aux membres de la direction, les contacts[12]. Selon cette conception, n'importe quel élément peut être une source de pouvoir, c'est la rareté de cet élément dans un contexte donné qui confère du pouvoir à ceux et à celles qui le possèdent.

12. R.C. Benfari, H.E. Wilkinson et C.D. Orth (1986), « The effective use of power », *Business Horizons*, vol. 29, n° 3, p. 12-16.

ENCADRÉ 7.2
Les fondements de l'analyse des ressources

- Les théoriciens de la contingence se sont intéressés à la question du pouvoir dans les organisations.
- Selon les théoriciens de la contingence, le pouvoir est structurel, il tient aux différences entre les unités organisationnelles et à la rareté des ressources que celles-ci possèdent.
- L'analyse des ressources consiste à identifier les sources de pouvoir.
- Selon l'analyse des ressources, c'est la rareté d'une ressource dans un contexte donné qui confère du pouvoir.
- Il existe une différence entre le pouvoir réel et le pouvoir perçu.
- Une organisation se caractérise par diverses configurations de pouvoir.
- L'analyse politique centrée sur les ressources repose sur une vision déterministe du pouvoir.

Pfeffer (1981) établit la différence entre « pouvoir réel » et « pouvoir perçu ». Le « pouvoir réel » renvoie au comportement et à l'analyse des ressources qui le rendent possible, tandis que le « pouvoir perçu » est relié à l'interprétation, à la manière dont les personnes perçoivent le pouvoir. Alors que le premier est contingent et difficilement modifiable autrement que par l'accès aux ressources, le second est une question d'attitude et peut, par conséquent, être entretenu, modifié ou contesté par l'utilisation de discours et de symboles organisationnels.

□ *Henry Mintzberg.* Au milieu des années 1980, Mintzberg (1986) présente une synthèse des travaux sur le pouvoir, synthèse dont l'originalité tient au fait qu'elle est articulée selon différentes configurations. Dans ce livre, Mintzberg (1986, p. 39) définit le pouvoir comme « la capacité à produire ou à modifier les résultats ou effets organisationnels ». De plus, il s'intéresse au pouvoir dans et autour de l'organisation en mettant au centre de son argumentation les notions de coalition interne et de coalition externe. Il en vient à déduire six combinaisons « naturelles » de pouvoir suivant les relations spécifiques entre coalitions internes et coalitions externes. Ces configurations du pouvoir sont : l'instrument, le système clos, l'autocratie, la missionnaire, la méritocratie et l'arène politique. Suivant les phases de développement de l'organisation (naissance, développement, maturité et déclin), les configurations de pouvoir se modifient (figure 7.1).

Dans l'analyse des ressources, le pouvoir, c'est toujours le pouvoir souverain de la gestion. Toutefois, c'est une vision déterministe du pouvoir. Celui-ci prend forme dans les structures de l'organisation et est conditionnel à la maîtrise des ressources dans un contexte donné. Toutefois, le pouvoir

FIGURE 7.1
Transitions entre les configurations de pouvoir selon Mintzberg

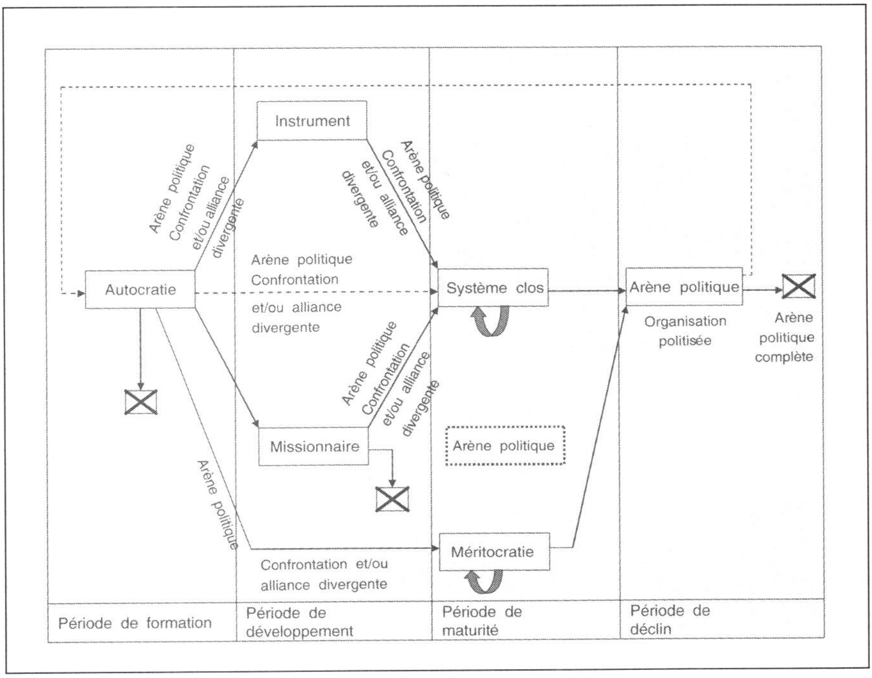

Source : H. Mintzberg, 1986, p. 649.

que confère une ressource doit être mobilisé. De plus, le pouvoir utilisé en dehors de la ligne hiérarchique est un pouvoir qui connote une vision négative plus proche de celle de la politicaillerie que d'une analyse qui considère sa dimension relationnelle.

Dans les années 1990, l'analyse politique, quoique moins en vogue, continue de se développer sous l'influence des théories de la contingence[13]. Petit à petit, cependant, elle se transforme. En effet, l'analyse politique est de plus en plus utilisée conjointement avec d'autres courants de pensée pour fournir une vision plus large du changement ou de la transformation des

13. À titre d'exemple, voir : A. Somech et A. Drach-Zahavy (2002), « Relative power and influence strategy : the effect of agent-target organizational power on superiors' choices of influence strategies », *Journal of Organizational Behavior*, vol. 23, nº 2, p. 167-179 ; R. Burton, P.G. Quester et F.J. Farelly (1998), « Organizational Power Games », *Marketing Management*, vol. 7, nº 1, p. 27-37.

organisations[14]. Dans une discussion sur le renouvellement des travaux sur le changement stratégique, Hardy (1995) tente un exercice de réconciliation des analyses du pouvoir qui existent dans les ouvrages et propose une conceptualisation qui permet de réconcilier les perspectives traditionnelles et critiques[15].

Autre changement important, l'analyse politique se déplace du niveau organisationnel au plan interorganisationnel qui devient de plus en plus important en théories des organisations. De plus, l'analyse politique se renouvelle à la lumière de l'influence de l'analyse des réseaux qui, à la faveur des années 1990, prend de l'ampleur en théories des organisations[16]. L'analyse des réseaux veut voir la forme que prennent les relations entre différentes entités et accorde une importance particulière aux positions centrales (nœuds de pouvoir, équivalence structurelle).

7.3. L'analyse stratégique

À la fin des années 1970, la sortie du livre de Crozier et Friedberg, intitulé *L'acteur et le système*, marque l'entrée de la production française dans les théories des organisations[17]. En France, les théories des organisations connaissent un essor tardif. Elles entrent en scène à partir du moment où Michel Crozier fonde, au début des années 1960, le Centre de sociologie des organisations (CSO). Auparavant, c'est la sociologie du travail qui est à l'honneur en France, soit l'étude de l'organisation du travail et de ses conséquences sur l'emploi et l'entreprise[18]. L'analyse stratégique prend sa place en théories des organisations

---

14. À titre d'exemple, voir : J. Jasperson, T.A. Carte, C.S. Saunders et B.S. Butler (2002), « Power and information technology research : A metatriangulation review », *Management Information Systems Quarterly*, vol. 26, n° 4, p. 397-460.
15. C. Hardy (1995), « Managing strategic change : power, paralysis and perspective », *Advances in Strategic Management*, vol. 12, p. 3-30.
16. J. Galeskiewicz et A. Zaheer (1999), « Networks of competitive advantage », dans Bacharach (dir.), *Research in the Sociology of Organizations*, vol. 16, p. 237-261 ; M. Kilduff et W. Tsai (2003), *Social Networks and Organization*, Londres, Sage.
17. Deux ouvrages majeurs sont à consulter pour bien comprendre les fondements de l'analyse stratégique : M. Crozier et E. Friedberg (1977), *L'acteur et le système*, Paris, Seuil ; E. Friedberg (1993), *Le pouvoir et la règle*, Paris, Seuil.
18. La sociologie du travail a des ancrages théoriques dont l'orientation est plus critique que les travaux que l'on trouve généralement en théories des organisations. Elle est portée, entre autres, par Friedman, Naville, Linhart, et Coriat qui s'intéressent aux transformations du travail, aux processus de déqualification et aux mécanismes structuraux qui caractérisent les systèmes de production organisés. C'est le pendant de la *labor process theory* que l'on trouve en Angleterre.

et a une influence majeure sur la production française parce que le travail de Crozier et Friedberg s'inscrit dans la continuité et le renouvellement des travaux anglo-américains de l'époque.

□ ***Michel Crozier et Enhard Friedberg.*** Au départ, Michel Crozier s'intéresse aux mouvements ouvriers, au syndicalisme américain et à l'organisation du travail dans les ateliers. Il entreprend toutefois des études de doctorat aux États-Unis durant la période d'expansion des théories des organisations (voir section 2.1). Cela l'amène à côtoyer à la fois les sociologues de la bureaucratie et les gens de la prise de décision. D'ailleurs, c'est dans *Le phénomène bureaucratique* (1963) qu'il pose les fondements de l'analyse stratégique à partir de l'analyse du travail dans une agence comptable parisienne et dans une entreprise étatique de transformation du tabac (voir section 2.1). Dans ce livre, il fait le lien entre un concept sous-utilisé à l'époque, celui de pouvoir, et la notion d'incertitude présente en économie dans les théories de la firme. Il démontre qu'en contexte bureaucratique, le contrôle des zones d'incertitude est une source de pouvoir considérable. De plus, il distingue le pouvoir de l'expert du pouvoir hiérarchique fonctionnel.

Crozier et Friedberg (1977) proposent un ensemble de notions et de principes permettant de faire l'analyse des rapports entre l'individu et les contraintes de l'action collective en étudiant les relations de pouvoir. L'action collective n'est pas complètement contraignante, elle offre des zones d'incertitude que les acteurs tentent d'utiliser stratégiquement pour parvenir à leurs fins. Paraphrasant la définition de Dahl, Crozier et Friedberg (1977) affirment que le pouvoir de A sur B dépend de la prévisibilité du comportement de B pour A et de l'incertitude où B se trouve par rapport au comportement de A. Les relations de pouvoir sont donc des relations permanentes de négociation où chacun cherche à accroître la marge d'imprévisibilité par rapport aux autres. Le pouvoir est donc le mobile commun derrière tous les jeux d'acteurs.

Au lieu de parler du rôle des individus dans l'organisation comme le faisaient leurs prédécesseurs, ces auteurs ciblent le jeu des acteurs en partant du principe qu'ils ont toujours une marge de liberté, une marge de manœuvre, aussi minime soit-elle. De plus, l'acteur est un individu dont la rationalité est limitée, mais qui fait preuve d'une rationalité de situation. Les actions et les projets des acteurs ne sont pas toujours clairs et cohérents, mais ils ne sont jamais absurdes. Le sens de leurs stratégies est toujours fonction du contexte dans lequel elles sont déployées. En fait, la rationalité de l'acteur apparaît souvent *a posteriori* lorsqu'il est possible de dégager les régularités de ses stratégies par rapport aux occasions qui se présentent à lui et au jeu des autres acteurs.

TABLEAU 7.1
Grille d'analyse stratégique

	ACTEUR 1	ACTEUR 2	ACTEUR 3	ACTEUR 4
PROBLÈME				
BUTS				
RESSOURCES				
ENJEUX				
STRATÉGIES				

Source : Jean-Pierre Dupuis (1993), *L'analyse sociologique des organisations et des institutions socioéconomiques de la société industrielle*, document pédagogique, Montréal, École des Hautes Études Commerciales, p. 21-22.

L'analyse stratégique consiste donc à tenter de repérer, pour chacun des acteurs impliqués dans une situation donnée, les stratégies qu'il met de l'avant (tableau 7.1). Il peut s'agir d'acteurs individuels (p. ex., le directeur des ressources humaines, un consommateur lésé, le coordonnateur d'un organisme communautaire) ou d'acteurs collectifs (le syndicat, le gouvernement, le conseil municipal). Les comportements des acteurs sont difficilement prédictibles, mais ils sont intelligibles. Pour comprendre les stratégies des acteurs, il faut donc observer leurs comportements. L'analyse stratégique nécessite de comprendre comment chaque acteur définit le problème et la situation à laquelle il participe. Ce repérage repose sur l'induction, à partir de leurs opinions, de leurs sentiments et, surtout, de leurs comportements, des buts et des objectifs qu'ils poursuivent par leurs actions.

L'analyse stratégique nécessite également de repérer les ressources que les acteurs ont à leur disposition et sur lesquelles ils s'appuient pour parvenir à leurs fins, de même que les enjeux de leur action, c'est-à-dire ce qu'ils risquent de perdre ou de gagner. Une fois que ces éléments sont compris (le problème, les buts et les objectifs de chaque acteur, les ressources et les enjeux), il devient possible d'identifier les stratégies des différents acteurs. Ces stratégies se traduisent par les choix que font les acteurs parmi un ensemble d'actions possibles pour arriver à leurs fins. Les stratégies des acteurs peuvent être offensives, lorsqu'elles visent à améliorer leur position, ou défensives, lorsqu'elles ont pour but de préserver leur marge de manœuvre.

De plus, au raisonnement stratégique, on doit juxtaposer le raisonnement systémique (tableau 7.2). Le cadre commun d'action ou le « système d'action concret » désigne la manière dont les acteurs régulent leurs relations, les mécanismes de coordination et d'équilibre qu'ils se donnent pour faire

TABLEAU 7.2
Grille d'analyse systémique

SYSTÈME D'ACTION CONCRET	
RÈGLES DU JEU	
ZONES D'INCERTITUDE	
JEUX	
RELATIONS ENTRE LES ACTEURS	

Source : Jean-Pierre Dupuis (1993), *L'analyse sociologique des organisations et des institutions socioéconomiques de la société industrielle*, document pédagogique, Montréal, École des Hautes Études Commerciales, p. 21-22.

fonctionner les ensembles organisés. Autrement dit, il s'agit de l'ensemble des régulations de système qui contraignent l'action des acteurs qui se retrouvent dans une situation donnée ou qui cherchent à résoudre un problème spécifique. Il importe donc de comprendre quelles sont les règles et les zones d'incertitude caractérisant le système d'action concret des acteurs en présence. Les règles sociales, qu'elles soient formelles ou informelles, ne sont pas données une fois pour toutes. Elles sont produites et reproduites dans les interactions et elles servent à délimiter l'action des acteurs. Résultat des rapports de force en présence, elles sont constamment l'objet de négociation. L'interprétation différente de ces règles donne lieu à des zones d'incertitude qui renforcent le pouvoir des uns au détriment de celui des autres. Par l'analyse systémique des relations de pouvoir, on identifie quels acteurs contrôlent les différentes zones d'incertitude et l'on établit le mode de relations qu'ils entretiennent entre eux (collaboration, hostilité, indifférence ou autres).

L'analyse systémique a donc pour but de comprendre la cohérence des finalités et des règles qui structurent les différents jeux d'acteurs en présence, soient les différents rapports de pouvoir. Certaines positions dans les jeux d'acteurs procurent des ressources importantes, car elles permettent le contrôle des sources de pouvoir. C'est le cas notamment lorsqu'un acteur possède une expertise lui permettant de maîtriser l'information, ou encore s'il détient l'information pertinente dans un contexte spécifique. De même, une situation de pénurie renforce le pouvoir des acteurs qui prennent en charge sa gestion. Le fait d'occuper une position de relais dans un réseau de communication assure également une position privilégiée dans les rapports de pouvoir. Enfin, les acteurs qui sont chargés d'édicter et de prescrire les règles occupent, eux aussi, une position privilégiée dans les jeux de pouvoir.

L'analyse des relations de pouvoir comporte donc deux niveaux : celui de l'analyse stratégique proprement dite et celui de l'analyse systémique[19]. L'un et l'autre sont indissociables et doivent mener à la formulation d'hypothèses de comportement des différents acteurs en présence. Ces hypothèses, qui se rapportent aux stratégies des acteurs, permettent de comprendre la situation et les relations de dépendance qu'ils entretiennent à l'intérieur d'un système d'action concret. Une fois que l'on a compris quelles étaient les stratégies et les relations entre les acteurs à un moment particulier, l'observation de la manière dont elles varient dans le temps renforce la profondeur de l'analyse. Partant de là, l'observateur peut suggérer des comportements possibles, que les acteurs sont susceptibles de privilégier.

Il est à noter que l'analyse stratégique n'étudie pas nécessairement des organisations comme telles, mais des situations qui peuvent être internes ou externes, et qui se caractérisent par des relations de pouvoir. Par exemple, on peut essayer de comprendre comment s'est déroulée la négociation d'une nouvelle convention de travail. Dans ce cas, la négociation implique principalement des acteurs qui sont dans l'entreprise (patrons, syndicat, employés). Toutefois, il peut arriver que les acteurs décident, de part et d'autre, de faire appel à des acteurs externes à l'entreprise (p. ex., centrale syndicale, ministère, médias, groupes populaires, clients). Par ailleurs, l'analyse des événements entourant un projet de développement régional (p. ex., l'implantation d'une usine) nécessite que l'on tienne compte d'un ensemble d'acteurs qui appartiennent à des organisations différentes tout en étant ponctuellement mobilisés par un projet commun (p. ex., élus municipaux, ministères, groupes de développement communautaire). L'analyse stratégique de ces différentes situations ou de ces problèmes ne se limite pas à une organisation définie par des frontières spécifiques mais elle est plutôt fonction d'un cadre commun d'action. Autrement dit, l'analyse stratégique permet de passer de l'analyse de l'organisation à l'analyse de l'action organisée.

L'apport de l'analyse stratégique aux théories des organisations est incontestable. Elle reconnaît la liberté de l'individu et fait la promotion d'une représentation pluraliste de l'organisation. En évoquant la rationalité de situation et en s'intéressant autant à l'acteur qu'au système, elle permet une forme de réconciliation entre l'action et la structure. De plus, il s'agit d'une méthode d'analyse inductive reconnaissant l'imprévisibilité des comportements (qui rappelle la méthode proposée par Silverman, voir section 4.1) et

19. Voir l'annexe méthodologique « Théorie et pratique de la démarche de recherche » fournie par Crozier et Friedberg (1977, p. 391-413). De plus, Michel Foudriat (2005) propose une lecture approfondie et renouvelée du raisonnement stratégique et systémique.

ENCADRÉ 7.3
Les fondements de l'analyse stratégique

- Les acteurs ont des buts et des objectifs qui leur sont propres et qui sont différents de ceux de l'organisation dans laquelle ils travaillent.
- L'analyse stratégique reconnaît la liberté de l'acteur aussi minime soit-elle.
- La liberté de l'acteur est cependant limitée par les règles du jeu.
- L'acteur (individuel ou collectif) est un être dont la rationalité est limitée mais dont le comportement est rationnel selon le contexte.
- Le pouvoir est le mobile commun derrière tous les jeux d'acteurs ; il provient d'une relation d'un acteur avec un autre.
- L'organisation n'est pas un donné naturel, elle est le résultat de l'action humaine et collective.
- L'objet de l'analyse stratégique est l'action organisée en fonction de problèmes ou de situations qui se caractérisent par des relations de pouvoir.
- L'analyse des relations de pouvoir comporte deux niveaux : stratégique et systémique.
- Les concepts clés de l'analyse stratégique sont : buts, ressources, enjeux et stratégies des acteurs.
- Les concepts clés de l'analyse systémique sont : système d'action concret, règles, zones d'incertitude et relations entre les acteurs.
- L'analyse stratégique et l'analyse systémique sont des méthodes d'analyse inductive de l'action organisée.

non d'une théorie formelle de l'organisation affirmant des lois générales. En regardant l'action organisée sous l'angle des relations de pouvoir, elle renouvelle l'analyse des organisations.

L'analyse stratégique sera cependant l'objet de nombreuses critiques[20]. Entre autres, le postulat de la liberté des individus constitue une forme d'individualisme méthodologique chère aux théories économiques. En présentant un acteur qui ne cherche qu'à satisfaire ses intérêts et ses préférences à partir de calculs stratégiques des gains et des pertes, l'analyse crozérienne propose une représentation de l'individu désincarnée et largement volontariste. En fait, l'acteur stratégique est un acteur des Trente Glorieuses, un acteur de la croissance, une sorte *d'homo strategicus* dont le calcul, l'intérêt, le marchandage et la rationalité limitée sont les principales caractéristiques.

---

20. S. Dion (1982), « Pouvoir et conflits dans l'organisation : grandeur et limites du modèle de Michel Crozier », *Revue canadienne de science politique*, vol. 15, nº 1, p. 85-101 ; R. Sainsaulieu (1981), « Du système à l'acteur », *L'année sociologique*, vol. 31, p. 447-458 ; J. Leca et R. Bruno (1980), « Le dépérissement de l'État. À propos de l'acteur et le système », *Revue française des sciences politiques*, vol. 30, nº 6, p. 1126-1170 ; P. Rolle (1980), « Analyse stratégique et liberté humaine », *Connexions*, vol. 30, p. 103-113.

De plus, on reprochera à l'analyse stratégique de faire abstraction des origines de l'inégalité dans les relations de pouvoir. En effet, elle ignore les inégalités sociales et économiques qui, bien qu'elles soient extérieures à l'organisation, façonnent les relations entre les acteurs. Les individus ne sont pas égaux entre eux et la possession de ressources de pouvoir dans les jeux relationnels est loin d'être étrangère à leur position dans les rapports sociaux plus larges.

□ ***Renaud Sainsaulieu (1935-2002).*** Parmi ceux qui critiquent l'analyse stratégique au début des années 1980, Renaud Sainsaulieu est un des premiers à contribuer à l'approfondissement et au renouvellement de l'analyse stratégique[21]. Selon lui, les jeux de pouvoir ne sont pas indépendants des représentations, des valeurs et des croyances des individus. Ainsi, la culture, dans le sens de l'identité tant professionnelle que sociale, doit être reconnue comme une dimension importante des stratégies des acteurs. Par exemple, lorsque les employés d'un atelier de travail résistent aux directives des cadres, ils le font pour conserver leur rapport de force, mais aussi pour affirmer leur identité de métier. L'identité au travail est un thème central des travaux de Sainsaulieu. Il soutient que l'expérience des relations de pouvoir dans l'entreprise permet de se construire une identité au travail, c'est-à-dire une façon de construire un sens pour soi et de le faire reconnaître par ses partenaires de travail.

Fondateur du Laboratoire de sociologie du changement des institutions (LSCI-Centre national de recherche scientifique), Sainsaulieu (1977 ; 1987) est donc une figure de proue dans la théorie française des organisations. Il conçoit l'organisation comme un lieu d'expression d'appartenance identitaire et de reconnaissance sociale. Selon lui, l'entreprise est un espace de socialisation secondaire. Les formes d'identité au travail déterminent les modes de conduite collective (négociation, régulation, etc.) et se cristallisent en modèles culturels. Les organisations sont des ensembles humains fondés sur des valeurs qui leur sont propres. Avec Piotet, il met au point une méthode d'analyse de l'entreprise et des relations de pouvoir à partir desquelles elle se structure (Piotet et Sainsaulieu, 1994). Les modes d'analyse et les outils diagnostic que ces auteurs proposent conviennent autant au travail de consultation qu'au travail de recherche.

En collaboration avec une équipe de chercheurs, Sainsaulieu présente, au milieu des années 1990, un bilan empirique des relations de pouvoir dans l'entreprise (Francfort *et al.*, 1995). Selon les résultats de l'enquête menée

21. R. Sainsaulieu (1983), « La régulation culturelle des ensembles organisés », *L'année sociologique*, p. 195-217.

dans 81 entreprises, les profondes mutations qui affectent les entreprises depuis la fin de la croissance entraînent la multiplication des jeux d'acteurs et des ressources stratégiques. Il existerait six types d'acteurs stratégiques. Parmi les acteurs de la société industrielle toujours présents, on trouve l'acteur contraint (acteur opérationnel ayant peu d'expertise et donc voué à une position de retrait dans les jeux de pouvoir), l'acteur de contrôle (l'acteur appartenant au sommet hiérarchique) et l'acteur menacé (l'expert professionnel des années 1960 dont le pouvoir est menacé par les transformations technologiques). Dans les années 1980 et 1990, de nouveaux acteurs font leur apparition : l'acteur occasionnel (celui qui se caractérise par la volatilité de son engagement dans l'entreprise), l'acteur émergent (celui qui se trouve au centre des dernières transformations technologiques et professionnelles ; il s'agit de l'acteur innovateur inscrit dans différents réseaux et amenant de nouvelles connaissances dans l'entreprise) et, enfin, l'acteur de l'interface (acteur multiressources marquant la généralisation de l'ouverture des frontières de l'entreprise à son environnement).

□ ***Jean-Daniel Reynaud.*** Parallèlement aux travaux de Sainsaulieu, Jean-Daniel Reynaud (1997) prolonge l'analyse stratégique en mettant l'accent sur les règles et l'étude des régulations. Il distingue deux modes de régulation : la régulation de contrôle et la régulation autonome. La première correspond aux règles formelles telles qu'elles sont émises par la direction et les cadres intermédiaires, tandis que la seconde renvoie aux règles informelles que les groupes se donnent pour fonctionner, pour résister et s'approprier leur présent et leur devenir. En fait, la régulation autonome résulte de la manière dont les acteurs jouent avec la régulation de contrôle pour atteindre leurs objectifs et réaliser leurs stratégies. Par conséquent, Reynaud (1997) s'intéresse moins au respect des règles qu'à leur production, c'est-à-dire à leur mobilisation dans l'action. On ne peut comprendre le comportement des acteurs qu'en partant de leur volonté de changer ou de maintenir les règles du jeu à leur profit.

La diffusion de l'analyse stratégique contribue, dans les années 1990, à l'essor de théories dans lesquelles l'acteur occupe une place importante. Parmi celles-ci, la théorie sociale des conventions (Luc Boltanski et Laurent Thévenot) et la théorie de l'acteur-réseau (Michel Callon, Bruno Latour et John Law), chacune à leur façon, prolongent les fondements de l'analyse stratégique (Amblard *et al.*, 2005 ; Livian, 1998). Alors que la première tente d'expliquer comment les acteurs parviennent à des accords et coopèrent entre eux, la seconde (parfois appelée sociologie de la traduction) tente de retracer les dispositifs et les moyens par lesquels les acteurs assurent la stabilisation ou l'ouverture des controverses relatives à la construction de différents projets sociotechniques.

La théorie sociale des conventions permet d'étudier la manière dont les individus élaborent des compromis. Boltanski et Thévenot (1991) proposent une théorie de la coordination permettant de répondre à la question suivante : comment des personnes aux logiques et intérêts différents – et souvent opposés – peuvent-elles s'entendre, fonctionner ensemble, construire des compromis ? Bref, « comment des personnes peuvent-elles agir et s'accorder alors même que les modalités d'accord paraissent multiples » (Boltanski et Thévenot, 1991, p. 56) ?

S'inscrivant dans une démarche de réconciliation de l'opposition entre sociologie et économie, Boltanski et Thévenot remontent à six grands auteurs de la philosophie politique occidentale pour en dégager autant de cités et de mondes (des « idéaux-types »). Ces différents mondes sont : marchand, inspiré, domestique, opinion, civique et industriel[22]. Chacun d'eux fait référence à des points de repère, dont un principe supérieur commun et un mode de qualification de ce qui est considéré comme « grand » ou « petit ». Toute situation donne nécessairement lieu à des rencontres entre ces mondes, et possiblement à des conflits. La théorie sociale des conventions constitue, en quelque sorte, une grammaire des principes de justification auxquels font appel les acteurs lorsqu'une épreuve survient. La théorie sociale des conventions fournit donc une grille d'analyse des mondes permettant d'expliquer d'où viennent les conflits et, par conséquent, de trouver des arrangements et des compromis que divers dispositifs viennent stabiliser.

De son côté, la théorie de la traduction (Latour, 2005), mieux connue sous le nom de théorie de l'acteur-réseau, est issue des recherches en sociologie des sciences. À l'origine, elle s'intéresse aux conditions d'émergence des innovations. Une innovation peut avoir lieu lorsque des logiques ou des rationalités différentes sont « traduites » dans le langage les unes des autres. La mise en réseau de ces logiques est une condition nécessaire de l'innovation, car elle rend possibles les opérations de traduction qui permettent la coopération entre les acteurs. En théories des organisations, on trouve de plus en plus d'applications de cette perspective théorique[23].

---

22. Le nombre de mondes n'est pas fini et, d'ailleurs, Boltanski et Chiapello en ont ajouté un septième, le monde du projet où le principe supérieur commun réside dans la capacité des individus de s'inscrire dans des réseaux. L. Boltanski et E. Chiapello (1999), *Le nouvel esprit du capitalisme*, Paris, Gallimard.

23. D. Harrisson et D. Laberge (2002), « Innovation identities and resistance : The social construction of an innovative network », *Journal of Management Studies*, vol. 39, n° 4, p. 497-521 ; A. Hansen et J. Mouritsen (1999), « Managerial technology and netted networks : Competitiveness in action : the work of translating performance in a high-tech firm », *Organization*, vol. 6, n° 3, p. 451-471 ; G. Parker et H. Wragg (1999), « Networks, agency, and (de)stabilization : The issue of navigation on the River Wye, UK », *Journal of Environmental Planning and Management*, 1999, vol. 42, p. 471-487.

Un réseau est « un ensemble d'entités humaines et non humaines, individuelles ou collectives, définies par leur rôles, leur identité, leur programme» (Amblard *et al.*, 2005, p. 134). Les principaux concepts clés de la théorie de l'acteur-réseau sont les suivants : actants, traduction, controverse, investissements de forme, intermédiaires. La théorie de l'acteur-réseau permet de reconstituer la chaîne d'arguments pour comprendre comment les acteurs définissent, associent et négocient ce qui constitue leur monde social. Il s'agit de suivre la chaîne de traduction qui permet la mise en place d'un réseau en fonction des étapes suivantes : problématisation, intéressement, enrôlement et mobilisation.

Conclusion

L'analyse politique est une perspective qui a largement marqué la production contemporaine des connaissances en théories des organisations. L'analyse centrée sur les coalitions et celle sur les ressources mettent l'accent sur les résultats, tandis que l'analyse stratégique considère le pouvoir comme la propriété des relations. Dans l'ensemble, l'analyse politique permet d'introduire une représentation pluraliste de l'organisation en théories des organisations. Toutefois, cette organisation repose toujours sur l'équilibre des jeux d'acteurs et des ressources, comme si l'atteinte de cet équilibre était suffisante pour assurer la coopération.

Par ailleurs, l'analyse stratégique fournit un cadre permettant d'inscrire l'analyse des relations de pouvoir dans les systèmes d'action où elles se produisent. De plus, elle considère l'action organisée, et non pas l'organisation, comme l'objet privilégié des théories des organisations. Enfin, elle propose une méthode d'analyse inductive permettant de comprendre plutôt que de prédire des comportements. L'analyse stratégique nous amène ainsi dans un univers de réflexion centré sur un projet compréhensif qui s'éloigne du projet normatif des théories des organisations.

CHAPITRE 8

L'ANALYSE SYMBOLIQUE

Si la première partie des années 1980 est largement dominée par la montée de l'analyse politique, ce sont les travaux portant sur la dimension symbolique de l'action et des comportements dans l'organisation qui constituent la nouvelle donne dans la seconde moitié des années 1980. De manière générale, l'analyse symbolique renvoie à la dimension subjective, donc à la manière dont les individus ou les groupes se représentent leur organisation. Autrement dit, l'analyse symbolique de l'organisation renvoie à l'analyse de ce que « les individus ont dans la tête ».

Sur le plan de l'objet, l'analyse symbolique devient importante dans la deuxième moitié des années 1980 dans la mesure où, face à la décroissance et aux mutations économiques, le succès dépend de la capacité des dirigeants à donner un sens commun afin de mobiliser les initiatives et de développer les capacités organisationnelles. Face à la montée de la concurrence japonaise, les dirigeants d'entreprise sont de plus en plus convaincus qu'il est nécessaire de comprendre et de trouver des symboles qui vont permettre de réunir les différents projets des groupes et des acteurs agissant dans et autour de l'entreprise. Sur le plan théorique, l'analyse symbolique de l'organisation vient de la contestation des travaux sur le pouvoir qui diffusent une représentation instrumentale du comportement axé sur l'intérêt, le calcul et la possession de ressources rares. De plus, l'influence des théories néo-institutionnelles, qui font la promotion des notions de mythes et de légitimité, contribue à accentuer le désir de comprendre les liens entre la société et l'organisation en s'intéressant à la manière dont les individus conçoivent et se représentent le monde organisationnel.

L'analyse symbolique regroupe trois courants principaux : l'analyse de la culture, l'analyse interprétative et l'analyse cognitive. L'analyse de la culture renvoie aux travaux sur la culture dans les entreprises. Très importants dans les années 1990, ces travaux tentent de comprendre les manières d'être et de faire, donc les valeurs, les symboles et les idées qui façonnent le comportement d'un groupe donné. Ils font ressortir la dimension collective des idées, des valeurs et des symboles qui distinguent les groupes les uns des autres. Quant à l'analyse interprétative, elle met l'accent sur la manière dont les individus créent et diffusent le sens autour d'eux. C'est toujours les symboles qui sont au centre de l'analyse mais, cette fois, les auteurs regardent comment les individus les créent, les interprètent et les utilisent pour agir dans l'organisation. Cette perspective fait une percée importante au début des années 1990 en théories des organisations. Enfin, l'analyse cognitive étudie les représentations mentales des individus, la plupart du temps des gestionnaires, pour comprendre comment elles modèlent l'organisation. Largement influencée par les théories de la décision, l'analyse cognitive se développe dans les années 1980 et inspire, dans la décennie suivante, les travaux sur l'apprentissage et la connaissance en théories des organisations.

8.1. L'analyse de la culture

Elliot Jacques fut un des premiers auteurs à utiliser la notion de culture d'entreprise, qu'il définit comme le mode de pensée et d'action de l'entreprise devant être plus ou moins partagé, appris et accepté[1]. Dans les années 1960 et 1970, on a commencé à s'intéresser au management comparé pour comprendre les variations dans le mode de gestion des entreprises établies

1. E. Jacques (1957), *The Changing Culture of Factory*, Londres, Routledge and Kegan (traduction française : Intervention et changement dans l'entreprise, Paris, Dunod, 1972).

dans des pays différents[2]. Dans les années 1980, le succès du modèle japonais a justifié une variété d'expériences de management centrées sur la culture d'entreprise (cercles de qualité, projet d'entreprise, etc.)[3]. Enfin, la critique des théories rationnelles dominantes a contribué à susciter plus d'intérêt pour la dimension symbolique et culturelle du comportement.

Il existe de multiples définitions de la culture d'entreprise ou de la culture organisationnelle. Le tableau 8.1 présente trois définitions de la culture qui ont retenu beaucoup l'attention au cours des vingt dernières années. Ce qui est similaire dans ces trois définitions, c'est l'idée de significations partagées. La notion de culture suppose l'existence d'un nous auquel des

TABLEAU 8.1
Définitions de la culture selon différents auteurs

Schein (1985) L'ensemble des postulats (*basic assumptions*) qu'un groupe donné a inventés, développés, découverts en apprenant à faire face à ses problèmes d'adaptation externe et d'intégration interne. Ces postulats sont suffisamment valides pour la survie des membres du groupe et ils sont enseignés à des nouveaux membres comme la bonne manière de percevoir, de penser et de sentir les problèmes auxquels le groupe fait face.
van Maanen et Kunda (1989) La culture renvoie à la connaissance des membres d'un groupe donné qui est plus ou moins partagée. Il s'agit de la connaissance qui informe, enchâsse et prend forme dans les activités routinières comme dans les activités non routinières des membres du groupe. La culture se constitue à travers les actions et les paroles des membres d'un groupe et doit être interprétée par eux. La culture n'est pas visible en soi, elle l'est cependant dans ses représentations.
Trice et Beyer (1993) Les cultures sont des phénomènes collectifs incorporant les réponses des personnes à l'incertitude et au chaos qui sont inévitables dans l'expérience humaine. Ces réponses se répartissent en deux catégories : la première catégorie concerne la substance de la culture (croyances partagées et vécues émotionnellement – les idéologies). La seconde concerne ses formes (objets et actions observables par lesquels les membres d'une culture expriment, affirment et communiquent la substance de leur culture à d'autres).

2. Une décennie plus tard, un classique du management comparé fait couler beaucoup d'encre et occupe une place de choix dans les travaux sur la notion de culture en théories des organisations : G. Hofstede (1980), *Culture's Consequences : International Differences in Work-Related Values*, Londres, Sage ; G. Hofstede (1987), « Relativité culturelle des pratiques et théories de l'organisation », *Revue française de gestion*, vol. 64, p. 10-21.
3. T.J. Peters et R.H. Waterman (1982), *In Search of Excellence*, New York, Harper Row ; T.E. Deal et A.A. Kennedy (1982), *Corporate Cultures*, Reading, MA, Addison-Wesley ; R.T. Pascale et A.G. Athos (1981), *The Art of Japanese Management*, New York, Simon Schuster.

individus appartiennent. C'est pourquoi on a tendance à penser que la notion de culture a pour but de réfléchir sur ce qui est commun à un groupe, ce qui en constitue l'unité. Toutefois, si l'on accepte l'idée de partage, il faut bien reconnaître qu'au sein d'un même groupe social, il peut y avoir des différences. Lorsqu'on partage un repas, tout le monde mange la même chose, mais pas nécessairement de la même façon, dans les mêmes proportions, voire à la même vitesse. Autrement dit, lorsqu'on parle de significations partagées, il faut bien comprendre que chaque membre contribue à la culture du groupe auquel il appartient, mais de manière différente. Il y a donc dans la notion même de culture une tension intrinsèque entre communauté et diversité.

En théories des organisations, on étudie la culture organisationnelle en s'intéressant aux artefacts, aux valeurs, aux croyances et aux symboles. Les artefacts sont les éléments visibles, tangibles et audibles qui constituent la culture d'un groupe. Il peut s'agir d'objets physiques (p. ex., un bâtiment, des vêtements), de comportements (p. ex., cérémonies, traditions) et de paroles (p. ex., anecdotes, histoires, métaphores). Les valeurs sont les normes de comportement acceptées et reconnues par les membres d'un groupe. Il s'agit, en quelque sorte, des principes qui sont importants pour eux (p. ex., la liberté, la tradition, la réputation). Les croyances sont quant à elles les conceptions fondamentales de la nature humaine et de la société que les membres d'un groupe véhiculent. Enfin, les symboles permettent de faire une association plus ou moins consciente entre les éléments tangibles auxquels ils se rapportent et la signification que l'on désire leur associer. La dimension symbolique de l'activité humaine a ceci de particulier qu'elle peut soutenir des significations contradictoires. Par exemple, la BMW que conduit un étudiant peut être considérée comme un symbole. Cependant, la signification de ce symbole ne sera pas la même pour tout le monde. Pour certains, elle sera le symbole de la réussite familiale, pour d'autres, de l'injustice ou encore de la débrouillardise de l'étudiant qui conduit une voiture de luxe.

Les travaux sur la culture organisationnelle reposent généralement sur le principe que la nature sociale de l'organisation fait en sorte que ses membres génèrent des coutumes, des symboles ou encore des valeurs qui lui sont propres. Très nombreux dans les années 1980 et au début des années 1990, ils adoptent diverses perspectives théoriques. Il est donc assez difficile d'en faire une revue exhaustive. Plusieurs auteurs ont tenté de les classifier (p. ex., Alvesson et Berg, 1992 ; Czarniawska-Joerges, 1992 ; Martin et

Frost, 1996). Parmi ces classifications, celle de Martin et Frost est la plus connue[4]. Ces auteurs ont regroupé les travaux sur la culture selon trois perspectives : l'intégration, la différenciation et la fragmentation[5].

La perspective de l'intégration rassemble les travaux diffusant l'idée qu'une culture est forte et désirable à partir du moment où elle fait consensus parmi les membres d'un groupe. Cela implique que les valeurs, les normes et les comportements des membres forment un tout cohérent permettant une adhésion claire et sans ambiguïté. Dans cette perspective, la notion de culture qu'on véhicule est celle d'un tout cohérent assurant la promotion de manières de faire, d'être et de sentir consensuelles. Selon cette perspective, la culture constitue, en quelque sorte, le ciment de l'organisation et en conditionne le bon fonctionnement. Qu'il s'agisse des travaux réalisés par des chercheurs ou des praticiens, ceux qui appartiennent à la perspective intégrationniste véhiculent l'idée que la culture repose sur des valeurs claires, cohérentes, reconnues et partagées par tous. Par exemple, Pettigrew (1979) a décrit comment les directeurs d'école utilisent les symboles, le langage, les rituels pour donner de l'énergie et favoriser l'implication des professeurs. Schein (1985) a étudié comment les fondateurs et les leaders organisationnels créent et réussissent à maintenir des cultures fortes autour de leurs valeurs. Quant à Barley (1983), après avoir analysé les activités de directeurs de funérailles (p. ex., fermer les yeux du mort, embaumer le cadavre, préparer le lieu d'exposition, fermer la tombe), il a dégagé ce qu'elles signifiaient pour eux. Bien qu'à première vue ces activités semblent disparates, il démontre qu'elles ont un point en commun : le travail du directeur de funérailles est animé par le désir de faire en sorte que la mort apparaisse « naturelle », que tout rappelle symboliquement la vie ordinaire afin de diminuer le stress occasionné par la peine d'avoir perdu un être cher.

Les chercheurs dont les travaux appartiennent à la perspective de l'intégration ont surtout été prolifiques au début des années 1980. Leurs travaux ont, par la suite, été l'objet de nombreuses critiques. Ces travaux sous-tendent une vision de l'organisation qui fonctionne comme un tout et

---

4. Voir aussi le livre suivant qui repose sur cette même classification : P.J. Frost, L.F. Moore, M.R. Louis, C.C. Lundberg et J. Martin (1991), *Reframing Organizational Culture*, Londres, Sage.

5. Il s'agit d'une classification à trois catégories qui correspondent généralement à des périodes historiques. Cette classification s'apparente à celle utilisée dans les travaux de Hatch (2000) et dans ce livre. Elle permet de faire ressortir les similarités et les différences qui marquent une catégorie ou une période donnée et de les comparer avec les autres afin d'en dégager l'évolution.

dont les parties sont en équilibre. Si la culture ne remplit pas son rôle d'intégration dans un groupe, c'est la faute d'individus récalcitrants qui ne s'intègrent pas. Selon cette perspective, la différence n'a pas lieu d'être et la culture semble limitée à ce qui se passe à l'intérieur des « frontières » organisationnelles. On cherche à comprendre ce qui en fait l'unité plutôt que la manière dont elle a évolué dans le temps. De plus, cette manière d'utiliser la notion de culture véhicule l'idée que la culture peut être un instrument d'adaptation aux transformations économiques et sociales de l'environnement. Enfin, elle suppose que la culture peut être gérée en remplaçant un élément défectueux par un autre ou en travaillant à renforcer des éléments spécifiques.

La perspective de la différenciation, qui prend son envol dans la deuxième moitié des années 1980, adopte un point de vue beaucoup plus nuancé sur la notion de culture organisationnelle. D'une part, elle défend l'idée que la culture organisationnelle est loin d'être unitaire. En effet, la perspective de la différenciation se caractérise par le fait qu'elle tient compte des nuances en cherchant à expliquer le dissemblable, les différences, le conflit. C'est la compréhension de ces différences au sein d'un même groupe, de ce qui sépare les sous-cultures et de ce qui les unit, qui est au centre de ces travaux. D'autre part, les auteurs font des liens entre les sous-cultures et leur ancrage dans des catégories sociales qui sont d'ordre extraorganisationnel tels le genre, la classe sociale ou le statut social.

□ ***John van Maanen.*** Parmi les travaux les plus connus dans cette perspective, l'étude de van Maanen (1991)[6] sur Disneyland est un classique du genre. Disneyland est une entreprise de récréation dont l'image et la culture reposent sur le sourire. Vus de l'extérieur, tous les employés de Disney sont en principe affables, gentils et ont des habiletés relationnelles permettant de renforcer le sentiment de plaisir et d'amusement des visiteurs. van Maanen (1991) nous montre toutefois que cette culture du sourire est loin d'être l'apanage de l'ensemble des groupes d'employés. Elle caractérise surtout le comportement des employés qui sont en contact avec les visiteurs. L'entreprise est formée de différents sous-groupes : les guides touristiques parlant plusieurs langues, les opérateurs de manèges, qui sont spécialisés, les techniciens non spécialisés, les employés qui s'occupent de la billetterie, et ceux qui servent les rafraîchissements et la nourriture. Chacun de ces groupes forme une sous-culture avec des habitudes et des manières d'être qui lui sont propres et que leurs membres cherchent à entretenir. De plus, ces sous-cultures ne sont pas égales entre elles. Plus le travail favorise la proximité

6. Bien que le texte ait été publié en 1991, l'auteur mentionne qu'il est produit à partir d'écrits effectués dans la deuxième moitié des années 1980.

avec la clientèle, plus les membres qui appartiennent à ce sous-groupe sont en position de pouvoir dans l'entreprise. Par ailleurs, ces différences reposent sur des caractéristiques sociales plus larges de genre, de classe et de statut. Par exemple, les employés qui font les tours guidés sont des jeunes hommes et des jeunes filles bilingues, tous des Américains à la peau blanche venant de milieux aisés, alors que les employés qui préparent la nourriture sont des personnes de couleur venant de classes sociales moins favorisées. Au-delà de la manière Disney (le *Disney Way*) qui est formellement enseignée et développée par l'entreprise, il existe donc des sous-cultures propres aux divers groupes à l'interne[7].

Au tournant des années 1990, des auteurs proposent une autre manière de représenter la culture organisationnelle. Partant de l'idée que la réalité contemporaine est chaotique, complexe et mouvante, ils mettent l'accent sur le caractère incohérent et ambigu de la culture organisationnelle. La manière dont les individus répondent à la complexité organisationnelle n'est ni unitaire, ni complètement incohérente. Autrement dit, si la culture permet une certaine cohérence dans les comportements, cette cohérence n'est pas nécessairement continue ; elle est plutôt complexe, mouvante au gré des événements et des changements. Les significations sont multiples et pas nécessairement organisées de manière stable et cohérente. Au sein d'une même culture organisationnelle, les individus peuvent véhiculer des valeurs très différentes. Et c'est cette ambiguïté qu'il faut chercher à comprendre, comment elle se manifeste, ce qu'elle révèle et ce qu'elle signifie pour les individus qui la vivent.

Dans la perspective de la fragmentation, les auteurs analysent des occupations et des contextes qui se caractérisent par un haut niveau d'ambiguïté. Par exemple, Feldman (1991) s'intéresse au travail d'analystes politiques et examine comment ils réagissent, quelles sont leurs attitudes face à un tel contexte. Ces analystes produisent des documents et font des recommandations aux politiciens, mais rien ne leur dit que leurs documents seront lus, retenus ou repris par les politiciens pour qui ils travaillent. Il arrive même qu'ils soient en désaccord avec la manière dont ces documents sont *a posteriori* utilisés publiquement. Les analystes font donc état de la difficulté de travailler dans ce climat d'incertitude. Toutefois, les histoires et les

---

7. Dans la perspective de la différenciation, certains auteurs adoptent un point de vue plus critique. Non seulement ils reconnaissent la différence entre sous-groupes, mais ils posent également la question du pouvoir et des conflits d'intérêt. En fait, ils remettent en question toute possibilité de gestion de la culture. Parmi les auteurs les plus représentatifs de cette tendance : M. Alvesson (1993), *Cultural Perspectives on Organizations*, Cambridge, Cambridge University Press ; et D. Mumby (1988), *Communication and Power in Organizations : Ideology and Domination*, Norwood, NJ, Ablex.

ENCADRÉ 8.1
Les fondements de l'analyse de la culture

- L'organisation est un ensemble d'artefacts, de symboles et de valeurs.
- Il existe plusieurs définitions de ce qu'est la culture organisationnelle.
- Les définitions de la culture organisationnelle reposent sur la tension entre communauté et diversité.
- L'analyse de la culture compte des travaux qui adhèrent à trois manières différentes de concevoir la culture : la culture comme lieu d'intégration ; la culture comme lieu de différenciation et la culture comme résultat de la fragmentation des comportements.
- Selon la perspective de l'intégration, la culture forme un tout cohérent et repose sur des valeurs claires, cohérentes, reconnues et partagées par tous.
- Selon la perspective de la différenciation, la culture se compose d'un ensemble de sous-cultures.
- Selon la perspective de la fragmentation, la culture n'est ni unitaire ni complètement incohérente, elle est ambiguë.

métaphores qu'ils utilisent pour exprimer cette difficulté sont très différentes et ont peu de liens entre elles. La perspective de la fragmentation tente de comprendre ces différences.

Ces trois perspectives, qui, chacune à sa façon, continuent d'alimenter les réflexions actuelles sur la culture organisationnelle[8], ne sont pas incompatibles entre elles. Martin et Frost (1996) ont reconnu que chaque culture peut avoir des éléments compatibles avec l'une ou l'autre de ces perspectives. De plus, l'analyste doit considérer l'importance du temps lorsqu'il utilise ces perspectives de manière complémentaire. Les travaux sur la culture organisationnelle s'inscrivent au cœur de l'histoire des théories des organisations et des débats qui les ont alimentées. D'abord, la notion de culture apparaît pour faire contrepoids aux théories rationnelles dominantes. De plus, les différentes perspectives sur la culture témoignent de l'évolution de la pensée en théories des organisations. En fait, la perspective de l'intégration véhicule une vision de l'organisation similaire à celle des approches classiques. Le même lien est à faire entre la perspective de la différenciation et les approches contemporaines. Quant à la perspective de la fragmentation, la vision de l'organisation qu'elle sous-tend se rapproche, comme nous le verrons dans la prochaine partie, de celle qui caractérise les approches de l'avant-garde. Ensuite, l'analyse de la culture est l'objet de nombreux débats sur les méthodes à utiliser pour comprendre la culture

8. N. Ashkanasy, C. Wilderon et M. Peterson (2000), *Handbook of Organizational Culture and Climate*, Thousand Oaks, CA, Sage.

d'une entreprise (qualitative et quantitative), l'utilité de la culture organisationnelle (performance ou compréhension) et les éléments de soutien ou de résistance au pouvoir managérial. Or ces différents débats sont aussi ceux qui ponctuent l'histoire des théories des organisations.

À partir de la fin des années 1990, les travaux sur la culture ont de moins en moins tendance à l'envisager comme une propriété de l'organisation. La culture organisationnelle est de plus en plus étudiée en tant que processus continu de négociation et de construction de la réalité organisationnelle. On trouve aussi un plus grand nombre de réflexions critiques sur la culture de l'entreprise[9]. Parmi les plus récents travaux sur la culture organisationnelle, ceux de Parker (2000) sont représentatifs d'une nouvelle manière de concevoir cette notion. Cet auteur propose une définition de la culture organisationnelle reposant sur trois affirmations : 1) la culture et l'organisation doivent être compris comme le résultat de processus s'appuyant à la fois sur l'histoire et les activités quotidiennes ; 2) ces processus comptent des revirements et des stabilisations temporaires des significations ; 3) ces significations sont contestées parce qu'il y a toujours des logiques qui s'opposent sur ce que sont les organisations et ce qu'elles doivent être. Cette définition intègre les différentes perspectives sur la culture organisationnelle et est aussi influencée par les approches de l'avant-garde (voir la partie III).

Depuis le début des années 2000, en plus d'être utilisée en faisant référence à plusieurs perspectives et en intégrant différents ancrages théoriques, la notion de culture prend de nouvelles formes. D'une part, alors qu'auparavant on avait tendance à considérer la culture comme un climat, une atmosphère, aujourd'hui, les questions de culture sont traitées sur le plan de l'identité[10]. En effet, la notion d'identité organisationnelle est plus populaire que jamais en théories des organisations. L'intérêt qu'elle suscite vient de ce qu'elle offre une vision moins monolithique du caractère commun des pratiques organisationnelles, une vision qui permet de tenir compte de la participation individuelle dans la constitution de la culture commune. D'autre part, le renouvellement des travaux sur la culture organisationnelle

9. J.O. Ogbor (2001), « Critical theory and the hegemony of corporate culture », *Journal of Organizational Change Management*, vol. 14, n° 6, p. 590-608.

10. D. Kârreman et M. Alvesson (2001), « Making newsmakers : Conversational identity at work », *Organization Studies*, vol. 22, n° 1, p. 59-89 ; M. Alvesson (1998), « Gender relations and identity at work : a case study of masculinities and feminities in an advertising agency », *Human Relations*, vol. 51, n° 8, p. 969-1005.

débouche actuellement sur la problématique de la diversité[11] dans les entreprises. Toutefois, la question de la diversité est, à ce jour, surtout traitée en fonction des problèmes de gestion qu'elle suscite. De plus, les travaux qui y sont reliés manquent de rigueur théorique et font souvent l'objet de partis pris idéologiques. Néanmoins, l'identité et la diversité organisationnelles sont deux thématiques qui sont de plus en plus importantes en théories des organisations.

8.2. L'analyse interprétative

Alors que la notion de culture permet de comprendre comment la culture contribue à façonner l'action individuelle, l'analyse interprétative cherche à comprendre comment les individus fabriquent du sens et interprètent la réalité. Cette perspective part du principe que les individus sont constamment en train d'interpréter ce qu'ils ont fait, de clarifier ce qu'ils ont appris et de penser à la manière dont ils pourront résoudre le problème auquel ils ont ou auront à faire face. Ainsi, construire des interprétations, que ce soit sur l'évolution du marché, les autres départements ou les réactions face à un nouveau projet, est au centre de l'activité organisationnelle.

Les travaux qui appartiennent à l'analyse interprétative ont pour but de répondre à la question suivante : comment les individus fabriquent-ils du sens à partir de leur expérience organisationnelle ? Dans ce type d'analyse, les comportements, les événements et les actions ont peu d'importance. Ce sont les significations qui y sont associées qui comptent. Les individus ne découvrent pas la réalité existante, ils la créent à partir de leur action et de celle des autres. C'est, entre autres, ce que Weick a appelé l'« énaction » (*enactment* ou engagement dans le réel). L'analyse interprétative s'intéresse donc aux processus de fabrication de sens. Les travaux sur la fabrication de sens ont pour but de comprendre les processus pour lesquels les individus construisent du sens et le transmettent (*sensemaking* et *sensegiving*) à partir de leur expérience du monde réel. Autrement dit, les auteurs étudient la dynamique des processus interprétatifs qui façonnent l'organisation.

---

11. F. Linnehan et M.K. Alison (1999), « Diluting diversity implications for intergroup inequality in organizations », *Journal of Management Inquiry*, vol. 8, n° 4, p. 399-414 ; A. Kersten (2000), « Diversity management, dialogue, dialectics and diversion », *Journal of Organizational Change Management*, vol. 13, n° 3, p. 235-248.

□ *Karl E. Weick.* Les travaux sur la fabrication de sens sont largement influencés par Karl E. Weick, un auteur marquant en théories des organisations[12]. Ce chercheur en psychologie sociale étudie depuis plus de trente ans le fonctionnement des petits groupes (p. ex., orchestre de jazz, catastrophes). Sceptique à l'égard des démarches qui prennent la culture pour comprendre l'organisation, il s'intéresse à la manière dont les individus interagissent, cherchant à montrer la nature processuelle des phénomènes organisationnels. Pour Weick, c'est moins l'incertitude – qu'il définit comme un manque d'information – que l'équivocité qui fait problème ; l'équivocité étant la multiplicité des interprétations qu'on peut donner d'une situation. Sur le plan processuel, il propose un modèle dynamique d'organisation (*organizing*) qui repose sur les étapes suivantes : l'activation (l'« énaction »), l'interprétation (l'attribution de sens au réel) et la rétention sous forme de schèmes devenus significatifs (mémoire organisationnelle). Face à la multiplicité des interprétations possibles, l'individu cherche à créer de la consonance plutôt qu'à agir ou à décider de manière rationnelle. De plus, Weick insiste sur le fait que les individus utilisent ce qui s'est produit lors d'un événement, d'une décision, pour construire l'histoire de ce qui est arrivé. C'est ce qu'il appelle l'élaboration rétrospective de l'action. Pour étayer son point de vue, Weick a fait preuve, dans l'ensemble de ses travaux, d'un vaste répertoire méthodologique, et manié l'allégorie avec virtuosité.

---

12. Cet auteur a publié deux ouvrages majeurs. D'abord, en 1969, *The Social Psychology of Organizing*, Reading, MA, Addison-Wesley et, en 1995, *Sensemaking in Organizations*, Londres, Sage. De plus, il a produit nombre d'articles dont voici une liste bibliographique non exhaustive.

(1988), « Enacted sensemaking in crisis situation », *Journal of Management Studies*, vol. 25, p. 305-317 ; (1990), « The vulnerable system : An analyse of the Tenerife air disaster », *Journal of Management*, vol. 16, p. 571-593 ; (1993), « The collapse of sensemaking in organizations : The Mann Gulch disaster », *Administrative Science Quarterly*, vol. 38, p. 628-652 ; (1995), « What theory is not, theorizing is », *Administrative Science Quarterly*, vol. 40, n° 3, p. 385-391 ; (1996), « Drop your tools : An allegory for organizational studies », *Administrative Science Quarterly*, vol. 41, n° 2, p. 301-314 ; (1998), « Improvisation as mindset for organizational analysis », *Organization Science*, vol. 9, n° 5, p. 543-556 ; (1999), « Theory construction as disciplined reflexivity : tradeoffs in the 90's », *Academy of Management Review*, vol. 24, n° 4, p. 797-798 ; (1999), « New directions for organizational theory : Problems and prospects », *Administrative Science Quarterly*, vol. 44, n° 3, p. 639-643 ; (2002), « Real-time reflexivity : Prods to reflection », *Organization Studies*, vol. 23, n° 6, p. 893-898 ; K.M. Sutcliffe et D. Obstfeld (2005), « Organizing and the process of sensemaking », *Organization Science*, vol. 16, n° 4, p. 409-421 ; (2006), « Organizing and failures of imagination », *Public Management Review*, vol. 8, n° 3, p. 425-438.

Dans son livre *Sensemaking in Organizations*, Weick fait la recension des travaux qui, depuis le début du XXe siècle jusqu'en 1995, se sont intéressés à la fabrication de sens. Partant de là, il définit la fabrication de sens par différentes propriétés. Le tableau 8.2 (notre traduction) reprend chacune des propriétés de la fabrication de sens en l'interprétant à partir de sa célèbre phrase : « *How can I know what I think until I see what I say ?* » La première propriété de la fabrication de sens se loge dans l'identité. En effet, celle-ci est enracinée dans le besoin qu'ont les individus d'avoir et de véhiculer une image de soi intégrée. La seconde propriété est liée au fait que la fabrication de sens est une action réflexive indissociable de l'histoire de l'individu et de celle de l'organisation dans laquelle il agit. La troisième propriété renvoie au fait que lorsque les individus créent du sens, ils contribuent à produire la réalité qui les entoure. Par exemple, en réfléchissant sur ce qui se passe dans l'environnement de leur entreprise, les gestionnaires participent à la création de ce dernier. La quatrième propriété fait intervenir la dimension sociale implicite dans la fabrication de sens. Celle-ci s'inscrit dans le langage et le système de significations communs à un groupe, voire à une organisation. La cinquième propriété renvoie à l'idée que la fabrication de sens est un processus continu qui ne s'arrête jamais et qui est, à chaque fois, renouvelé au moment même de l'action. La sixième propriété est reliée au repérage de points de référence pour décrire une situation et fabriquer du sens. Quant à la septième propriété, elle repose sur l'idée que le sens doit être plausible, plutôt que véridique.

TABLEAU 8.2
Les propriétés de la fabrication de sens

Comment puis-je savoir ce que je pense avant de voir ce que je dis ?	
Identité	Cette question pose celle de qui je suis dans la mesure où elle met l'accent sur la manière dont je pense et sur ce que je pense...
Rétrospection	Pour apprendre ce que je pense, il faut revenir sur ce que j'ai dit plus tôt...
« Énaction »	Je crée l'objet à être vu quand je dis ou fais quelque chose...
Socialité	Ce que je dis et conclus dépend de la manière dont j'ai été socialisé et de l'audience que j'anticipe en présentant mes conclusions...
Continuité	Mes propos sont disséminés à travers le temps et sont en compétition avec d'autres pensées ; ils sont aussi en constante redéfinition...
Information	Ce que je fais ressortir est seulement une portion du tout et dépend du contexte et de mes dispositions personnelles...
Plausibilité	Je dois en savoir suffisamment sur ce que je pense pour réaliser mes projets, mais pas nécessairement plus.

Source : K.E. Weick, 1995, p. 62-63.

ENCADRÉ 8.2
Les fondements de l'analyse interprétative

- La réalité objective n'existe pas. Elle est le résultat d'une construction intersubjective.
- L'organisation est un ensemble d'interprétations.
- Dans leurs interactions, les individus s'engagent dans des processus continus de fabrication et de diffusion du sens.
- C'est moins l'incertitude (information incomplète) que l'équivocité (multiples interprétations) qui fait problème pour l'individu.
- Les individus cherchent à faire de la consonance vis-à-vis des multiples interprétations qui s'offrent à eux.
- Les propriétés de la fabrication de sens sont : identité, rétrospection, « énaction », continuité, information, plausibilité.
- Les scripts sont des véhicules interprétatifs qui permettent la création de sens.
- Les individus attribuent ou imposent du sens aux objets, aux événements et à ce qui leur arrive. Ces significations sont utilisées ultérieurement pour comprendre et agir.

La fabrication de sens, c'est la manière dont les individus comprennent, et interprètent et créent du sens à partir de l'information qu'ils reçoivent de l'extérieur. C'est le processus par lequel les individus construisent des explications qui permettent de donner du sens aux situations nouvelles. Pour comprendre comment se crée le sens, la notion de script occupe une place privilégiée dans l'analyse interprétative (Gioia, 1986). Les scripts sont des séquences d'action qui constituent différents réseaux de connaissances inscrits dans la mémoire. Il s'agit de véhicules interprétatifs qui structurent la connaissance provenant de l'expérience et guident l'action de manière appropriée lors de situations nouvelles.

Complémentaire au processus de fabrication de sens, le processus de diffusion du sens se rapporte à l'action d'influencer les autres en communiquant ses pensées afin de gagner leur soutien dans l'action. Au premier abord, ces notions semblent différentes. Toutefois, les frontières qui les séparent sont perméables. Comme le discours et l'action, la fabrication et la diffusion du sens sont intrinsèquement liées. Toutefois, on a plus étudié le processus de fabrication de sens que celui de la diffusion.

Les travaux sur la fabrication de sens ont fait l'objet de nombreuses critiques[13]. Ces travaux ont, jusqu'à maintenant, accordé une grande importance aux gestionnaires au sommet, et peu tenu compte de la manière dont

13. M. Craig-Lees (2001), « Sense making : Trojan horse ? Pandora's box ? », *Psychology and Marketing*, vol. 18, n° 5, p. 513-526 ; S. Magala (1997), « The making and unmaking of sense », *Organization Studies*, vol. 18, n° 5, p. 317-338 ; C.R. Wright, M.R. Manning, B. Farmer et B. Gilbreath (2000). « Resourceful sensemaking in product development teams », *Organization Studies*, vol. 21, n° 4, p. 807-825.

les groupes de l'entreprise contribuent à la création et à la diffusion du sens – comme c'est le cas notamment des gestionnaires intermédiaires. De plus, les processus de fabrication et de diffusion du sens sont généralement présentés comme le résultat de l'activité consciente des gestionnaires, ce qui exclut leurs connaissances pratiques. Également, les travaux ont été effectués en circonscrivant les processus dans le contexte organisationnel. Or la création du sens est un phénomène enraciné dans la culture et dans un contexte social donné. Enfin, on leur a aussi reproché de ne pas tenir compte suffisamment des émotions comme moyen d'interprétation et de communication implicite à la fabrication de sens.

L'analyse interprétative a suivi trois étapes. Jusqu'au début des années 1990, on a surtout cherché à comprendre les processus composant l'activité de création du sens (p. ex., recherche d'information, interprétation, apprentissage) pour montrer comment les gestionnaires créent du sens malgré la complexité des phénomènes qui les entourent[14]. Puis, l'article de Gioia et Chittipeddi marque un point tournant dans les travaux sur la fabrication et la diffusion du sens[15]. Cet article analyse les efforts de fabrication et de diffusion du sens dans les premières étapes d'un changement stratégique en milieu universitaire. Il montre comment les premières étapes d'un changement stratégique peuvent être vues comme un processus par lequel les dirigeants créent du sens en s'engageant dans un cycle de négociation avec l'ensemble des groupes de l'entreprise pour parvenir à une interprétation porteuse et unifiée du changement (figure 8.1). La construction des significations du changement stratégique et leur diffusion auprès des autres se font à partir d'un double mouvement séquentiel et réciproque de compréhension (cognition) et d'influence (action). Gioia et ses collègues ont réalisé différents travaux dans cette voie[16]. Depuis 1995, les travaux sur la fabrication de sens ont pris un tournant narratif. Maintenant, les chercheurs s'intéressent

---

14. R. Daft et K.E. Weick (1984), « Toward a model of organizations as interpretation systems », *Academy of Management Review*, vol. 9, n° 2, p. 284-295.
15. D.A. Gioia et K. Chittipeddi (1991), « Sensemaking and sensegiving in strategic change initiation », *Strategic Management Journal*, vol. 12, p. 433-448.
16. D.A. Gioia et J.B. Thomas (1996), « Identity, image and issue interpretation : Sensemaking during strategic change in academia », *Administrative Science Quarterly*, vol. 41, n° 3, p. 370-392 ; J.B. Thomas, S.M. Clark et D.A. Gioia (1993), « Strategic sensemaking and organizational performance : Linking among scanning, interpretation, action and outcomes », *Academy of Management Journal*, vol. 36, n° 2, p. 239-270 ; J.B. Thomas, L. Shankster et J. Mathieu (1994), « Antecedents to organizational issue interpretation : the roles of single-level, cross-level, and content cues », *Academy of Management Journal*, vol. 37, p. 1252-1284.

FIGURE 8.1
La fabrication et la diffusion du sens selon Gioia et Chittipeddi

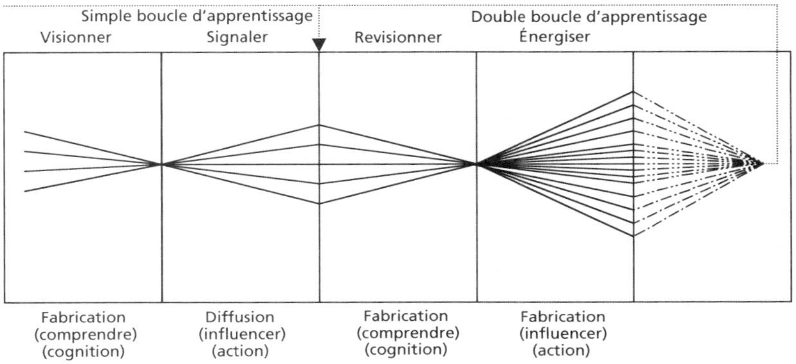

Source : D.A. Gioia et K. Chittipeddi (1991), « Sensemaking and sensegiving in strategic change initiation », *Strategic Management Journal*, vol. 12, p. 444.

à la manière dont les individus construisent et diffusent le sens à travers les histoires et les métaphores, le langage et les mots pour répondre aux exigences auxquelles ils font face et planifier le futur[17].

8.3. L'analyse cognitive

D'autres travaux, que l'on peut rattacher à l'analyse symbolique des organisations adoptent plutôt le point de vue de la cognition sociale (Lyles et Schwenk, 1992). À la base de ce type d'analyse, on tente de comprendre comment les comportements sociaux sont emmagasinés par les individus sur le plan cognitif. Dans ce cas, les chercheurs s'intéressent moins à l'interprétation que font les individus de leur réalité qu'à la manière dont ils se représentent le monde qui les entoure et traitent l'information venant de l'extérieur. Adaptée à l'analyse cognitive, la fameuse question de Weick pourrait être posée ainsi : « Comment puis-je savoir ce que je pense avant de voir

17. D.A. Jameson (2001), « Narrative discourse and management action », *Journal of Business Communication*, vol. 38, n° 4, p. 476-511 ; E. O'Connor (2002), « Storied business : Typology, Intertextuality, and traffic in entrepreneurial narrative », *Journal of Business Communication*, vol. 39, n° 1, p. 36-54 ; M. Huisman (2001), « Decision-making in meetings as talk-in-interaction », *International Studies of Management and Organization*, vol. 31, n° 3, p. 69-90.

ce que je me demande (plutôt que avant de voir ce que je dis) ? » L'analyse cognitive porte sur les processus familiers de questionnement sur le réel et les modèles mentaux que véhiculent les individus.

Les auteurs qui s'intéressent aux processus sociaux de la cognition cherchent donc à répondre à la question suivante : comment les personnes dans les organisations conçoivent-elles ce qui se passe autour d'elles ? Ils proposent des notions et des outils permettant de décrire le fonctionnement et la composition des structures cognitives des individus. L'analyse cognitive s'intéresse aux systèmes d'idées que les individus véhiculent à propos de la réalité organisationnelle. Les individus dont on étudie les représentations sont généralement des dirigeants. Les chercheurs ont recours à l'analyse cognitive pour mieux comprendre le leadership, la prise de décision et les choix stratégiques.

L'analyse cognitive s'inspire des théories de la cognition sociale. Entre autres, ces chercheurs s'intéressent aux processus de catégorisation, aux raccourcis cognitifs qui entraînent des biais perceptuels lors de la prise de décision[18]. La théorie de l'attribution de sens est également utilisée pour comprendre comment les leaders gèrent l'impression de contrôle autour d'eux. Par ailleurs, les notions qui permettent de décrire et de comprendre les modèles mentaux, donc les représentations et les structures cognitives des individus, occupent une place importante dans ce courant. Pensons à la notion de *schémata* et à celle de cartes cognitives. Les *schématas* sont en quelque sorte les schèmes d'interprétation dont l'ensemble forme le système de connaissances des individus. Ils sont, en général, stables au fil du temps.

Quant aux cartes cognitives, elles ont fait couler beaucoup d'encre en théories des organisations comme en gestion[19]. Par carte cognitive, on entend généralement l'ensemble de concepts qui forme le système de représentations d'un individu relativement à une réalité donnée, en l'occurrence l'organisation. Il s'agit de retracer les représentations mentales d'un individu en les cartographiant, c'est-à-dire en les représentant graphiquement sous la forme de concepts liés entre eux, et en formant des boucles ou des réseaux afin de rendre compte de sa structure cognitive (figure 8.2). Une carte cognitive représente les points de repère qu'un individu a dans la tête ; elle fournit une description de la théorie personnelle qui lui permet de se représenter le

18. M.H. Brazerman (1994), *Judgment in Managerial Decision Making*, New York, Wiley ; D.V. Day et R.G. Lord (1992), « Expertise and problem categorization : The role of expert processing in organizational sense-making », *Journal of Management Studies*, vol. 29, p. 35-47.

19. Voir l'adresse <www.editions-adreg.net> pour plus d'informations sur la définition et l'utilisation des cartes cognitives et consulter l'ouvrage de Pierre Cossette.

FIGURE 8.2
Carte cognitive de monsieur Blouin

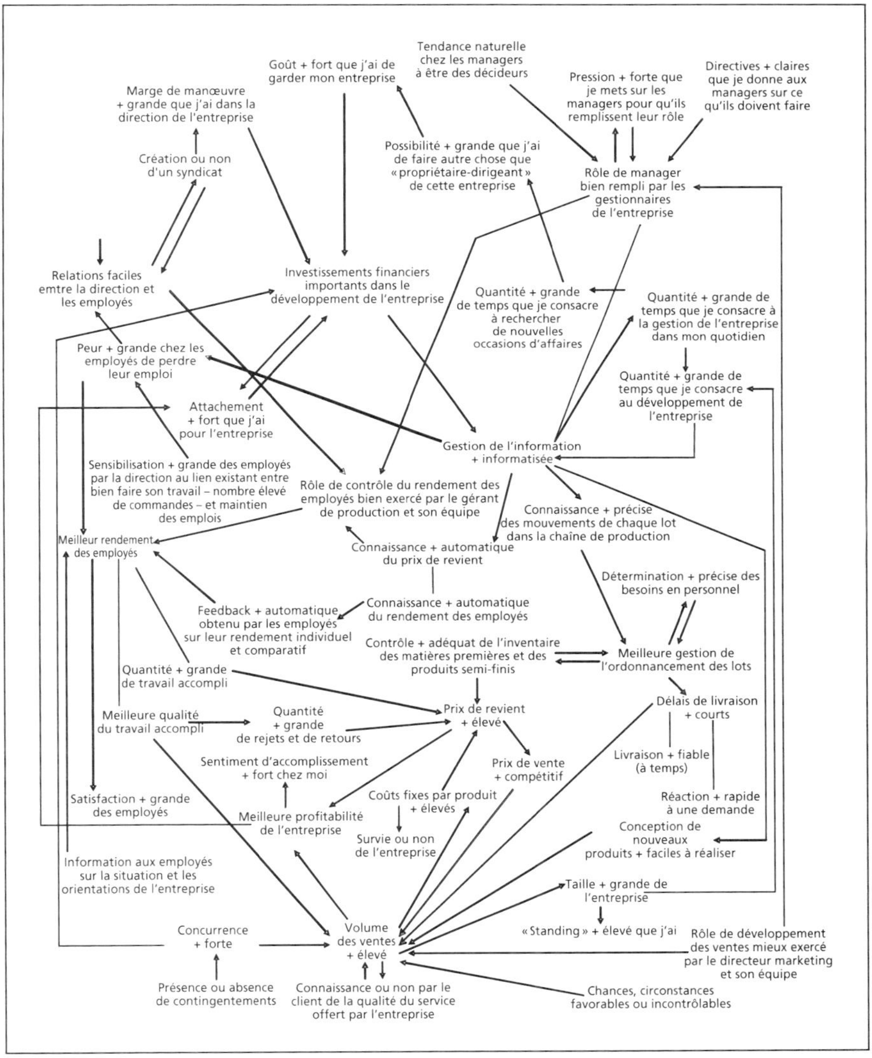

Source : P. Cossette, 1994, p. 131.

TABLEAU 8.3
Carte cognitive de monsieur Blouin

- Suggère que monsieur Blouin possède un esprit très entrepreneurial, le défi occupant peut-être une place plus importante que le résultat lui-même.
- Met en évidence l'importance qu'il accorde à l'informatisation et à la technique.
- Laisse croire qu'il possède une vision de l'employé qui s'apparente à la théorie X (McGregor).
- Montre qu'il a un intérêt particulièrement fort pour le processus d'organisation et pour la fonction de production.
- Caractérise monsieur Blouin comme un défenseur des économies d'échelle.
- Met en évidence une forte orientation vers les résultats.
- Laisse penser que monsieur Blouin est plus préoccupé par les ventes que par les profits.
- Met en relief un mode de pensée très systémique.
- Met en évidence le caractère systémique de ses croyances en rapport avec le rendement de l'employé et de l'entreprise.
- Laisse croire à une vision moins systémique de monsieur Blouin avec les facteurs influençants qu'avec les facteurs influencés.
- Présente des sous-schèmes circulaires tant positifs ou déstabilisants que négatifs ou stabilisants.
- Suggère que monsieur Blouin possède un niveau élevé de tolérance à l'ambiguïté.

Source : P. Cossette, 1994, p. 139.

monde autour de lui. Chaque personne a une manière de voir l'organisation qui lui est propre et qui dépend de son expérience, et c'est cette manière de voir que l'on veut modéliser au moyen d'une carte cognitive. Par exemple, la carte cognitive de monsieur Blouin permet de voir qu'il a un esprit entrepreneurial, une grande tolérance à l'ambiguïté et qu'il est orienté vers la production de résultats.

Les cartes cognitives sont utilisées comme méthode de recherche ou comme outil d'aide à la décision. Par exemple, des chercheurs en stratégie se sont servis des cartes cognitives pour faire état des modèles cognitifs des hauts dirigeants. Ils ont ainsi été capables d'expliquer pourquoi les organisations dans une même industrie répondent différemment aux pressions de l'environnement[20]. Ceux qui se servent des cartes cognitives comme outil d'aide à la décision les utilisent comme moyen de communication et de négociation entre les individus. Ils procèdent généralement en deux temps. D'abord, ils travaillent à la mise au point des cartes cognitives individuelles. Puis, ils amènent les individus à négocier la solution du problème en se construisant collectivement une carte cognitive commune (Eden et Ackerman, 1998).

---

20. P.S. Barr, J.L. Stimpert et A.S. Huff (1992), « Cognitive change, strategic action, and organizational renewal », *Strategic Management Journal*, vol. 13, p. 15-37.

L'utilisation des cartes cognitives dans l'univers des organisations a plusieurs variantes dont chacune pose des questions épistémologiques et méthodologiques fondamentales (Cossette, 1994). À quel niveau de profondeur veut-on aller pour représenter la structure cognitive d'un individu ? Comment identifier les concepts pertinents sans inférer les présupposés du chercheur ? Quelle technique d'analyse des données (qualitative ou quantitative) doit-on utiliser dans le repérage des réseaux et des connexions pour construire une carte cognitive ? L'agrégation de cartes cognitives individuelles peut-elle fournir une représentation valable de l'organisation vue comme une structure mentale collective ?

ENCADRÉ 8.3
Les fondements de l'analyse cognitive

- Les concepts et théories de la cognition sociale peuvent être utilisés pour comprendre les organisations.
- Les représentations de la réalité que véhiculent les individus constituent cette réalité.
- L'organisation ne possède pas une existence absolue en dehors des participants ; elle est le résultat des concepts et des connexions qui existent dans la tête des individus.
- Les schématas sont les schèmes d'interprétation dont disposent les individus pour agir.
- Les structures cognitives servent de guide au découpage de la réalité, à l'interprétation des événements et à l'action des individus.
- La carte cognitive est le réseau de concepts et de connexions qui forment le système de représentations d'un individu.
- Les cartes cognitives sont utilisées comme méthode de recherche ou comme outil d'aide à la décision.

Les critiques que l'on peut faire à l'analyse cognitive sont similaires à celles que l'on adresse à l'analyse interprétative. D'une part, l'analyse cognitive soutient que les individus agissent en fonction de leurs préférences et façonnent la réalité organisationnelle à partir de ce qu'ils sont et de la manière dont ils voient le monde. Elle s'intéresse principalement aux dirigeants, comme si les autres individus ne participaient pas à la construction de la réalité organisationnelle. D'autre part, elle néglige la plupart du temps la dimension tacite de la connaissance et l'aspect social de la cognition. L'individu est le centre de l'analyse et la capacité de faire des liens entre lui et la dimension collective constitue un défi de taille.

Depuis la fin des années 1990, l'analyse cognitive, en théories des organisations, est de plus en plus tournée vers les thématiques portant sur la connaissance[21] et l'apprentissage[22]. Dans ces thématiques, on trouve un foisonnement d'idées et d'écoles qui empruntent une partie de leurs réflexions aux théories de la cognition. Le danger qui guette ces travaux réside dans leur capacité à dépasser l'idée qu'utiliser une perspective cognitive pour comprendre la somme des expériences et des savoirs individuels est une bonne manière d'expliquer le niveau organisationnel. Par exemple, on parle de « mémoire organisationnelle », d'« apprentissage organisationnel » comme si l'organisation était un individu. Voilà un type de réflexions qui, sous des thèmes nouveaux, nous ramène à un mode de pensée caractéristique des approches classiques.

Conclusion

Dans les travaux qui relèvent de l'analyse symbolique, on met l'accent sur la dimension idéationnelle de l'organisation (symboles, interprétations, structures cognitives). Ce qui différencie l'analyse de la culture de l'analyse interprétative et de l'analyse cognitive, c'est la dimension à partir de laquelle on tente de comprendre ce qui se passe dans la tête des individus.

L'analyse organisationnelle, à partir de la notion de culture, consiste à faire ressortir les valeurs, les croyances et les symboles qui permettent de comprendre le contexte de l'action individuelle. Que l'on véhicule une représentation intégrée, différenciée ou fragmentée de la culture, les travaux qui portent sur la culture organisationnelle ont pour but de faire état de la dimension collective des valeurs et des symboles qui distinguent les groupes les uns des autres.

Au contraire, l'analyse interprétative et l'analyse cognitive prêtent plutôt attention à ce qu'il y a dans la tête des individus pour comprendre comment ceux-ci influencent la réalité organisationnelle. L'analyse interprétative étudie la manière dont les individus comprennent, interprètent et créent du sens à partir de l'information qu'ils reçoivent de l'extérieur, tandis que l'analyse cognitive veut dégager les représentations mentales des individus.

---

21. S.S. Wong et S.B. Sitkin (2002), « Shared cognition in organizations : The management of knowledge », *Administrative Science Quarterly*, vol. 47, n°s 3-4, p. 577-580.
22. A.E. Akgun, G.S. Lynn et J.C. Byrne (2003), « Organizational learning : a sociocognitive framework », *Human Relations*, vol. 56, n° 7, p. 839-868.

Une fois de plus, l'analyse symbolique est aux prises avec le problème des liens entre la structure et l'action, et réussit difficilement à les concilier. Elle innove toutefois en proposant une vision subjective de l'organisation. Cependant, le projet de connaissance qui y est sous-jacent repose sur des positions épistémologiques opposées (p. ex., culture organisationnelle comme moyen de contrôle ou comme moyen de comprendre une réalité ; carte cognitive comme outil de recherche ou comme outil d'aide à la décision). Cela dit, il s'agit d'un vaste champ de recherche dont les avancées sont encore à venir.

Conclusion de la partie 2

DES THÉORIES NÉOMODERNES

Cette deuxième partie a été consacrée aux approches qui, depuis le début des années 1980, sont dominantes en théories des organisations. Il est remarquable de constater qu'en l'espace d'un peu plus de deux décennies, les théories des organisations se sont développées à un rythme effréné en intégrant les critiques de la fin de la période précédente. Le paysage des théories des organisations, au tournant des années 2000, a peu à voir avec ce qu'il était à la fin des années 1970. Les entreprises sont devenues complexes et les théories des organisations portent également les traces de cette complexité. Les certitudes entourant les analyses formelles, systématiques et quantitatives ont été ébranlées. Les théories des organisations sont devenues pluridisciplinaires et elles ne sont plus exclusivement anglo-saxonnes.

À première vue, les approches contemporaines semblent très différentes des approches classiques. Les années 1980 et 1990 constituent, en théories des organisations, une période de renouvellement intense. En effet, les représentations de l'organisation, de l'individu et de l'environnement qui les caractérisent se sont transformées.

À l'aube des années 2000, les approches contemporaines fournissent une représentation de l'organisation beaucoup plus fragmentée que celle qui prévalait chez les classiques. L'organisation n'est plus définie comme une structure ou un système, mais plutôt comme un ensemble se composant de multiples relations dont le type dépend de l'angle disciplinaire adopté. Par exemple, dans la théorie institutionnelle, l'organisation est associée à un ensemble de mythes rationalisés entretenus par les pressions de l'environnement. Pour l'économie des organisations, l'organisation apparaît comme un ensemble de nœuds de contrats. L'analyse politique suggère que les organisations sont des arènes de pouvoir. Quant à l'analyse symbolique, elle représente l'organisation de diverses manières : comme un ensemble de sous-cultures, de significations partagées ou de modèles cognitifs. On est donc bien loin de l'organisation comme un tout se composant de la somme de ses parties.

En ce qui concerne la représentation de l'individu, force nous est de constater que celle-ci se bonifie. En effet, alors que l'individu des approches classiques est principalement défini par sa rationalité limitée, celui des approches contemporaines est plus réaliste. On lui accorde toujours une rationalité limitée, mais d'autres dimensions s'ajoutent. Selon les théories institutionnelles, il répond aux pressions de l'environnement et fabrique des mythes. L'économie des organisations ajoute à la rationalité l'opportunisme comme hypothèse fondamentale de comportement. L'analyse stratégique reconnaît à l'individu une capacité de calcul de ses intérêts et suggère que la rationalité est d'abord et avant tout contextuelle. Enfin, l'analyse symbolique le reconnaît principalement comme un être créateur de sens. En faisant une place plus importante à l'individu, on peut dire que les approches contemporaines sont moins déterministes et objectives que les approches classiques.

Quant à la représentation de l'environnement, mis à part celle véhiculée par l'écologie des populations, elle est beaucoup plus complexe dans les approches contemporaines. L'environnement, ce n'est plus uniquement les autres acteurs économiques autour de l'entreprise (concurrents, fournisseurs, clients), mais aussi les corporations professionnelles et l'État dans le cas de la théorie néo-institutionnelle. L'analyse stratégique tient compte de tous les acteurs liés au problème examiné, peu importe qu'ils soient de l'interne ou de l'externe. Quant à l'analyse interprétative, elle postule que la représentation de l'environnement dépend de la manière dont il est défini par les individus.

Et qu'en est-il du projet de rationalisation des connaissances qui animait les approches classiques ? Il a bien changé dans les approches contemporaines. En effet, les approches contemporaines sont beaucoup moins normatives que les approches classiques. À cet égard, c'est sans doute l'analyse stratégique qui va le plus loin. Selon cette perspective, les comportements sont analysables *a posteriori* mais non prédictibles. Même l'économie des organisations s'intéresse à des coûts difficilement mesurables, des coûts qu'il faut évaluer à partir d'estimations reposant sur le jugement. C'est le cas également de la théorie néo-institutionnelle et de l'analyse symbolique pour lesquelles la performance relève d'éléments intangibles. Dans le cas de la théorie néo-institutionnelle, elle dépend de l'augmentation de la légitimité de l'organisation, alors que pour l'analyse symbolique, elle est liée à la capacité des individus ou des groupes de promouvoir des valeurs, de créer du sens et de le diffuser. De toute évidence, les théories des organisations prennent, dans les années 1980 et 1990, un tournant interprétatif. Ces transformations sont indéniables, mais signifient-elles pour autant que les approches contemporaines sont en rupture avec les approches classiques ? Regardons cela d'un peu plus près.

Certes la représentation de l'organisation est plus fragmentée, ce qui laisse ainsi à penser que les approches contemporaines renouvellent la représentation de l'organisation proposée par les classiques. Toutefois, il s'agit toujours d'une organisation en équilibre et participant à la reproduction de l'ordre organisationnel. L'analyse sociologique la représente comme en équilibre avec son environnement, alors que l'analyse symbolique s'intéresse particulièrement à ce qui fait qu'elle se maintient dans le temps. De plus, les différentes théories ont en commun de comprendre comment il se fait que des individus ayant des intérêts divergents arrivent à coopérer. Entre autres, l'analyse politique a pour but d'expliquer comment les acteurs négocient leurs relations et collaborent entre eux. L'économie des organisations, quant à elle, suppose que les relations contractuelles se font dans l'harmonie et le consensus.

Il en est de même pour la représentation de l'individu qui est moins réductrice que dans les approches classiques. Toutefois, la rationalité est toujours l'élément central à partir duquel il est défini. De plus, on continue à le représenter par ses composantes, comme s'il était impossible de le considérer dans son entièreté, comme le sujet de sa propre histoire. Et lorsqu'on accorde une place de premier choix à l'individu, on a l'impression qu'on parle plus particulièrement des hauts dirigeants comme si les personnes des niveaux hiérarchiques inférieurs n'étaient pas de véritables acteurs de l'organisation. C'est le cas notamment de l'analyse interprétative et de l'analyse cognitive.

Même chose pour l'environnement. La représentation que les approches contemporaines en véhiculent est certes plus complexe, mais fait toujours de lui une entité autonome presque dotée de capacité d'action. Or l'environnement n'est pas une entité monolithique ; il se compose d'une multitude d'acteurs et d'objets en constante mouvance. De plus, on continue à le représenter comme s'il existait à l'extérieur de l'organisation. Pourtant, dans la réalité quotidienne, les individus sont en interaction avec les personnes de l'extérieur. Ce qu'ils vivent à l'extérieur de l'organisation en tant que membres appartenant à divers groupes sociaux (familial, religieux, ethnique ou autre), influence ce qu'ils font et ce qu'ils sont dans l'organisation.

En fait, les approches contemporaines renouvellent les approches classiques tout en se situant dans leur prolongement. Même si elles se distancient des approches classiques en prenant un tournant interprétatif, elles n'en ont pas pour autant abandonné le projet de rationalisation à l'origine des théories des organisations. On peut donc dire que les approches contemporaines regroupent des théories que l'on peut qualifier de néomodernes. En effet, les approches contemporaines reposent sur des représentations moins monolithiques de l'organisation et de son environnement alors que l'individu y occupe une place plus importante que dans les approches classiques.

PARTIE 3

LES APPROCHES DE L'AVANT-GARDE

La fin des années 1990 et le début des années 2000

Durant la fin des années 1990 et le début des années 2000, on tente de réconcilier les paradoxes et les oppositions dans les théories des organisations. Le tournant du siècle est marqué par la volonté de construire des liens théoriques entre le local et le global, entre les individus et la collectivité, entre les pratiques et les institutions, entre l'objectif et le subjectif. Parallèlement à cette volonté de réconciliation, on veut promouvoir le pluralisme dans les théories des organisations : pluralisme dans les idées, pluralisme dans la reconnaissance des acteurs, pluralisme dans le temps, pluralisme disciplinaire. Ce pluralisme que certains qualifieront d'« hétérodoxie dominante » est susceptible de fournir une plus grande réflexivité sur ce que sont les organisations en même temps qu'il pose de nombreux défis.

Les années 1990 sont marquées par divers mouvements de réconciliation. Sur le plan politique, la chute du mur de Berlin en 1989 et l'effondrement de l'URSS au début des années 1990 mettent fin à la guerre froide. Sur le plan économique, on assiste à l'interconnexion de zones d'échanges appartenant à des espaces nationaux différents. Dans cette nouvelle configuration du capital qui demeure toutefois mouvante et éclatée, les entreprises transnationales et mondiales jouent un rôle clé. De manière paradoxale cependant, ces réconciliations donnent lieu à nombre d'effets contradictoires tels la valorisation des experts et des techniciens circulant dans l'espace mondial en même temps que l'apparition des travailleurs autonomes, mobiles et migrants. Au-delà de la mondialisation qui renforce l'enrichissement d'une minorité, on constate l'expansion significative des marchés informels et la montée du nationalisme.

Sur le plan de la gestion, les entreprises doivent faire face à de nouveaux problèmes. D'abord, les scandales économiques dans la gestion des « méga-entreprises » entraînent une crise de légitimité envers les dirigeants (p. ex., Enron, Vivendi Universal, etc.). Ensuite, la montée de l'économie du savoir et des connaissances vient faire prendre conscience de l'importance des individus comme nouvelle source d'avantage compétitif dans un environnement marqué par l'innovation et le changement. Parallèlement à l'augmentation générale de la qualification des individus sur le marché du travail dans les pays industrialisés, on assiste à la diminution de la loyauté des personnes envers l'entreprise. En dépit des solutions managériales allant du discours de l'excellence à l'intrapreneurship en passant par l'*empowerment*, la mobilisation des individus envers un projet d'entreprise devient de plus en plus difficile. Enfin, l'apparition d'acteurs qui se mobilisent face à des problèmes sociaux contemporains (p. ex., sida, écologie, qualité de vie, développement durable) remet en question le sens que les individus et la société attribuent au travail et à la grande entreprise.

Sur le plan théorique, l'éclatement disciplinaire en théories des organisations se poursuit. C'est au tour de la linguistique, des théories littéraires et de la philosophie de contribuer à ce champ d'études. Dans ce contexte, de nouvelles thématiques voient le jour : le langage, la temporalité, les émotions, l'humour, la spiritualité. Elles sont issues des nouveaux points de vue sur la science et la réalité qui traversent ce champ d'études. Il s'agit, entre autres, de la construction sociale, des théories critiques et du postmodernisme.

Ces approches forment l'avant-garde, en ce sens qu'elles fournissent de nouvelles idées pour réfléchir sur les organisations. Ce qui caractérise ces approches, c'est que chacune d'elles se positionne en réaction aux approches classiques et contemporaines. De plus, elles proposent une variété de positions sur la science et le réel qui sont plus ou moins radicales. La qualité de leur argumentation dépend moins de la démonstration ou de l'opérationnalisation qu'elles font de leurs idées que de l'intensité avec laquelle elles se situent en réaction aux approches plus traditionnelles. Enfin, leur popularité au tournant des années 2000 tient au fait que les théories des organisations sont à la recherche de nouvelles perspectives théoriques pour penser l'incertain, la diversité et le chaos.

Chapitre 9

LA CONSTRUCTION SOCIALE

Depuis le début des années 1990, le point de vue de la construction sociale[1] est de plus en plus répandu en théories des organisations. L'expression « construction sociale » se répand en sciences sociales et en théories des organisations avec la parution en 1966 de l'ouvrage de Berger et Luckmann intitulé *The Social Construction of Reality.* Ce point de vue fait son entrée en théories

1. Deux termes se rapportent à ce point de vue : constructionnisme et constructivisme. Ils sont généralement utilisés de manière interchangeable. Cependant, il existe une différence entre les deux. Le terme « constructionnisme » suppose que l'unité d'analyse est l'interaction entre les individus ou les groupes, alors que le terme « constructivisme » suppose que l'on privilégie l'individu et sa capacité d'action. Autrement dit, le terme « constructivisme », proche du qualificatif constructif, projette une image volontariste (rappelant, entre autres, la théorie piagétienne et un mouvement artistique du même nom qui s'est développé au vingtième siècle). C'est pour éviter cette confusion que dans cette section j'utilise principalement l'expression « le point de vue de la construction sociale ». Lorsque ce n'est pas possible, j'utiliserai le terme « constructionnisme », plus largement répandu dans les ouvrages anglo-saxons et plus proche de la vision de Berger et Luckman (1966).

des organisations dans les années 1980, d'abord dans les travaux qui se situent dans la lignée de l'analyse stratégique (section 7.3) et ensuite par l'introduction de la théorie de la structuration de Giddens (1987) dans les années 1990. L'éclatement des perspectives, la remise en question des courants dominants et l'augmentation des études de cas et des recherches qualitatives en théories des organisations contribuent également à sa diffusion.

9.1. Un point de vue sur la connaissance

Le point de vue de la construction sociale n'est pas une théorie en soi applicable à l'organisation ou à tout autre objet. Il s'agit d'une théorie de la connaissance prenant racine dans la philosophie, les sciences sociales et la cybernétique[2]. Le point de vue de la construction sociale propose une nouvelle manière d'envisager la nature de la science et de la réalité[3]. Les règles et les principes épistémologiques et méthodologiques n'ont pas d'existence en tant que réalités normatives autonomes et indépendantes ; ils résultent de la réflexion que le chercheur fait sur son objet d'étude et de l'activité qu'il réalise sur ce dernier. Selon le point de vue de la construction sociale, la vérité scientifique est plurielle. Il n'y a pas d'énoncés sur les organisations qui soient vrais ou faux. En fait, ils sont vrais dans certaines circonstances, pour certains acteurs et certains chercheurs, et faux dans d'autres circonstances, pour d'autres acteurs et d'autres chercheurs.

Quant au statut de la réalité, le point de vue de la construction sociale suppose que la réalité n'est pas donnée en soi. Elle est toujours le résultat d'un travail humain. Par exemple, lorsqu'on dit qu'une maison est construite, on veut signifier qu'elle n'a pas toujours existé et que son existence vient de ce que de multiples personnes ont participé à son édification. Il en est de même pour la réalité sociale. Dans l'action concrète, on a tendance à oublier qu'à une autre époque, les choses se faisaient différemment. De plus, lorsqu'un phénomène est accepté par tous, on le considère généralement comme « normal » ou encore on dit, dans le langage courant, « c'est naturel ». Or, selon le point de vue de la construction sociale, lorsqu'il est question de

2. En tant que théorie de la connaissance, on peut aussi faire remonter le point de vue de la construction sociale à Socrate qui enseignait à ses étudiants que la connaissance est une perception. De plus, il faut souligner l'apport de Thomas Kuhn dans la diffusion de ce point de vue. En postulant que la recherche en physique évolue d'un paradigme (ensemble de croyances et de perceptions) à l'autre, il soutient une position relativiste de la connaissance.

3. J.-L. Le Moigne (1995), *Les épistémologies constructivistes*, Paris, Presses universitaires de France, coll. « Que sais-je ? ».

rapports et de liens sociaux, rien n'est naturel. La naturalisation des phénomènes sociaux, nous dira Bourdieu, résulte de l'accord parfait entre les catégories subjectives et les catégories objectives qu'utilisent les individus, ce qui fait en sorte que l'expérience qu'ils ont du monde leur semble aller de soi et être universelle[4].

Le point de vue de la construction sociale ne doit pas être envisagé comme une théorie ni comme un courant de pensée homogène[5]. Il s'agit plutôt d'un noyau d'idées permettant de réfléchir sur la réalité sociale et organisationnelle. Ces idées partagent un certain nombre de caractéristiques qui seront décrites dans les prochains paragraphes.

D'abord, l'histoire, ou encore la considération de la temporalité, constitue une des caractéristiques centrales du point de vue de la construction sociale. En effet, ce point de vue met l'accent sur les conditions et les processus d'émergence des phénomènes sociaux et organisationnels. On ne peut pas bien comprendre un problème ou une situation qui se produit à un moment « x » de l'histoire d'une organisation en cause si l'on ne connaît pas l'histoire des événements, des structures et de l'action des personnes. La réalité organisationnelle est le résultat des préconstructions du passé, c'est-à-dire des nombreuses couches sédimentaires qui forment l'histoire de l'organisation. Ainsi, la reconstitution des faits dans le temps est essentielle dans une démarche se réclamant du point de vue de la construction sociale. C'est ce que tente de démontrer Kimberly et Bouchikhi (1995) dans leur article intitulé « The dynamics of organizational development and change : How the past shapes the present and constrains the future ». Entre autres, ils font ressortir les influences internes et externes qui ont contribué à la formation de la trajectoire organisationnelle et qui continuent d'avoir un impact sur cette trajectoire (occasions d'affaires, contraintes du marché, culture forte et non orthodoxe, démographie changeante et dispersion géographique).

Ensuite, le point de vue de la construction sociale accorde une place centrale à l'action des individus. Bien que l'on puisse retracer la structure et les modes de gouvernance des entreprises dans le temps, celles-ci ne peuvent exister en dehors des personnes et des groupes qui les produisent, se les approprient et les reproduisent dans leurs activités. Ainsi, les structures sociales ou les formes globales de la vie en groupe sont reproduites, appropriées et transformées dans les pratiques, les interactions et les conversations quotidiennes. Christensen et Westenholz (1999) montrent comment les conseils d'administration des compagnies danoises ont été socialement cons-

---

4. P. Bourdieu (1994), *Raisons pratiques*, Paris, Seuil.
5. P. Corcuff (1995), *Les nouvelles sociologies*, Paris, Nathan.

truits comme des lieux privilégiés de prise de décision dans les entreprises grâce, entre autres, à l'institutionnalisation de la participation des employés depuis 1974. Par ailleurs, ils appliquent la métaphore du théâtre au conseil d'administration. Ainsi, ils montrent que prendre part au conseil d'administration, c'est accepter de jouer et d'interpréter un rôle devant un auditoire formé de parties prenantes et d'autres acteurs de l'environnement. En actualisant ces rôles lors des réunions de conseils d'administration, les acteurs contribuent à construire, au quotidien, les relations entre l'entreprise et les acteurs de l'environnement.

Également, le point de vue de la construction sociale reconnaît la nécessité de tenir compte du caractère contextuel de l'action. Ce contexte, généralement associé à l'organisation ou à l'environnement, est vu comme la résultante inachevée d'un ensemble de phénomènes en interaction. Il résulte de l'imprévisible mouvement des alliances parmi différents groupes d'intérêt ou de la concomitance entre différents événements. En fait, l'action intentionnelle conduit très rarement aux résultats attendus. Tenir compte du contexte de l'action suppose qu'il y a toujours un grand nombre d'actions intentionnelles qui ont des visées différentes et qui se produisent à différents endroits, au même moment, et dont les conséquences sont incontrôlables. Autrement dit, le résultat des interactions entre les phénomènes tend à échapper au contrôle des différents acteurs. Dans un autre article, Bouchikhi (1993) propose un cadre constructiviste pour comprendre le processus de l'entrepreneuriat. Il soutient que ce n'est ni la personnalité de l'entrepreneur ni les caractéristiques de l'environnement, lorsque considérées seules, qui expliquent la réussite entrepreneuriale. Celle-ci émerge plutôt de l'interaction complexe entre l'entrepreneur, l'environnement, les événements chanceux et les performances du passé. Ainsi, dit-il, selon le point de vue de la construction sociale, bien qu'ils soient reconnus comme des agents compétents pouvant faire une différence, les individus peuvent rarement la faire seuls. Les projets des acteurs sont le résultat de l'interaction d'un ensemble complexe de phénomènes qui rendent la réussite incertaine.

De plus, le point de vue de la construction sociale insiste sur l'importance de réconcilier les dimensions opposées du réel. Depuis des lustres, les auteurs ont regardé la réalité sociale à l'aide de dichotomies : idéalisme et matérialisme, sujet et objet, individuel et collectif, local et global. Le point de vue de la construction sociale tend plutôt à promouvoir de la réalité sociale ou organisationnelle une vision à la fois objectivée et intériorisée, individuelle et collective, locale et globale. Par exemple, Bouchikhi (1998) dit que le comportement humain dans les organisations est relativement complexe, multidirectionnel et contradictoire (figure 9.1). Partant de là, il définit les organisations comme des espaces sociaux que les membres tirent

FIGURE 9.1
La représentation constructiviste de l'organisation selon Bouchikhi

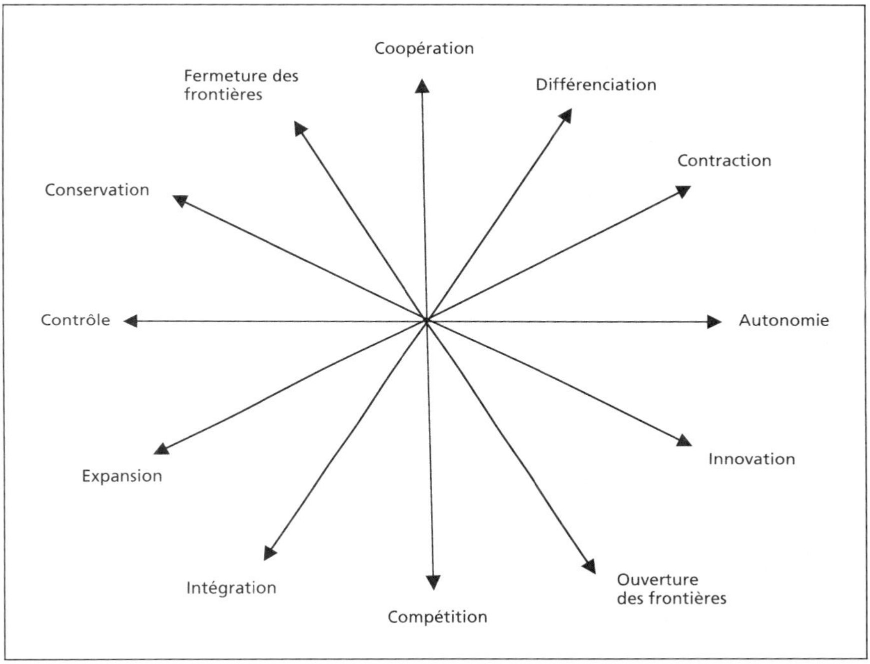

Source : H. Bouchikhi, 1998, p. 224.

continuellement dans des directions contradictoires. L'organisation est le résultat de tensions entre des comportements innovateurs et des comportements conservateurs, des comportements qui visent l'intégration et d'autres qui permettent la différenciation, des comportements de coopération se produisant simultanément à des comportements qui encouragent la compétition, etc. L'innovation, la coopération, l'intégration et l'ouverture sur l'environnement sont le résultat de forces contradictoires qui font de l'organisation un espace social fonctionnant à partir de logiques comportementales paradoxales, plutôt que de logiques tendant vers un même but comme on l'a cru pendant longtemps.

Par ailleurs, la capacité qu'ont les individus à apprendre de leurs actions est aussi une caractéristique du point de vue de la construction sociale et de la représentation de l'individu qu'elle véhicule. Une connaissance produite et activée se transforme à travers l'expérience. Autrement dit, les individus sont considérés comme des acteurs ou des agents réflexifs, c'est-à-dire qu'ils sont capables de revenir sur eux-mêmes, sur leurs activités et sur le rôle que jouent les objets qu'ils utilisent dans leurs pratiques quotidiennes. À titre d'exemple, Baumard (1997) décrit, dans un texte éloquent, comment un jeune chercheur opère continuellement des arbitrages entre la posture positiviste et constructiviste. Il montre que ce jeune chercheur est soumis à un ensemble d'influences (la dynamique de recherche du laboratoire, le terrain, le directeur de recherche, ses instruments de collecte de données, etc.) qui l'amènent à constamment effectuer des arbitrages théoriques et méthodologiques. Même si ce jeune chercheur est sensible au point de vue de la construction sociale, il en vient à utiliser une épistémologie positiviste pour limiter les coûts du programme de doctorat auquel il est inscrit. Son apprentissage de la recherche le place dans un système d'interactions où il doit constamment négocier, arbitrer et construire une démarche qui le mènera plus ou moins vite à terminer ses études.

Enfin, si la réalité est construite, le point de vue de la construction sociale suppose donc qu'il est possible, pour le chercheur, de « dé-construire »[6] cette réalité. Cela implique de remettre en question ce qui est généralement considéré comme allant de soi ou naturel pour montrer comment un phénomène ou une situation ont été construits. L'idée de « dé-construction » implique donc d'interroger ce qui est tenu pour acquis pour fournir une explication sur la manière dont les acteurs sociaux en sont arrivés là, c'est-à-dire la manière dont la réalité donnée a été construite. Le projet de « dé-construction » signifie donc, selon ce point de vue, que le chercheur entreprend en fait une démarche de « re-construction » *a posteriori* des événements pour mettre au jour les processus qui ont mené à la naturalisation des phénomènes sociaux et organisationnels. Le point de vue de la construction sociale implique donc une démarche de recherche visant à repérer les mécanismes de stabilisation de la réalité sociale.

---

6. Il faut distinguer la notion de « dé-construction » du point de vue de la construction sociale et celle de « déconstruction » caractéristique du point de vue postmoderne (chapitre 11). Dans les deux cas, il s'agit de dévoiler des phénomènes cachés. Toutefois, la portée idéologique de ces deux termes diffère. Dans le premier cas, il s'agit de montrer comment les choses sont construites, sans tenir compte de l'asymétrie des rapports sociaux qui conditionne la construction de la réalité. La dé-construction est en fait une activité de re-construction qui ne tient pas compte des relations de pouvoir sous-jacentes aux phénomènes étudiés. Dans le cas du point de vue postmoderne, la déconstruction est une stratégie d'analyse du discours qui vise à rendre compte du discours caché qui permet la reproduction de rapports sociaux asymétriques et inégalitaires. Cette démarche vise à remettre en question l'ordre des choses, à donner la parole aux exclus, en fournissant une autre version de la réalité.

ENCADRÉ 9.1
Les fondements de la construction sociale

- La vérité scientifique n'existe pas en soi, elle est le résultat d'interprétations de la part du chercheur et de l'acceptation d'une communauté scientifique.
- La réalité n'est pas donnée, elle est le résultat de l'activité humaine et sociale.
- L'organisation est un construit humain et social ancré dans des préconstructions du passé.
- Les formes organisationnelles sont reproduites et appropriées ou inventées dans les pratiques et les interactions de la vie quotidienne.
- L'action intentionnelle conduit rarement aux résultats attendus.
- L'organisation est une réalité à la fois intériorisée et objectivée.
- Le réel est dialectique ; les oppositions doivent être réconciliées.
- L'individu est un acteur ou un agent réflexif.
- La « dé-construction » suppose une démarche de « reconstruction », soit de repérage *a posteriori* des processus de construction de la réalité sociale, c'est-à-dire des processus qui ont permis la stabilisation et l'objectivation de cette réalité.

Au-delà de ces caractéristiques, le point de vue de la construction sociale peut adopter diverses positions quant à la nature de la science et de la réalité, selon la manière de représenter le caractère construit de ce point de vue ou encore son caractère social. Lorsqu'on met l'accent sur le caractère « construit » de ce point de vue, on peut le qualifier de « réaliste », de « modéré » ou de « radical » (voir tableau 9.1). La distinction entre ces qualificatifs tient, en partie, à la conception de la nature de la science (épistémologie) et de la réalité (ontologie).

La position « réaliste » reconnaît le caractère relativiste du discours scientifique et de la réalité sociale tout en mettant certains bémols. Ainsi, cette position part du principe que le monde extérieur constitue un ensemble de contraintes auxquelles il est difficile de se soustraire. En ce sens, la nature

TABLEAU 9.1
Diverses positions relevant du point de vue de la construction sociale

	Nature de la science	
Nature de la réalité	**Science normale**	**Contre-science**
Objective	Réalisme	Constructionnisme réaliste
Subjective	Réalisme critique	Constructionnisme radical

de la réalité scientifique et celle de la réalité sociale comportent une dimension « objective ». Autrement dit, le monde qui nous entoure est réel par les contraintes qu'il pose à l'action individuelle, même si l'interprétation qu'en font les chercheurs et les acteurs de ce monde réel n'est pas nécessairement unique. Toutefois, le monde scientifique est à la recherche d'explications qui permettent de rendre compte de l'objectivité du réel, qui seront reconnues comme robustes et plausibles par la communauté scientifique et qui feront consensus parmi les acteurs sociaux et organisationnels. Quand cela se produit, on suppose que ces connaissances présentent un certain degré d'objectivité, ce qui est également le cas de la réalité observée, tout en reconnaissant, bien sûr, qu'elles sont toutes aussi le résultat de contraintes linguistiques et culturelles.

La position « modérée », quant à elle, peut être associée au réalisme critique ou au constructionnisme réaliste. Ainsi, on peut être relativiste sur le plan épistémologique mais non sur le plan ontologique. On parle alors de constructionnisme réaliste. Dans ce cas, le chercheur se considère comme un participant actif dans la construction des connaissances d'un domaine d'études. Par ailleurs, il postule que la réalité sociale et organisationnelle est en elle-même une réalité objective. Une entreprise se compose d'objets, de personnes, de règlements qui ont une existence objective réelle. La position inverse est aussi soutenable. Il est possible de considérer que les connaissances que l'on produit sont épistémologiquement objectives, alors que l'on considère la réalité examinée comme ontologiquement subjective. Cette position est généralement associée au « réalisme critique ». L'une et l'autre correspondent, en quelque sorte, à ce que l'on appelle généralement du « positivisme aménagé, voire renouvelé ».

Le point de vue de la construction sociale dit « radical » repose sur une vision relativiste à la fois de la nature de la science et de la réalité[7]. Il affirme que la connaissance existe dans la tête des individus et que ceux-ci construisent ce qu'ils savent à travers leur expérience. Autrement dit, la connaissance qu'un chercheur peut construire du réel n'est rien d'autre que le résultat de sa propre expérience du réel. De plus, ces auteurs considèrent la réalité sociale comme le résultat de représentations.

---

7. Le point de vue de la construction sociale « radical » est généralement associé aux travaux de Piaget en épistémologie génétique, aux conceptions autoréférentielles de la connaissance et à l'autopoïèse de Maturana et Varela, à la conception dialectique de la connaissance de Bateson, Watzlawick et Barel, et à la théorie de la complexité de Morin.

En théories des organisations comme en sciences de la gestion, le point de vue de la construction sociale que l'on rencontre le plus souvent est de type réaliste ou modéré. La majorité des chercheurs actuels pensent que ni une forte position positiviste ni une forte position ancrée dans le point de vue de la construction sociale ne conviennent aux travaux en sciences de la gestion[8]. En effet, pour la plupart des représentants de ce courant présents dans tous les sous-champs des théories des organisations, la réalité organisationnelle n'est pas uniquement le résultat des représentations que véhiculent les acteurs. En théories des organisations, le point de vue de la construction sociale constitue plutôt une nouvelle forme de réalisme plus ou moins critique qui interroge ce qui est donné en faisant l'hypothèse d'une pluralité d'interprétations de la réalité. Dans un percutant article publié dans le *Strategic Management Journal*, Mir et Watson (2000) expriment clairement cette position[9]. Ils définissent le point de vue de la construction sociale comme un espace méthodologique caractérisé par une position épistémologique relativiste et une position ontologique réaliste. Selon eux, il existe des travaux en stratégie qui sont de cette nature et ils montrent que cette perspective peut contribuer à dépasser les frontières de la recherche en stratégie.

Il est aussi possible de qualifier le point de vue de la construction sociale en partant, non pas de son caractère construit, mais plutôt de son caractère social. Dans ce cas, c'est par la manière dont on conçoit les relations entre les individus et les structures sociales que l'on définit les types de constructionnisme. Autrement dit, il y a différents types de constructionnisme « social » : interactionniste, structuraliste et structurationniste.

Lorsque l'on considère que le monde social ou organisationnel est construit au fil des interactions entre les personnes, le constructionnisme est dit « interactionniste ». En sciences sociales, la thèse de Berger et Luckman (1966) est représentative de cette position. En théories des organisations, l'article de Swan, Scarbrough et Robertson (2002) illustre la position interactionniste en retraçant empiriquement comment une équipe de gestionnaires a participé à la construction d'une « communauté de pratiques » afin

---

8. M. Meckler et J. Baille (2003), « The truth about social construction in administrative science », *Journal of Management Inequity*, vol. 12, n° 3, p. 273-284 ; M. Reed (2005), « Reflections on the "realist turn" in organization and management studies », *Journal of Management Studies*, vol. 42, n° 8, p. 1621-1644.

9. Cet article a suscité un débat sur les différences entre la position constructionniste et la position réaliste. Pour en prendre connaissance, consultez les articles suivants : K.-M. Kwan et E.W.K. Tsang (2001), « Realism and constructivism in strategy research : A critical response to Mir and Watson », *Strategic Management Journal*, vol. 22, n° 12, p. 1163-1168 ; R. Mir et A. Watson (2001), « Critical realism and constructivism in strategy research : Towards a synthesis », *Strategic Management Journal*, vol. 22, n° 12, p. 1169-1173.

de mobiliser les professionnels de différentes organisations dans le développement d'un nouveau traitement médical[10]. Ils concluent que les gestionnaires se sont approprié, de manière réflexive, la notion de « communauté de pratiques » en l'utilisant comme moyen de dépasser les frontières interprofessionnelles, et ont ainsi favorisé le partage du savoir tout en réduisant la résistance professionnelle aux objectifs commerciaux.

Lorsqu'il fait valoir l'argument que le poids des structures est déterminant dans la construction du monde organisationnel et social, le point de vue de la construction sociale peut être qualifié de « structuraliste ». Le constructionnisme structuraliste accorde donc une certaine primauté à l'indépendance et à l'objectivité des structures sur l'action et la volonté des acteurs. En sciences sociales, les travaux de Bourdieu – particulièrement ceux publiés depuis la fin des années 1970 – sont généralement associés à ce type de constructionnisme. En théories des organisations, l'utilisation que font Oakes, Townley et Cooper (1998)[11] de la notion bourdieusienne de capital illustre cette position. En étudiant la manière dont l'idéologie du « Nouveau management public » est mise en place dans les musées canadiens, ils postulent que la capacité des agents à changer les choses dépend, bien sûr, de la connaissance qu'ils ont de ce qu'ils peuvent faire, mais aussi, et surtout, des formes de capital qu'ils possèdent et qui structurent leur position dans un champ relationnel donné.

Lorsque les auteurs postulent que l'action et la structure occupent toutes deux une importance similaire dans la construction des faits sociaux et organisationnels, la position est dite « structurationniste ». Entre autres, la théorie de la structuration de Giddens (1987) illustre particulièrement bien cette position. Comme nous l'avons mentionné au début de ce chapitre, les travaux structurationnistes ont largement contribué à la diffusion du point de vue de la construction sociale en théories des organisations. Par conséquent, les prochaines lignes font brièvement un état des lieux des travaux réalisés dans cette perspective.

---

10. J. Swan, H. Scarbrough et M. Robertson (2002), « The construction of communities of practices in the management of innovation », *Management Learning*, vol. 33, n° 4, p. 477-497.
11. L.S. Oakes, B. Townley et D.J. Cooper (1998), « Business planning as pedagogy : Language and control in a changing institutional field », *Administrative Science Quarterly*, vol. 43, n° 2, p. 257-292.

9.2. La théorie de la structuration

◇ *Anthony Giddens.* Il s'agit sans aucun doute d'un des auteurs en sciences sociales parmi les plus prolifiques et les plus marquants de la fin du XXe siècle. L'œuvre de Giddens comporte trois axes principaux : la constitution d'une théorie du social, l'étude de la modernité et les conséquences de la mondialisation. Cet auteur cherche à comprendre le monde moderne, c'est-à-dire comment les sociétés changent rapidement. De plus, il considère que cela ne peut se faire qu'en partant de l'action individuelle. C'est pourquoi l'idée de structuration vise d'abord et avant tout à faire en sorte que l'analyste des pratiques sociales appréhende les structures sous l'angle du mouvement, sous l'angle de leur historicité en tenant compte de la manière dont elles se constituent à un moment et dans un lieu spécifique. Dans son effort de réconcilier le fonctionnalisme avec le marxisme, la théorie de la structuration a pour but d'expliquer comment les structures sont constituées dans l'action et, réciproquement, comment l'action est structurellement constituée. Les principaux éléments de la théorie de la structuration sont donc les acteurs, les structures et les liens qui les unissent.

La théorie de la structuration repose sur la notion de « dualité du structurel ». Selon Giddens (1987), les structures sociales sont à la fois habilitantes et contraignantes pour les acteurs sociaux. Elles sont constituées par l'action des agents en même temps qu'elles contraignent cette action. Pour rendre compte de cette double dimension de l'action, Giddens opère une distinction théorique entre les structures et les systèmes sociaux. Comme relations de transformation, les structures sont des ensembles de règles et de ressources – propriétés des collectivités – que les individus utilisent et reconstituent dans le cours de leur action. Elles sont en quelque sorte des traces de la mémoire orientant la conduite d'agents compétents et réflexifs. Comme relations reproduites par les agents, les systèmes sociaux sont des ensembles de pratiques régularisées situées dans le temps et dans l'espace qui affichent différentes propriétés structurelles. Les structures et les systèmes n'existent pas en dehors des agents, mais seulement dans le cours de leurs pratiques, car ils sont à la fois le moyen et le résultat de leurs interactions. Adopter une perspective structurationniste, c'est donc s'engager à examiner comment les systèmes sociaux, à travers l'application de règles et de ressources, sont produits et reproduits dans les interactions sociales.

Selon Giddens (1987), les individus sont des acteurs socialement compétents. La compétence de l'acteur renvoie à ses connaissances sociales et à ses capacités réflexives. La compétence sociale s'exprime dans les paroles au moyen de la conscience discursive ou dans les routines au moyen de la conscience pratique. De plus, les acteurs sont capables de contrôler réflexivement leur action. Autrement dit, ils sont capables d'observer et de comprendre ce qu'ils font pendant qu'ils le font. Ils ont la capacité de théoriser leur action et celle des autres. Au-delà de la connaissance et du contrôle réflexif qu'exerce chaque individu dans le cours ordinaire de l'action, la structuration du social est limitée par les motivations inconscientes des acteurs et les conséquences non intentionnelles et non reconnues de l'action. Ainsi, l'action de l'acteur peut se trouver prise dans des séquences d'action complexes appartenant à d'autres systèmes spatio-temporels, de sorte qu'elle échappe à son contrôle et révèle la complexité de l'enchevêtrement des systèmes sociaux.

Pour rendre compte de la dualité du structurel, Giddens (1987) propose un modèle à trois niveaux, chacun étant le résultat de l'interpénétration des dimensions sémantique, politique et normative de l'action (figure 9.2). Le premier niveau, celui des structures, renvoie aux propriétés structurelles des systèmes sociaux, à la fois contraignantes et habilitantes pour les acteurs : la signification, la domination et la légitimation. Dans leurs interactions, les acteurs utilisent diverses modalités d'action, c'est-à-dire divers moyens les rendant possibles, et cela permet de produire et de reproduire les propriétés structurelles des systèmes sociaux. Le deuxième niveau est donc celui des modalités d'interaction et regroupe les schèmes d'interprétation (partie du réservoir de connaissances appliquées récursivement dans la communication), les moyens (ce qui permet le contrôle des ressources) et les normes (attentes normatives des acteurs). Enfin, le troisième niveau est celui de l'interaction, soit de la rencontre avec d'autres acteurs. L'interaction implique une forme de communication, l'exercice du pouvoir et la possibilité d'une sanction.

FIGURE 9.2
Éléments de la théorie de la structuration selon Giddens

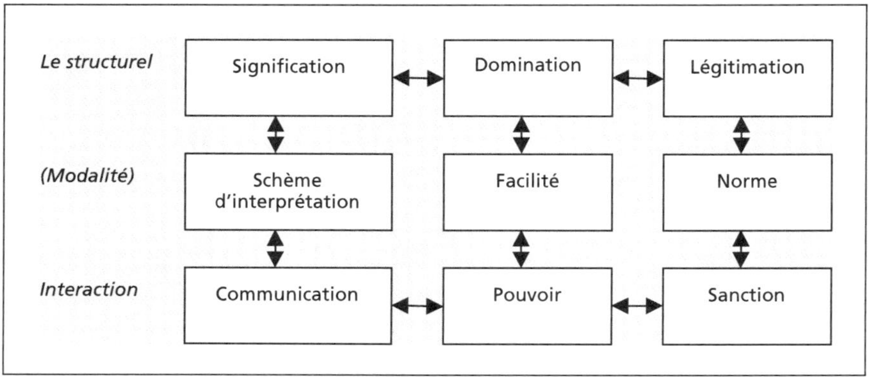

Source : A. Giddens, 1987, p. 78.

La théorie de la structuration n'a pas pour but de généraliser ni de prédire des comportements. Elle formule plutôt les principes d'une ontologie des pratiques sociales qui considère que les structures font partie des acteurs en même temps qu'elles contraignent et habilitent leurs actions. Ces principes sont utilisés comme des outils conceptuels pour concevoir différemment divers objets d'étude et participer au renouvellement d'un objet d'étude. C'est de cette manière que la théorie de la structuration a été utilisée en théories des organisations.

Depuis la parution de l'article de Ranson, Hinings et Greenwood, en 1980, qui proposaient de recourir à la théorie de la structuration pour renouveler la compréhension des structures organisationnelles, on trouve trois générations de travaux structurationnistes en théories des organisations. La première génération (années 1980) a fourni aux chercheurs les moyens de comprendre en profondeur la structuration des changements institutionnels qui sont à l'œuvre dans les organisations[12]. Ces travaux peuvent être qualifiés de « préstructurationnistes » dans la mesure où les auteurs de ces articles empruntent quelques idées et notions de la théorie de la structuration pour organiser la présentation de leurs études de cas. Dans l'ensemble, les articles que l'on trouve dans cette première génération ont recours à la théorie de la structuration pour décrire les schèmes de signification que les auteurs ont observés dans divers contextes empiriques.

Durant cette période, deux auteurs participent également à la diffusion de la théorie de la structuration dans le monde francophone : Éraly (1988) et Bouchikhi (1990). Tous deux cherchent, comme Giddens le fait par rapport aux sciences du social, à situer les théories des organisations dans une nouvelle épistémologie. Ils définissent formellement les prémisses sur lesquelles devraient, selon eux, reposer les travaux structurationnistes. Partant du problème de la réification, Éraly suggère d'aborder l'organisation comme une formation sociale et de la comprendre à partir de son historicité. Il part de la dualité du structurel et reconnaît la compétence de l'agent en utilisant la notion de structures d'action. De son côté, Bouchikhi (1990) insiste sur la nécessité d'admettre la singularité des processus organisationnels. Recherche du pouvoir, temporalité et médiations structurelles comptent parmi les

12. S.R. Barley (1986), « Technology as an occasion of structuring : Evidence from observations of CT scanners and the social order of radiology departments », *Administrative Science Quarterly*, vol. 31, p. 78-108. ; J. Bartunek (1984), « Changing interpretative schemes and organizational restructuring : The example of a religious order », *Administrative Science Quarterly*, vol. 29, p. 355-372 ; P. Riley (1983), « A structurationist account of political culture », *Administrative Science Quarterly*, vol. 28, p. 314-337 ; T. Spybey (1984), « Frames of meaning : The rationality in organizational cultures », *Acta Sociologica*, vol. 4, p. 311-322.

expressions clés de son ouvrage. Ces auteurs font reposer leur analyse sur des études de cas de longue haleine qu'ils ont menées dans des grandes entreprises. Bien qu'il s'agisse d'un heureux alliage, l'étude de cas sert la théorie, plutôt que l'inverse.

Dans les années 1990, la théorie de la structuration s'est répandue dans différents sous-champs des théories des organisations (stratégie, innovation, technologie, comptabilité) pour réconcilier des perspectives différentes[13]. En général, ces travaux prennent position sur la nécessité de réconcilier des théories en compétition dans leur domaine d'activité, de faire des ponts entre des perspectives volontaristes et déterministes et proposent, pour ce faire, un cadre d'analyse structurationniste. À titre d'exemple, Orlikowski (1992) suggère de reconceptualiser la technologie comme structure en tenant compte à la fois de son caractère objectif et de son caractère subjectif. Elle propose la notion de flexibilité interprétative pour comprendre comment la technologie contraint l'action des utilisateurs en même temps qu'elle l'habilite.

Depuis le début des années 2000, une troisième génération d'écrits structurationnistes émerge[14]. Quoiqu'il soit trop tôt pour y repérer une ligne directrice, deux tendances se dessinent. D'une part, on cherche moins à réconcilier des points de vue opposés sur un objet qu'à juxtaposer la théorie de la structuration à d'autres cadres théoriques. D'autre part, les travaux de cette génération sont de plus en plus centrés sur les pratiques des acteurs au quotidien, alors que les travaux des générations précédentes accordaient plus d'importance aux formes organisationnelles. C'est le cas

13. S.R. Barley et P. Tolbert (1997), « Institutionalization and structuration : Studying the links between action and institution », *Organization Studies*, vol. 18, n° 1, p. 93-117 ; J. Coopey, O. Keegan et N. Emler (1998), « Managers' innovations and the structuration of organizations », *Journal of Management Studies*, vol. 35, n° 3, p. 263-284 ; S. Sahay et G. Walsham (1997), « Social structure and managerial agency », *Organization Studies*, vol. 18, n° 3, p. 415-444 ; J. Sydow et A. Windeler (1998), « Organizing and evaluating interfirm networks : A structurationist perspective on network processes and effectiveness », *Organization Science*, vol. 9, n° 3, p. 265-284.

14. S. Sarker, F. Lau et S. Sahey (2001), « Using an adapted grounded theory approach for inductive theory building about virtual team development », *Database for Advances in Information Systems*, vol. 32, n° 1, p. 38-56. L. Heracleous et M. Barrett (2001), « Organizational change as discourse : Communicative actions and deep structures in the context of information technology implementation », *Academy of Management Journal*, vol. 44, n° 4, p. 755-778 ; L. Heracleous et J. Hendry. (2000), « Discourse and the study of organization : Toward a structurational perspective », *Human Relations*, vol. 53, n° 10, p. 1251-1286 ; A. Winderler et J. Sydow (2002), « Project networks and changing industry practices – collaborative content production in the german television industry », *Organization Studies*, vol. 22, n° 6, p. 1035-1061.

notamment d'Orlikowski (2000; 2002) qui, à partir des années 2000, suggère de regarder la technologie en partant des pratiques des utilisateurs, c'est-à-dire des manières dont ils utilisent la technologie et se l'approprient dans le temps.

Revenons maintenant au point de vue de la construction sociale. Dans l'ensemble, le rôle qu'il a joué en théories des organisations est similaire à celui de la théorie des systèmes dans les années 1950 et 1960 (section 3.1). La théorie des systèmes a fourni un cadre conceptuel pouvant s'appliquer à n'importe quel objet, qu'il soit physique ou vivant. Le point de vue de la construction sociale permet de dénoncer la pensée rationaliste et d'envisager la complexité. Il peut aussi s'appliquer à n'importe quel objet d'étude et participer au renouvellement de différentes perspectives théoriques. Faut-il pour autant voir dans le point de vue de la construction sociale un nouveau paradigme? Sans aller jusque-là, il faut être conscient que sa popularité tient à sa capacité d'intégrer des caractéristiques à la fois du paradigme fonctionnaliste et du paradigme critique[15]. En effet, il propose une vision qui permet de considérer la conception non conflictuelle et la conception intégratrice des processus organisationnels en même temps qu'il implique de tenir compte de l'histoire et qu'il sous-tend une visée démystificatrice. Le point de vue de la construction sociale intègre une part du projet de la pensée fonctionnaliste et une part du projet de la pensée critique relativement à la manière dont le monde est organisé. Il sous-tend l'idée qu'il ne devrait y avoir ni domination ni opposition d'une position par rapport à l'autre, mais réconciliation ou, encore mieux, dépassement des deux positions.

Le point de vue de la construction sociale ne fait pas l'unanimité dans les théories des organisations. Une des principales critiques à son endroit pointe les défis méthodologiques qu'il suscite. Plusieurs auteurs en théories des organisations affirment que leurs travaux relèvent du point de vue de la construction sociale. Ils en adoptent les principes de base sur la nature de la science, mais réussissent plus ou moins à les incarner dans leurs méthodes et leur analyse. Autrement dit, l'instrumentation de ce point de vue reste souvent problématique. Le point de vue de la construction sociale

15. Pour un rappel de ce que sont le paradigme fonctionnaliste et le paradigme critique en théories des organisations, revoir l'introduction du présent ouvrage ou consulter Séguin et Chanlat (1983).

a permis de revisiter nos conceptions de la nature de la science, mais les travaux empiriques réalisés arrivent difficilement à supporter ces nouvelles représentations[16].

Sur le plan pratique, le point de vue de la construction sociale conduit à une reconceptualisation de ce qu'est la gestion. Il y a de multiples réalités dans l'organisation. Les gestionnaires qui reconnaissent ces multiples réalités ont plus de possibilité de les déployer simultanément pour en faire un avantage organisationnel. Plutôt que de concevoir les dirigeants comme des architectes ayant la capacité de structurer l'organisation à leur guise, ce point de vue considère le management comme le pivot permettant de réconcilier des forces contradictoires et de résoudre les paradoxes de la vie organisationnelle. Par conséquent, il invite les chercheurs en gestion à s'intéresser, non pas uniquement aux gestionnaires au sommet, mais à tous les acteurs de l'organisation pour mieux dégager les processus à partir desquels elle se construit au quotidien.

Le point de vue de la construction sociale comporte également un certain nombre de considérations éthiques et politiques. Sur le plan éthique, en étant forcément plus proches des phénomènes et des acteurs étudiés pour comprendre comment ils se construisent, le point de vue de la construction sociale exige du chercheur une plus grande attitude de respect envers les personnes qu'il interroge. Toutefois, le point de vue de la construction sociale peut aussi servir à justifier des comportements déviants. Compte tenu de la complexité des interactions, il suggère en effet implicitement que la réalité ne relève pas d'une claire volonté des acteurs mais tend plutôt à échapper à leur contrôle. Ainsi, le point de vue de la construction sociale pourrait servir à justifier des pratiques plus ou moins admissibles puisqu'il est difficile de dire à qui revient la faute dans le déroulement des événements. Sur le plan politique, en insistant sur l'histoire et en dénaturalisant ce qui est perçu comme naturel, le point de vue de la construction sociale nous éloigne de la fatalité. Bien sûr, il n'est pas possible de tout faire à cause des contraintes de l'action. Toutefois, si la réalité est construite, cela signifie que tout acteur a une chance d'infléchir le cours de la réalité. Il est possible, à la lumière de ce point de vue, d'analyser les processus qui sont à l'intérieur des boîtes noires et de mettre au jour certains phénomènes cachés. Autrement dit, le

16. En plus de Baumard (1997) dont nous avons déjà parlé, deux autres articles sont intéressants à consulter sur cette question : S. Charreire et I. Huault (2001), « Le constructivisme dans la pratique de recherche : une évaluation à partir de seize thèses de doctorat », *Finance, Contrôle et Stratégie*, vol. 4, n° 3, p. 31-56 ; V.H. Schmidt, V.H. (2001), « Oversocialised epistemology : A critical appraisal of constructivism », *Sociology*, vol. 35, n° 1, p. 135-157.

point de vue de la construction sociale peut servir à la lutte contre le conservatisme organisationnel et social. Bien sûr, il ne faut pas non plus tomber dans l'autre extrême et considérer que, parce que les phénomènes sociaux sont construits, ils sont facilement influençables et modifiables.

Conclusion

Bien qu'il ne constitue pas un ensemble d'idées homogène, le point de vue de la construction sociale propose une nouvelle posture quant à la nature de la réalité sociale et à la connaissance qui, depuis la fin des années 1990, connaît beaucoup de succès en théories des organisations. En plus de tenter de réconcilier et de dépasser les antinomies classiques, il contribue à modifier le regard porté sur les organisations, notamment en insistant sur les dimensions temporelle et processuelle des phénomènes organisationnels et en faisant une place de choix aux acteurs dans la constitution de l'organisation.

D'abord, le point de vue de la construction sociale introduit la temporalité comme dimension fondamentale pour comprendre les organisations. Ainsi, les organisations sont le résultat de processus socialement situés et historiquement construits qu'il convient de mettre au jour. Le point de vue la construction sociale propose donc d'ouvrir la boîte noire de la réalité afin de montrer comment elle est construite dans le temps par les acteurs. Ensuite, il propose un nouvel usage de la notion de vérité scientifique, désormais plurielle et relative. Ce que l'on dit sur les organisations est plausible selon le contexte et le point de vue de certains acteurs, mais peut ne pas l'être dans un autre contexte et pour d'autres acteurs. Le point de vue de la construction sociale permet ainsi de s'éloigner du projet normatif des théories des organisations.

Au tournant des années 2000, le point de vue de la construction sociale occupe une place privilégiée dans les théories des organisations. La plupart des chercheurs qui s'intéressent aux processus et qui tentent d'en repérer les dimensions cachées s'en inspirent. De plus, ce point de vue renforce l'idée que tous les acteurs, qu'ils soient gestionnaires ou non, sont parties prenantes dans la construction, au quotidien, de l'organisation et de son environnement, par les pratiques, les discours et les routines. Toutefois, son application lance de nombreux défis méthodologiques.

CHAPITRE 10

LES THÉORIES CRITIQUES

Depuis la fin des années 1970, les théories critiques[1] ont évolué en théories des organisations. En même temps qu'elles se situent dans le prolongement des écrits marxistes de la fin des années 1970 (section 4.2), quelque vingt ans plus tard, elles s'en différencient largement. Les premiers écrits critiques en théories des organisations portaient sur les notions de système de production capitaliste, de domination, de conflit de classe, d'idéologie et de changement radical. À partir des années 1990, l'analyse critique des organisations se raffine. Les auteurs font le procès des projets de rationalisation instrumentale et technocratique qui traversent la société et les organisations ; ils dénoncent les microdynamiques du pouvoir ; ils privilégient l'analyse des rapports sociaux de genre et d'ethnicité ; ils reconnaissent l'importance de la subjectivité comme mode d'assujettissement et de production des corps et des émotions ; enfin, le projet de changement qui est implicite dans les théories critiques depuis la fin des années 1990 passe moins par la transformation fondamentale de la société et des organisations que par la résistance

1. L'expression renvoie à ce que les Anglo-Saxons désignent comme les *critical studies*. Selon la classification de Burrell et Morgan (1979), les théories critiques des années 1990 et 2000 appartiennent au paradigme radical humaniste.

et l'émancipation des individus. Autrement dit, le changement, selon ce point de vue, doit se faire par la transformation des consciences et des subjectivités individuelles.

10.1. Des théories de l'émancipation et de la résistance

Ces théories reposent donc sur une vision critique de la société de consommation et des multiples conditions historiques qui participent à l'aliénation des individus, particulièrement dans leur travail (p. ex., le technocratisme, le managérialisme, le carriérisme). Elles visent donc toujours à dénoncer l'ordre établi pour donner la parole aux exclus et dénoncer la naturalisation des phénomènes sociaux. Toutefois, elles ont maintenant un projet humaniste. Elles reconnaissent l'importance de l'individu et de sa condition de sujet. De plus, elles visent sa libération par la prise de conscience des conditions sociohistoriques qui l'aliènent.

Les théories critiques considèrent la raison humaine comme une force de résistance et d'émancipation, une force qui est contrainte et détournée par les conditions historiques de production de la société et de l'entreprise, lesquelles donnent lieu à de nombreuses souffrances et frustrations. Par exemple, la société dans laquelle nous vivons nous incite largement à la surconsommation et accorde une grande importance à la vie au travail. Pour avoir l'air professionnel, il faut non seulement porter les vêtements appropriés au milieu organisationnel, mais aussi utiliser régulièrement la dernière technologie portable qui est symboliquement gage d'efficacité. Or la dépendance vis-à-vis des styles de vie et des artefacts extérieurs peut contribuer à diminuer l'estime de soi. Autre exemple, une des premières questions que l'on pose à quelqu'un que l'on rencontre pour la première fois porte sur son activité de travail. Lorsque la personne n'a pas de situation de travail fixe et reconnue (p. ex., mère à la maison, chômeur temporaire), on lui fait subjectivement sentir, par le regard, en détournant la conversation ou par tout autre microdispositif relationnel, qu'elle n'est pas dans la norme. La peur de rater une négociation ou de faire une présentation peu éclatante est conditionnée par l'idéologie carriériste empêchant plusieurs personnes de passer du temps avec leurs proches ou de s'accorder du temps à eux. Les gestionnaires et les employés devraient être capables de réfléchir sur ce qu'ils vivent dans leur situation de travail par rapport aux objectifs corporatifs fixés par l'entreprise. Tel est le message des théories critiques.

L'« émancipation » est une notion très importante dans les théories critiques. Par différents processus d'autoréflexion critique et de lutte, les individus, selon Alvesson et Willmott (1996) peuvent se libérer des diverses formes d'aliénation auxquelles ils font face dans leurs expériences quotidiennes. Cette autoréflexion doit être continue pour mener à la transformation de soi. Elle touche un ensemble de questions liées à la démocratie au travail, aux rapports sociaux de genre, aux rapports des individus avec la nature, les animaux, etc. Bien sûr, l'émancipation ne doit pas être associée ni réduite aux différents projets d'ingénierie sociale que propose l'entreprise (p. ex., projets d'*empowerment*). L'émancipation véritable, selon ces théoriciens critiques, peut difficilement venir de mesures ou d'activités organisées par l'entreprise et visant, en dernière instance, la performance. L'émancipation véritable procède de la prise de conscience, par l'individu, des conditions d'aliénation qui l'entourent et de la transformation de sa subjectivité. Elle ne peut pas être le résultat d'une décision managériale imposée par le haut, elle relève d'un processus existentiel et douloureux d'autodétermination. Cela n'empêche pas, cependant, que des projets de transformation de l'entreprise deviennent, pour les individus, des occasions d'autodétermination.

Les auteurs associés aux théories critiques étudient les différentes formes de résistance que les individus opposent dans leurs pratiques quotidiennes. La résistance constitue, selon eux, un trait permanent et significatif des organisations contemporaines et elle prend de multiples formes qui méritent une investigation en profondeur. Selon David Collinson (1994), les subordonnés résistent par distanciation ou par persistance[2]. Certains employés résistent en essayant d'échapper ou d'éviter les demandes provenant de l'autorité en se distanciant eux-mêmes, physiquement ou symboliquement, des règles hiérarchiques reconnues et acceptées. Le contrôle informel des flux de travail dans les entreprises de production à la chaîne constitue une forme de résistance par la distance. En n'accélérant pas volontairement les cadences, on ne s'oppose pas aux normes de productivité visées par l'entreprise, mais on résiste tout de même aux pressions continuelles visant à augmenter la productivité. Par opposition, la résistance par persistance consiste à adopter vis-à-vis de la direction une attitude revendicatrice qui met en cause la responsabilité managériale, en s'informant, en ayant recours à des instances extérieures ou en la dénonçant publiquement. Par exemple, une travailleuse qui dépose une plainte parce qu'elle se sent lésée de ne pas avoir eu une promotion quand elle était enceinte.

---

2. D. Collinson (1994), « Strategies of resistance power, knowledge, and subjectivity in the workplace », dans Jermier, Knights et Nord (dir.), *Resistance and Power in Organizations*, Londres, Routledge, p. 25-68.

Les théories critiques mettent peu l'accent sur l'organisation en tant que telle. Les chercheurs privilégient plutôt la mise en relation des niveaux d'analyse qui la traversent. D'une part, ils s'intéressent aux structures sociales et aux aspects institutionnels du contexte politique, économique et culturel dans lequel évoluent les organisations (macro). D'autre part, ils accordent une grande importance à la subjectivité (micro). Celle-ci est le résultat de discours et de pratiques contradictoires qui façonnent l'identité des individus et qui les amènent à se considérer comme des sujets autonomes. À la frontière de ces deux niveaux d'analyse, l'organisation est constituée de myriades d'éléments d'oppression, et d'occasions d'émancipation et de résistance qui sont, à des degrés divers, l'expression de son contexte sociohistorique. Autrement dit, l'organisation, résultat de processus incertains, ambigus et contradictoires, est constituée de multiples microdispositifs de pouvoir et de résistance qu'il convient de mettre au jour.

ENCADRÉ 10.1
Les fondements des théories critiques

- L'accumulation du capital et la rationalité instrumentale créent des conditions historiques (consumérisme, carriérisme, technocratisme) qui sont aliénantes pour l'être humain et qui entraînent de nombreuses souffrances et frustrations.
- La subjectivité est le résultat de discours et de pratiques contradictoires qui façonnent l'identité des individus et font en sorte qu'ils en viennent à s'identifier eux-mêmes comme des sujets autonomes.
- L'individu est un sujet ayant une capacité d'autoréflexion critique.
- Le changement organisationnel passe par l'émancipation et la résistance des individus.
- L'émancipation est un processus actif (pouvant aussi être douloureux) visant l'autodétermination individuelle et collective.
- L'émancipation se fait à travers l'expérience vécue des personnes qui sont engagées dans des activités locales ; elle est le résultat de multiples projets limités dans le temps et dans l'espace.
- Les processus organisationnels sont incertains, ambigus, précaires et contradictoires.
- L'organisation est constituée de myriades d'éléments d'oppression et d'occasions d'émancipation (microdispositifs de pouvoir et de résistance) qui sont, à des degrés divers, l'expression de son contexte politico-économique et culturel.

Les théories critiques prennent racine dans les travaux marxistes, particulièrement dans les travaux dits du « vieux » Marx ou de Marx le sociologue. Une partie de l'œuvre de Marx, celle moins connue, aborde les concepts d'aliénation, d'idéologie, de reproduction sociale, de rapports ville–campagne. De manière spécifique, cette partie de son œuvre porte sur l'aliénation, c'est-à-dire sur la contradiction entre la manière dont l'individu se perçoit et le lien qu'il entretient avec son travail. Selon la thèse marxiste, l'aliénation comporte une double dimension. D'une part, l'individu qui vend sa force de travail est aliéné dans la mesure où il échange une partie de lui-même pour de l'argent. D'autre part, la division du travail a pour effet de l'éloigner de la pleine satisfaction que procure la fabrication complète d'un produit comme celle de l'artisan. La division industrielle du travail fait en sorte que l'individu ne produit plus qu'une petite partie d'un objet, toujours la même, ce qui contribue à limiter la conscience de l'individu comme être humain capable d'agir et de transformer la nature.

Les théories critiques des organisations s'inspirent de trois mouvements d'idées qui se situent dans le prolongement de l'influence marxiste. D'abord, la critique de la raison et la théorie de l'agir communicationnel, ensuite, la théorie des processus de travail (*labour process theory* – LPT) développée en Angleterre et enfin la critique radicale féministe. Les prochaines lignes présentent brièvement ces mouvements d'idées et donnent des exemples de travaux, en théories des organisations, réalisés dans les années 1990 et 2000 qui s'en inspirent.

10.2. La critique de la raison et l'agir communicationnel

◇ ***Jürgen Habermas et l'école de Francfort.*** La vision marxiste du problème de la domination et de l'aliénation est reprise au début du XXe siècle par les théoriciens de l'école de Francfort[3]. Installés sur le campus universitaire de Francfort, un groupe d'intellectuels allemands fonde, en 1923, l'Institut de recherches sociales et s'engage dans la formulation d'une sociologie critique inspirée à la fois d'une remise en question de la philosophie allemande et d'une critique de la raison dans l'histoire. Les principales influences disciplinaires des théoriciens qui s'y rattachent sont le marxisme et la psychanalyse. Leurs travaux exploitent la philosophie marxiste pour traiter de la domination et de l'autorité en même temps qu'ils se réfèrent à l'inconscient pour traiter des processus sociaux. La théorie critique qu'ils proposent est en quelque sorte une théorie de la connaissance qui remet en question la « raison instrumentale » comme idéal de domination de l'être humain sur la

3. Outre Marx Horkeimer, un des premiers directeurs de l'école, les auteurs les plus connus de ce groupe sont Théodor Adorno (1903-1969) auteur de la *Dialectique de la raison* (avec Horkeimer en 1947) et de la *Dialectique négative* (1960) et Herbert Marcuse (1898-1978) dont les ouvrages les plus connus sont *Éros et civilisation* (1955) et *L'homme unidimensionnel* (1964).

nature. Ainsi, diront-ils, la raison porte en elle-même les germes de la domination. Pour contrecarrer la raison instrumentale, ils proposent un retour à la subjectivité, à l'art et à l'esthétique comme mode de pensée critique.

Assistant d'Adorno, Jürgen Habermas est un des héritiers de l'école de Francfort[4]. La théorie critique qu'il propose est une réflexion générale sur le capitalisme avancé conçu comme capitalisme administré. Le capitalisme avancé repose sur des relations d'échange qui définissent les rôles de salarié, de consommateur, de client des bureaucraties publiques et de citoyen. Habermas travaille aussi sur les processus de réification (p. ex., fétichisation de la marchandise) pour expliquer les pathologies de la modernité. Pour comprendre ce qui aliène les individus, il propose de s'intéresser aux conditions historiques de production de la société technocratique et de considérer le monde vécu, c'est-à-dire le monde tel que les acteurs y vivent et se le représentent.

Par ailleurs, Habermas remet en cause la critique de la raison instrumentale élaborée par Horkheimer et Adorno. Il rompt avec la conception hégélienne de la raison transcendantale en soutenant que la raison n'est pas que de l'ordre de la connaissance pure, mais est aussi un outil que l'on utilise quotidiennement pour réaliser des activités. Il cherche donc à réintroduire la raison dans la logique de l'action sociale, en particulier dans la communication. C'est le projet qui est à la base de son important ouvrage *Théorie de l'agir communicationnel*[5]. Au lieu, donc, de discourir sur la Raison, Habermas propose une analyse de la raison en action dans la pratique communicationnelle. Son modèle de l'agir communicationnel tient compte, au même degré, des quatre fonctions du langage : objectif (intercompréhension en vue de la réalisation de buts explicites) ; social (activité consensuelle visant à actualiser un accord normatif préexistant) ; subjectif (mise en scène de soi-même vis-à-vis d'autres spectateurs) et langagier (effets perlocutoires, instauration de relations interpersonnelles et expression d'expériences vécues).

---

4. Dans les années 1920, l'Institut ouvre des unités de recherche à Genève, à Paris et à Londres. Avec la menace du nazisme au début des années 1930, plusieurs penseurs de l'école d'origine juive se réfugient dans ces laboratoires avant de partir aux États-Unis à partir des années 1940. Nombre d'entre eux se retrouvent alors à l'université de Columbia à New York qui accueille l'Institut. Les travaux réalisés aux États-Unis sont moins radicaux. En 1950, l'Institut revient s'installer à Francfort.

5. J. Habermas (1987), *Théorie de l'agir communicationnel*, 2 tomes, Paris, Fayard (première édition en allemand en 1981).

Une large part des travaux associés aux théories critiques en théories des organisations s'inspirent des travaux d'Habermas. Certains auteurs mettent l'accent sur la critique de la rationalité instrumentale qui lui est chère alors que d'autres s'en inspirent plutôt pour l'analyse des conversations et des communications. Alvesson (1987) est le principal représentant de la première tendance et Forester (1992), celui de la seconde. De plus, ils ont été parmi les premiers auteurs à assurer, dans les années 1990, la diffusion des idées habermassiennes en théories des organisations.

□ ***Mats Alvesson.*** Avec des collègues, Alvesson a utilisé les idées d'Habermas d'abord et avant tout pour critiquer les théories des organisations et du management[6] avant d'en arriver à proposer une perspective critique de la recherche en management[7]. À la fin des années 1980, il examine les théories des organisations en vigueur et tente de les réinterpréter à la faveur d'une vision critique (Alvesson, 1987). Il cherche ainsi à mieux intégrer les théories des organisations tout en montrant qu'elles sont l'expression de l'idéologie managériale en même temps qu'elles participent à sa production. Enfin, il formule les principes d'une théorie critique qu dénonce la rationalité technologique dominante de l'idéologie managériale et vise l'émancipation des individus.

Quelques années plus tard, avec Willmott, il révise la notion d'émancipation et propose celle de microémancipation (Alvesson et Willmott, 1996). Selon ces deux auteurs, les systèmes de pouvoir et de contrôle se composent d'éléments contradictoires et ambigus qui peuvent devenir des véhicules d'émancipation pour les individus. Ainsi, le contrôle peut être conceptualisé autant comme source de contrainte de l'action que comme source potentielle de résistance et d'émancipation. En proposant cette dialectique du contrôle et de la résistance, Alvesson et Willmott (1996), au lieu de considérer l'émancipation comme un programme de changement global, la définissent plutôt comme le résultat d'une myriade de projets, chacun limité dans l'espace et dans le temps. Il s'agit de mettre l'accent sur le changement et la résistance au jour le jour. Par exemple, la redéfinition d'un symbole proposé par les gestionnaires dans un but particulier peut devenir une manifestation d'ironie et de distance qui modifie la fonction disciplinaire de ce symbole. La notion de microémancipation renvoie donc à l'idée d'émancipation à petite échelle, par de multiples petites actions de résistance plus ou moins reliées entre elles.

---

6. M. Alvesson et H. Willmott (1992). *Critical Management Studies*, Londres, Sage.
7. M. Alvesson et S. Deetz (2000), *Doing Critical Management Research*, Londres, Sage.

□ *John Forester.* Quant à Forester (1992), il est parmi les premiers auteurs à avoir utilisé la théorie de l'agir communicationnel pour faire l'analyse critique de situations concrètes de la vie quotidienne[8]. Pour répondre à ceux qui prétendent que la théorie habermassienne est difficile à appliquer, il analyse un fragment de discussion d'environ une douzaine de lignes extrait d'une réunion de professionnels d'un département de planification d'une petite ville américaine (tableau 10.1). À partir de cette discussion de groupe,

TABLEAU 10.1
Interactions dans une réunion de planification urbaine

Hélène (agent de planification junior) :	Alors maintenant que nous savons ce que nous voulons comme données, que faisons-nous ?
Directeur (d'un air facétieux) :	Oh ! Pierre va s'occuper de tout ça !
Pierre (adjoint du directeur) :	OK, ce sont des questions de détail !...
Jacques (agent de planification senior) :	Laissons à Louis (un étudiant en stage d'été) le soin de s'en occuper ?
Louise (agente de planification senior) :	Est-ce que le conseil de ville a intérêt à financer ce projet ?
Directeur :	On va leur demander de l'argent.
Pierre (adjoint du directeur) :	Ils vont nous donner le quart de ce que l'on va leur demander !
Directeur :	Bien, on ne le fera pas...
Jacques (agent de planification senior) :	Quelles données financières seraient appropriées pour ça ?
Directeur :	Je ne sais pas.
Jacques (agent de planification senior) :	Si nous pouvions intéresser du monde comme Maurice (directeur d'un organisme de développement économique régional), peut-être qu'on aurait un peu de support...
Directeur :	C'est une bonne idée ! Mais il est intéressé par les chiffres quand il sait que ça peut rapporter...

Source : J. Forester, 1992, p. 48-49 (traduction libre).

8. Parmi les autres, notons : K. Lyytinen et R. Hirschheim (1988), « Information system as rational discourse : An application of Habermas theory of communicative action », *Scandinavian Journal of Management*, vol. 4, p. 19-30 ; M. Power et R. Laughlin (1992), « Critical theory and accounting », dans M. Alvesson et H. Willmott (dir.), *Critical Management Studies*, Londres, Sage, p. 113-35 ; A. Roar (1997), « Empowerment planning in local communities : Some experiences from combining communicative and instrumental rationality in local planning in Norway », *International Planning Studies*, vol. 2, n° 3, p. 329-346 ; Y. Kristi, R. Rodney et J.F. Dillard (2002), « Communicative action and corporate annual reports », *Journal of Business Ethics*, vol. 41, n°s 1-2, p. 141-159 ; D. Dayton (2002), « Evaluating environmental impact statements as communicative action », *Journal of Business and Technical Communication*, vol. 16, n° 4, p. 355-406.

il explore comment l'agir communicationnel se fait en pratique. De plus, il montre que la performance linguistique permet l'exercice pratique des relations de pouvoir dans une interaction. L'extrait étudié survient après 40 minutes de discussion sur les données qu'il pourrait être intéressant de consigner dans un éventuel nouveau système d'information pouvant servir aux citoyens et à l'administration de la ville.

Lorsqu'on examine attentivement cet extrait, on constate que plusieurs affirmations reposent sur des faussetés, mais que tout le monde s'entend. Dire que Pierre et Louis vont s'occuper de tout a pour but d'accentuer, par l'ironie, le constat que la collecte de ces données représente un travail immense. De plus, la réponse facétieuse de Pierre fait écho à la dimension politique du projet. En fait, la qualité des données qu'ils pourront collecter dépend plus de leur aptitude à surmonter les difficultés administratives que de leur capacité à établir les besoins réels de la communauté à desservir. C'est pourquoi on examine différentes stratégies qui pourraient faciliter le processus : intéresser le Conseil de ville, intéresser l'agent de développement au projet. La suite de la conversation permet subtilement d'évaluer ces stratégies. Par cette évaluation, ces professionnels reconstituent également leur identité de groupe de travail de même que les rapports sociaux et hiérarchiques qui les lient. Lorsque Hélène demande ce qu'ils vont faire maintenant qu'ils savent ce qu'ils veulent comme données, cela suppose qu'ils ont atteint un consensus. Ce sont les filles qui ramènent la cible de la discussion pendant que le directeur, en se montrant indécis, cherche à susciter les idées de tous et toutes.

En fait, il s'agit d'une interaction de groupe plutôt banale qui ressemble sans doute à celles qui se produisent dans des rencontres de planification dans divers contextes organisationnels. Dans cette conversation ordinaire, ces professionnels de la planification municipale accomplissent en fait des choses extraordinaires : ils évaluent des stratégies, construisent leur solidarité d'équipe, renforcent la hiérarchie, répondent aux attentes des autres en s'y ajustant. Ils ne formulent pas clairement des questions du type : a-t-on des stratégies ? Peut-on les évaluer ? Pourtant, ils formulent des stratégies et les évaluent. Pour ce faire, ils font ce qu'Habermas appelle des « demandes de validité » quant à ce que dit leur interlocuteur, de manière à installer entre eux une forme de rationalité communicative qui dépasse largement la transmission d'un message relatant des informations factuelles.

Selon le modèle habermassien, les demandes de validité sont de quatre types selon qu'elles touchent la compréhension (enjeu plus ou moins clair), la sincérité (attitude plus ou moins fiable), la vérité (croyance plus ou moins vraie) ou la légitimité (norme plus ou moins appropriée). Et c'est comme ça dans n'importe quelle conversation. Chaque fois que l'on discute avec quelqu'un, on se demande si ce qu'il dit semble clair, fiable, vrai et approprié. De plus, on teste par différents effets perlocutoires si l'on a bien compris ce qu'ont dit les autres pour s'ajuster à la conversation. Au moyen de ces demandes de validité qui s'effectuent au fil des interactions, les individus reproduisent des relations de pouvoir et des croyances, et se définissent sur le plan identitaire.

L'étude de l'agir communicationnel suivant le modèle habermassien s'appuie donc sur l'idée que l'interaction qui permet la communication est, en elle-même, porteuse de rationalité. Autrement dit, la rationalité n'est pas que formelle, elle est aussi de l'ordre de la pratique, c'est-à-dire, selon Habermas, de l'agir communicationnel. C'est cet agir communicationnel qu'une partie des théories critiques qui s'inspirent d'Habermas veulent décrire et mieux comprendre. De nos jours, plusieurs auteurs sont même convaincus qu'une meilleure compréhension de l'agir communicationnel peut servir de guide pour organiser les discussions et faciliter la prise de décision dans les organisations. En fait, ces travaux proposent un programme visant la transformation des institutions et des organisations par la meilleure compréhension de la manière dont l'agir communicationnel est mis en action[9].

10.3. La théorie des processus de travail

La théorie des processus de travail est associée aux chercheurs britanniques qui, à la suite de la thèse de Braverman, se sont intéressés à l'évolution des systèmes de production capitaliste et à la question du contrôle et de la déqualification des processus de travail[10]. Largement influencés par l'économie marxiste capitaliste, ces chercheurs ont surtout mis l'accent sur les transformations du taylorisme, du fordisme et du postfordisme pour comprendre l'évolution des modes de contrôle dans l'organisation. Suivant la thèse de la McDonaldisation[11] de la société selon laquelle les activités sociales et

---

9. Par exemple, voir L. Warren (2003), « Toward critical intervention in small and medium-sized enterprises : a case study », *Systemic Practice and Action Research*, vol. 16, n° 3, p. 197-211 ; M.F.D. Polanyi (2002), « Communicative action in practice : Future search and the pursuit of an open, critical and non-coercive large-group process », *Systems Research and Behavioral Science*, vol. 19, n° 4, p. 357-366.
10. Parmi les plus fréquemment associés à ce mouvement, notons Willmott, Knights, Morgan, Burrell, West, Littler, Edwards, Burawoy, O'Doherty, Rowlinson et Hassard. En France, un mouvement similaire est porté par la théorie de la régulation. Yves Saillard et Robert Boyer (2002), *Théories de la régulation : l'état des savoirs*, Paris, La Découverte (pour plus de détails, voir note 19, conclusion du chapitre 6).
11. G. Ritzer (1993), *The McDonaldization of Society*, Los Angeles, Pine Forge Press.

économiques sont de plus en plus colonisées par des processus de contrôle et des normes d'efficience, ils cherchent à comprendre la nature du pouvoir et des formes de domination qui caractérisent les lieux de travail dans les organisations contemporaines.

Dans les années 1980, la théorie des processus de travail a pris la relève des théories marxistes des organisations (section 4.2). Elle a été au premier plan pour analyser les changements technologiques et les nouvelles stratégies de gestion et de production dans l'entreprise. Entre autres, les chercheurs adhérant à cette théorie se sont intéressés à la gestion de la qualité, au juste-à-temps et aux nouvelles techniques de gestion à la japonaise. Le travail de Barker (1993) sur les formes de contrôle dans les équipes de travail est un bon exemple de l'aboutissement du type de recherche accomplie dans cette voie dans les années 1990. En 1998, *Administrative Science Quarterly* consacre un numéro spécial sur l'émergence des nouvelles formes de contrôle dans les organisations vue sous l'angle de la théorie des processus de travail[12].

□ ***David Knights et Hugh Willmott.*** En 1990, Knights et Willmott (1990) publient un ouvrage réunissant plusieurs théoriciens des processus de travail. Malgré de nombreuses divergences entre les auteurs, deux constats s'imposent : l'absence du sujet[13] dans les travaux et la difficulté de la théorie à contribuer au projet politique d'émancipation des travailleurs. Les travaux de la décennie qui suit vont mettre l'accent sur les questions de la résistance et de la subjectivité au travail.

Par exemple, Willmott (1997) propose une reconstruction radicale de la théorie des processus de travail en incluant l'analyse de la dimension existentielle des processus de reproduction du capital et illustre son propos en prenant le cas du travail managérial. Dans la théorie critique classique, le gestionnaire est souvent considéré comme un agent du capital. Pour Willmott (1997), même si les gestionnaires poursuivent des stratégies qui visent à rendre l'organisation plus performante, ils partagent aussi la condition d'employé de la majorité de leurs subordonnés. Il propose donc de définir le travail managérial en tenant compte du fait que le gestionnaire,

12. J. Jermier et S. Barley (1998), « Special Issue : Critical perspectives on organizational control », *Administrative Science Quarterly*, vol. 43, p. 1-22.

13. C'est toutefois à Burawoy que revient le mérite d'avoir introduit la question de la subjectivité dans la *Labour Process Theory* grâce à son étude sur le « consentement » (*Manufacturing Consent*, 1979, University of Chicago Press). Dans une démarche ethnographique, il examine comment les travailleurs d'usine jouent le jeu du travail à la pièce en se définissant comme des individus en compétition plutôt que comme les membres d'un groupe ayant des intérêts uniformes. En jouant le jeu, ils se constituent comme sujets et augmentent ainsi leur estime d'eux-mêmes, en même temps qu'ils contribuent à la reproduction du système.

en même temps qu'il est l'agent du capital, est aussi chosifié par la discipline de l'accumulation du capital. Le gestionnaire est le sujet et l'objet de processus organisationnels et de contrôle contradictoires. En même temps que le gestionnaire exige des autres un certain rendement dans leur travail, il est habituellement, et parfois même de manière obsessive, aveuglé par son propre désir de performance. À tout moment, le gestionnaire est aussi susceptible d'adopter différentes stratégies de résistance pour faire contrepoids aux aléas de la reproduction du capital. Ainsi, le travail quel qu'il soit est un processus subjectif, dans son sens existentiel, ayant des implications sur l'identité de soi. Selon Willmott (1997), la théorie des processus de travail doit tenir compte de la matérialité du sujet humain, qui est historique et culturelle, pour comprendre les dynamiques inhérentes à la reproduction du capital et du travail.

De leur côté, Ball et Wilson (2000) examinent les répertoires interprétatifs à partir desquels les travailleurs de deux entreprises de services financiers sont soumis à des systèmes de surveillance électronique pour comprendre comment ils construisent leur subjectivité au travail. Cherchant à faire ressortir les liens entre le discours individuel et le discours institutionnel, ils s'intéressent d'abord et avant tout au sujet discipliné au travail. Le discours organisationnel agit subjectivement dans la mesure où, en l'utilisant, les travailleurs en viennent à se reconnaître et à se définir à partir de ce discours. De cette façon, ils intègrent subjectivement le système de surveillance de l'organisation. Toutefois, ce processus de subjectivation est loin d'être stable et uniforme. Les individus se positionnent constamment par rapport aux discours prescrits. La construction de la subjectivité est un processus complexe, dynamique et multiple. L'examen de deux systèmes de surveillance similaires dans des contextes organisationnels largement comparables montre que les répertoires interprétatifs construits par les utilisateurs sont différents. Ces divergences s'expliquent en partie par le contexte organisationnel, mais aussi par les différences dans les attitudes individuelles. Enfin, les auteurs considèrent qu'il est important de faire l'examen en profondeur des processus de subjectivation qui accompagnent les technologies de contrôle pour arriver à mieux cerner quels sont les traits communs de la dynamique du pouvoir et de la résistance sur les lieux de travail.

De nombreux efforts seront consacrés à l'étude de la subjectivité au travail dans les années 1990. Toutefois, ils demeurent insuffisants pour faire le tour de la question. Selon Smith et Thompson (1998), cette question de la subjectivité sert plus à promouvoir des carrières académiques qu'à participer à la transformation véritable des rapports de pouvoir au travail. Ces auteurs considèrent qu'on ne doit pas délaisser l'analyse des relations objectives de pouvoir et des rapports de propriété qui structurent le capitalisme. Une fois de plus, le débat en devient un de positionnement théorique sur l'importance de l'action (subjectivité) sur la structure (relations objectives de travail).

Quant au débat sur l'impact politique de la théorie des processus de travail, il se poursuit[14]. Selon Jaros (2001), la théorie des processus de travail fournit une critique compréhensive du capitalisme et offre une vision du politique dans la sphère de la production qui permet de rendre compte de l'angoisse que provoque le capitalisme global tant chez le travailleur d'usine en Indonésie que chez le professionnel ou le gestionnaire travaillant dans une entreprise technologique. Toutefois, les résultats de ces travaux sont peu mobilisés pour favoriser l'essor d'un nouveau programme politique. Cela inquiète plusieurs chercheurs. Au-delà des désaccords qui les opposent, les théoriciens des processus de travail se demandent toujours comment orienter leur recherche dans les années futures afin de renouveler et surtout de revitaliser la théorie critique.

10.4. La critique radicale féministe

Depuis toujours, le courant critique s'est intéressé à la dénonciation des rapports sociaux plus larges et particulièrement à l'inégalité des conditions de travail entre les hommes et les femmes[15]. Par conséquent, la critique radicale féministe[16] a joué un rôle non négligeable dans l'évolution des théories critiques, en théories des organisations, et cela de trois façons[17] :

14. M. Parker (1999), « Capitalism, subjectivity and ethics : Debating labour process theory », *Organization Studies*, vol. 20, n° 1, p. 25-45. Voir aussi le numéro spécial sur la question paru en 2001 dans *International Studies of Management and Organization* (vol. 30, n° 4).
15. Pour une classification exhaustive des différentes approches féministes et de l'étude des organisations, voir le texte de M.B. Calás et L. Smircich (1996), « From the woman's point of view : Feminist approaches to organization studies », dans Clegg, Hardy et Nord (dir.), *Handbook of Organization Studies*, Londres, Sage, p. 218-257. Pour compléter cette revue, voir M. Alvesson et Y.D. Billing (1997), *Understanding Gender and Organizations*, Londres, Sage.
16. Il faut distinguer la critique radicale féministe dont il est question ici des écrits sur les femmes en gestion (*women-in-management literature*). La majorité des travaux appartenant aux écrits sur les femmes en gestion s'inspirent de la théorie féministe libérale, qui cherche à faire reconnaître les femmes comme des actrices à part entière de l'organisation. Le but de ces écrits est de faire valoir l'égalité entre les hommes et les femmes en gestion plutôt que l'élimination des inégalités de genre dans les organisations. De plus, ils véhiculent une représentation classique de l'organisation. Ils supposent généralement que l'organisation se compose d'acteurs rationnels dont le but est d'assurer la survie de l'organisation et de la rendre toujours plus performante.
17. Pour une vision générale des travaux, consulter la revue *Gender, Work and Organization*.

certains travaux s'intéressent à la position des femmes dans l'organisation et dénoncent les inégalités dont elles sont l'objet ou les processus qui contribuent à reproduire ces inégalités ; d'autres soulèvent la question du genre, de la masculinité et de la féminité dans les organisations ; enfin, quelques travaux revoient les classiques et discutent de la sexualisation des discours en théories des organisations.

□ ***Peta Tancred-Sheriff.*** Les travaux qui dénoncent la position des femmes dans les organisations cherchent à décrire les fondements de l'inégalité contribuant à la reproduction des rapports sociaux de genre. Très populaires dans les années 1980, ils véhiculent le projet de changement porté par le mouvement féministe. Entre autres, il s'agit de rendre compte des structures de genre dans l'organisation. L'article de Tancred-Sheriff, publié à la fin des années 1980, constitue un bon exemple de ce type de travaux. Selon l'auteure, les femmes occupent très souvent des postes qui contribuent à l'extension du contrôle de gestion, telles les fonctions de secrétaire, de réceptionniste, de vendeuse. La thèse de l'auteure est la suivante : l'entrée des femmes sur le marché du travail se produit en concomitance avec la distanciation du producteur et du consommateur, et avec celle du patron et de l'employé. Ainsi, le développement d'une économie de services favorise l'appropriation par les femmes des tâches qui se situent à l'interface de l'entreprise (réception, vente, services). Ce phénomène est renforcé par le fait que le genre, par les ressources interprétatives qu'il confère, facilite le contrôle des tâches de soutien qui exigent des habiletés relationnelles multiples en même temps qu'il constitue une forme de contrôle auprès des employés à la production ou des clients. Selon Tancred-Sheriff (1989), ces emplois, principalement occupés par des femmes, sont en quelque sorte des postes qui prolongent subtilement par le genre le système de contrôle des gestionnaires (*adjunct control tasks*).

La plupart du temps, ces travaux s'inspirent de valeurs défiant la culture masculine dominante dans les organisations. Ils visent à créer de nouveaux espaces institutionnels et organisationnels qui puissent mieux répondre aux besoins des femmes tout en leur permettant d'exprimer et d'affirmer ce qu'elles sont. Quelques auteures vont même jusqu'à étudier les organisations dites féministes[18], c'est-à-dire portées par les valeurs de ce

18. Voir entre autres : K.L. Ashcraft (2001), « Organized dissonance : Feminist bureaucracy as hybrid form », *Academy of Management Journal*, vol. 44, nº 6, p. 1301-1323 ; P.Y. Martin (1993), « Feminism and Management », dans E. Fagenson (dir.), *Women in Management : Trends, Perspectives and Challenges*, Newbury Park, CA, Sage ; K. Ianello (1992), *Decisions without Hierarchy : Feminist Interventions in Organization Theory and Practice*, Londres, Routledge.

mouvement telles l'égalité, la participation, la communauté. Ces travaux décrivent les pratiques dans ces organisations et soulèvent la question du leadership et des valeurs que sous-tend le projet organisationnel. Enfin, ils visent à montrer comment les organisations traditionnelles peuvent apprendre de modèles et de pratiques basés sur des valeurs différentes.

□ *Sylvia Gherardi.* Dans les années 1990, la critique radicale féministe s'inspire de plus en plus des courants interprétatifs et poststructuralistes pour expliquer la complexité des rapports de genre dans les organisations. Pour Gherardi (1994), le genre n'est pas un attribut naturel. Les rapports sociaux de genre sont le résultat de constructions symboliques et culturelles que nous produisons et reproduisons dans les pratiques quotidiennes[19]. Selon l'auteure, les organisations sont des lieux dans lesquels les hommes et les femmes négocient de manière constante les significations symboliques et discursives qu'ils et elles accordent aux rapports sociaux de genre. En général, dans les organisations, le genre est défini par défaut, ce qui est accordé à un genre est généralement dénié à l'autre. Dans chaque organisation, il existe donc un ordre symbolique plus ou moins asymétrique des rapports de genre. Lorsque nous entrons pour la première fois dans une organisation, il n'est pas rare que nous soyons surpris par l'atmosphère « masculine » ou, tout au contraire, par le caractère typiquement « féminin » des relations et des lieux qui nous entourent. La manière dont les individus « pensent » et « font » le genre au quotidien contribue, selon Gherardi (1994), à l'augmentation ou à la réduction des inégalités entre les hommes et les femmes.

□ *Mats Alvesson.* Par l'étude ethnographique d'une entreprise de publicité suédoise, Alvesson (1998) explore les liens entre le genre et l'identité au travail. L'organisation qu'il analyse présente un paradoxe. En même temps qu'elle repose sur une division du travail très marquée entre les hommes et les femmes – les hommes sont les créateurs publicitaires et détiennent les postes de pouvoir tandis que les femmes exécutent le travail de support à la création publicitaire et occupent des postes de subordonnées –, une partie du travail des hommes nécessite un ensemble de comportements beaucoup plus proches de la féminité que de la masculinité. Par exemple, lorsqu'ils sont en contact avec les clients, cela exige d'eux qu'ils se comportent comme des séducteurs. Dans cette relation client/publicitaire, le client, c'est l'homme, alors que le publicitaire joue symboliquement un rôle de femme. Dans ce contexte organisationnel, la pression pour la féminisation des relations avec la clientèle et le travail de création exercent un impact important sur l'identité sexuelle des hommes. Pour faire face à cette pression, ils intensifient leur rôle

19. S. Gherardi et B. Poggio (2001), « Creating and recreating gender order in organizations », *Journal of World Business*, vol. 36, n° 3, p. 245-259.

masculin de domination à l'intérieur de l'organisation (p. ex., comportements machos, blagues sexuelles). Un tel article contribue à démontrer comment la masculinité et la féminité, socialement construites en fonction du contexte, sont intrinsèques à la mise en action quotidienne de l'identité au travail.

□ ***Joanne Martin.*** D'autres auteurs s'intéressent également à la masculinité et la féminité, mais ils regardent l'un et l'autre plutôt comme le résultat de processus discursifs enchevêtrés dans le langage de l'organisation. C'est ainsi que Joanne Martin (1990), par exemple, propose une analyse incisive des biais langagiers contenus dans le discours d'un dirigeant. Lors d'un entretien, celui-ci se dit très sensible aux gestionnaires féminins avec qui il travaille. Il donne même pour preuve le fait que l'entreprise ait installé une télé transmettant en direct le lancement d'un nouveau produit dans la chambre d'hôpital d'une employée accouchant par césarienne qui avait activement travaillé au développement de ce produit. Par un brillant exercice de déconstruction suggérant un traitement différent pour les hommes subissant un pontage coronarien – maladie, semble-t-il, comparable, en matière d'exigences physiques, à la césarienne –, Martin (1990) montre comment, malgré la suppression du conflit de genre dans le langage, celui-ci n'en continue pas moins d'être présent dans les organisations.

□ ***Deborah Kerfoot et David Knights.*** De leur côté, Kerfoot et Knights (1993; 1998) avancent que le management est un discours fondamentalement enchevêtré dans celui de la masculinité. En étudiant l'industrie des services financiers en Grande-Bretagne, ils ont montré que, dans ce type d'industrie, la transformation des modes de gestion d'un type bureaucratique à un type stratégique était intimement liée à la transformation des formes de masculinité et vice-versa. Ainsi, l'évolution de l'industrie des services financiers favoriserait le passage d'un type de masculinité paternaliste vers un type de masculinité beaucoup plus compétitif qui se révélerait dans des manières différentes d'être intimes, de faire état de sa sexualité et de s'inscrire dans la hiérarchie. De tels travaux permettent de reconsidérer l'évacuation du genre dans les théories managériales. En s'intéressant aux processus langagiers de constitution de la masculinité et de la féminité, les travaux ne sont plus centrés sur les femmes comme telles, mais plutôt sur le décodage des processus intrinsèques à la production des rapports sociaux de genre dans les organisations contemporaines. En mettant ces processus au jour, ils participent à la transformation des formes d'oppression liées à la question des statuts de genre. Cela dit, les auteurs de ces travaux n'apportent pas de réponses claires et définitives sur ce qu'il faut faire pour améliorer les conditions de travail des hommes et des femmes dans l'organisation. Ils proposent plutôt des analyses visant à faire en sorte que l'on modifie l'angle d'approche de ces phénomènes[20].

Enfin, dans les années 1990, un certain nombre de travaux critiques d'inspiration féministe revoient les concepts et les écrits en théories des organisations et dénoncent la sexualisation des discours dans ce champ d'études[21]. Selon leurs auteurs, le langage dans lequel sont écrites les théories participe à la construction de compréhensions du monde qui, tout en se déclarant neutres, contribuent à la reproduction des intérêts des hommes au détriment de ceux des femmes[22]. Parmi les classiques du genre, mentionnons l'article de Calás et Smircich (1991), un exercice de déconstruction de la notion de leadership effectué en comparant un texte de Mintzberg sur le sujet avec des textes provenant d'autres domaines. L'exercice permet de considérer le leadership comme un jeu de séduction et expose quelques-unes des conditions culturelles et rhétoriques qui contribuent à cette situation. De leur côté, Mumby et Putnam (1992), en proposant la notion d'« émotionnalité limitée » pour faire contrepoids à celle de rationalité limitée, fournissent une vision différente de l'organisation. Plus tard, Martin et Knopoff (1997), à partir d'une analyse minutieuse des mots utilisés par Weber, montrent que quelques-uns des écrits de cet auteur sur la bureaucratie, largement reproduits dans les livres de management, contribuent subtilement à reproduire les inégalités de genre en proposant des formules prétendument neutres mais qui correspondent toutefois à l'*éthos* masculin. Récemment, Martin (2000) fait état des différents travaux qui ont tenté, par diverses techniques de déconstruction[23], de dévoiler les présomptions

---

20. Ce type de réflexions se fait également en étudiant les liens entre genre, classe, race et sexe. On s'intéresse alors aux subjectivités qui se forment et se transforment dans les marques sociales qui caractérisent le corps. Voir notamment M.B. Calás et L. Smircich (1993), « Dangerous liaisons : The feminine-in-management meets globalization », *Business Horizons*, vol. 36, n° 2, p. 71-81.

21. M.B. Calás et L. Smircich (1992), « Rewriting gender into organizational theorizing : Directions from feminist perspective », dans M. Reed et M. Hughes (dir.), *Rethinking Organization*, Londres, Sage, p. 218-257.

22. J.K. Fletcher (1998), « Relational practice : A feminist reconstruction of work », *Journal of Management Inquiry*, vol. 7, n° 2, p. 163-188.

23. Les techniques repérées pour faire une analyse qui tient compte du genre sont : a) considération du sexe des participants étudiés et remise en question des conclusions des chercheurs sur les dynamiques de genre qui ont pu agir dans les études menées ; b) analyse textuelle des mots et des phrases ; c) analyse textuelle de discours de dirigeants ; d) réinterprétation des significations données à un phénomène ; e) révision d'une notion ou d'une théorie organisationnelle à partir d'un point de vue féministe (J. Martin [2000], « Hidden gendered assumptions in mainstream organizational theory and research », *Journal of Management Inquiry*, vol. 9, n° 2, p. 207-216).

quant au genre cachées dans les écrits classiques en théories des organisations : l'effet Hawthorne, les travaux de Crozier, la notion de bureaucratie chez Weber, les séparations public/privé et travail/famille, les travaux sur le stress et l'épuisement professionnel, la rationalité limitée et la théorie institutionnelle.

Bref, depuis les années 1990, la production critique en théories des organisations n'est plus l'apanage de quelques auteurs. Les théories critiques ont envahi tous les sous-champs du management[24] (marketing, comptabilité, technologies de l'information, stratégie). Néanmoins, elles font l'objet de nombreux reproches venant tant d'auteurs qui véhiculent un point de vue critique tels les postmodernes (voir le chapitre 11), que d'auteurs humanistes généralement associés aux courants dominants.

Rappelons d'abord que les théories critiques visent à transformer les conditions de vie des individus qui sont capables d'autoréflexion critique. Pour les auteurs postmodernes, toutes les formes de connaissance, y compris celles des théories critiques, peuvent devenir une nouvelle source de domination. On leur reprochera, entre autres, de trop croire au pouvoir de la raison comme si elle était universelle et dominante. On les accuse de faire reposer leur projet sur la fumisterie de la pensée néolibérale en considérant l'individu comme un sujet autonome. Ainsi, dit-on, leurs propos s'inspirent du *credo* humaniste reposant implicitement sur l'idée que derrière l'individu aliéné se cache un sujet humain dont l'essence est unique, fixe et cohérente. De plus, en mettant trop l'accent sur l'individu, elles risquent d'ignorer les sources systémiques d'irrationalité et d'oppression. En fait, la question qui se pose est la suivante : peut-on se fier aux microprojets de résistance menés par les individus pour changer les structures sociales plus larges ?

Quant aux analystes des organisations qui s'inspirent de théories non critiques tout en défendant un projet humaniste, ils reprochent à leurs collègues plus radicaux leur manque de réalisme. En fait, comme les auteurs dont ils s'inspirent ne s'intéressent généralement pas à des problèmes managériaux et organisationnels spécifiques (p. ex., Habermas), leurs analyses peuvent parfois sembler très abstraites et ésotériques. Par ailleurs, ils considèrent le décodage des modes de contrôle et d'oppression comme une forme de négativisme plus susceptible d'engendrer le désespoir et la paralysie, que de mobiliser les individus dans la construction d'un monde meilleur.

---

24. E. Davel et M. Chennoufi (2001), « Les études critiques en management : un aperçu de la littérature récente », *Proceedings Administrative Sciences Association of Canada*, Londres, Division théories des organisations, 26-29 mai.

Conclusion

Les théories critiques prétendent que l'analyse des organisations ne peut être séparée de celle des conditions sociohistoriques dans lesquelles elles prennent place. Les théories critiques dénoncent la domination et l'aliénation tout en faisant la promotion d'un projet de changement par la résistance et l'émancipation des individus. Les travaux inspirés des idées habermassiennes, la théorie des processus de travail et la critique féministe radicale sont le résultat d'un effort d'analyse et de compréhension qui tente de relier le niveau des structures sociales à celui de la subjectivité. Expression du contexte sociohistorique, l'organisation n'est rien d'autre, pour les théoriciens critiques, qu'une myriade d'éléments d'oppression et d'occasions d'émancipation et de résistance qu'il faut mettre au jour.

Bien que les théories critiques dénoncent l'idéologie managériale, elles ne sont pas fondamentalement antimanagériales comme pouvait l'être la théorie marxiste des organisations dans les années 1970. Au contraire, les théoriciens critiques sont en général convaincus qu'ils peuvent offrir beaucoup à la gestion et particulièrement aux dirigeants. Dans un monde incertain, le point de vue des théories critiques offre aux gestionnaires la possibilité d'approfondir leurs capacités réflexives. De plus, elles proposent un discours qui permet de réintroduire l'importance de la personne, de la subjectivité et des émotions dans l'organisation.

Au début des années 2000, tous les espoirs sont permis ! Toutefois, les théories critiques sont éclectiques et les auteurs travaillent souvent de manière isolée. Les théoriciens critiques doivent maintenant prendre une plus grande place en théories des organisations en développant des programmes de recherche pour faire des études historiques et comparatives. Ils doivent aussi poser un regard critique sur les conséquences de la mondialisation et se donner les moyens d'explorer les multiples formes de subjectivité (ethniques, religieuses et autres) qui traversent les organisations dites postbureaucratiques. Selon Casey (2002), les tenants des théories critiques doivent se revitaliser en adoptant des pratiques de recherche qui leur permettent d'intégrer une partie de l'héritage de la pensée traditionnelle en théories des organisations.

CHAPITRE 11

LE POSTMODERNISME[1]

L'origine du postmodernisme remonte au milieu du XXe siècle et il se développe à l'intersection de plusieurs disciplines. À la fin des années 1950, des architectes dénoncent le style moderne des nouvelles constructions depuis la fin des années 1920. Ils prétendent qu'il est sans vie et qu'il repose sur une esthétique stérile. Ces architectes postmodernes proposent donc de construire des espaces symboliquement riches et vivants en réinterprétant les signes du passé au moyen de nouveaux matériaux et techniques de construction. Dénonçant le caractère uniformisant des formes architecturales, ils proposent de juxtaposer plusieurs styles pour rappeler différentes périodes historiques et créer ainsi des effets visuels différents[2]. Dans les années 1970, le postmodernisme gagne d'autres disciplines telles la philosophie, les

1. Cette section n'est évidemment pas une section postmoderne puisqu'elle est écrite, comme vous le constaterez, suivant les conventions académiques traditionnelles qui ont été utilisées tout le long de ce livre.
2. Quelques décennies plus tard, ces principes (réinterprétation du passé à la faveur d'idées nouvelles et pluralité des courants) se trouveront au cœur du courant postmoderne en théories des organisations.

communications et la critique littéraire. Ce mouvement sera largement influencé par les philosophes français dits « poststructuralistes » qui ont marqué la pensée critique européenne (p. ex., Lyotard, Foucault et Derrida)[3]. Depuis le début des années 1980, les sociologues comme Baudrillard, Lipovetsky et Mafessoli parlent plutôt de la postmodernité comme d'une période historique marquée par un nouvel ordre social.

11.1. Un point de vue démystificateur

Critique de la modernité, le postmodernisme dénonce les idées qui sont à la base de la science moderne[4] : rationalité, ordre, clarté, réalisme et vérité. Il rejette l'idée que le savoir augmente continuellement par l'avancement de la science et de la raison. Selon les auteurs postmodernes, la réalité sociale est fondamentalement paradoxale et indéterminée. Le monde social n'obéit à aucun principe de progrès ou de rationalisation et ne suit aucune trajectoire sociale déterminée. Cooper et Burrell (1988) sont parmi les premiers auteurs à appliquer ces idées aux théories des organisations. Ils proposent de considérer les organisations comme des réactions aux forces du chaos ou comme le produit des tentatives humaines d'imposer de l'ordre dans un environnement désordonné et irrationnel. Ainsi, les organisations ne sont pas uniquement des systèmes en équilibre résultant d'actions intentionnelles comme le prétendent les théoriciens modernes. Elles sont plutôt des expressions contingentes mouvantes et temporaires mises en place pour ordonner les relations sociales.

Le postmodernisme rejette aussi le positivisme et l'objectivité. Aucun « objet » ne peut être étudié par la science. La connaissance est subjective et contextuelle. En fait, la vérité n'existe pas. Ainsi, plutôt que de reconnaître la complexité des liens de causalité, les auteurs postmodernes considèrent que tout est relatif, la réalité étant le résultat d'un ensemble de significations complexes, voire de constructions mentales. Par conséquent, la recherche consiste non pas à démêler le vrai du faux, mais à faire apparaître les « effets de vérité » contenus dans les discours scientifiques. Ces auteurs sont convaincus que la connaissance peut être produite de différentes façons. Le sens,

---

3. Les principaux auteurs français associés au développement de la pensée postmoderne sont sans contredit Jean-François Lyotard, Michel Foucault et Jacques Derrida (le trio postmoderne). Richard Rorty aux États-Unis et Gianni Vattimo en Italie, quoique moins connus, ont eux aussi largement contribué au développement des idées postmodernes.
4. R. Chia (1995), « From modern to postmodern organization analysis », *Organization Studies*, vol. 16, nº 4, p. 579-604.

l'intuition, l'esthétique sont des manières de connaître aussi valables que la science, mais que le mythe du progrès et de la rationalité a reléguées aux oubliettes. La recherche de la vérité est elle-même un effet de langage ancré dans l'idéal de la modernité.

Par ailleurs, le postmodernisme est loin d'être un discours unifié. Ses auteurs dénoncent eux-mêmes toute tentative de synthèse ou de théorisation qu'on voudrait leur associer. Néanmoins, le point de vue postmoderne en théories des organisations se distingue par un ensemble d'idées[5] : la centralité du langage et des discours, l'importance des liens entre pouvoir et savoir, la fin des grands récits et la fragmentation des identités individuelles.

D'abord, le postmodernisme prend le tournant du langage en philosophie et met l'accent sur la centralité du discours pour lutter contre le positivisme et l'objectivité en théories des organisations. Parler ou écrire sur un phénomène, c'est, considère-t-on, lui faire violence. Ce que l'on écrit à propos d'une situation diffère grandement de ce qu'elle est en réalité. Le texte ne permet que d'en décrire une très petite partie. En fait, la connaissance qui prend la forme matérielle d'un texte n'est qu'une représentation discursive de la réalité. Or les représentations textuelles n'ont pas de significations fixes. Elles peuvent toujours être interprétées de manière différente. Ainsi, les théories des organisations ne sont que des « représentations » discursives ou textuelles de la réalité. En ce sens, elles ne sont, selon les théoriciens postmodernes, que des « fictions » ou des « histoires ». Il n'en demeure pas moins que ces discours sur l'organisation ont une présence matérielle et continue qui les structure tout autant qu'ils structurent la subjectivité des individus. Ces derniers utilisent les discours organisationnels disponibles pour se positionner dans leurs relations avec les autres et ainsi contribuer à reproduire les modes de contrôle qui sont le produit de ces discours.

La question du pouvoir prend une connotation particulière chez les postmodernes. Au lieu de renvoyer aux disparités entre ceux qui possèdent ou non les ressources, le pouvoir réside plutôt dans les discours et la manière dont ils se forment. La combinaison de signes linguistiques distinctifs, les manières de penser, de classer les objets et les personnes, le quadrillage de l'espace physique sont des manifestations du pouvoir qui traversent l'ensemble du tissu institutionnel (entreprises, écoles, hôpitaux, prisons, etc.). Il s'agit ici

---

5. Les ouvrages suivants sont une très bonne introduction aux principaux débats qui ont animé le point de vue postmoderne dans la dernière décennie : P. Hancock et M. Tyler (2001), *Work, Postmodernism and Organization A Critical Introduction*, Londres, Sage ; D.M. Boje, R.P. Gephart et T.J. Thatchenkery (1996), *Postmodern Management and Organization Theory*, Londres, Sage ; J. Hassard et M. Parker (1993), *Postmodernism and Organizations*, Londres, Sage.

du pouvoir disciplinaire, celui qui enrégimente le corps et les pensées à l'insu des individus, celui qui normalise leurs actions. Or ce pouvoir se constitue à partir du savoir que les experts compilent en documentant la diversité des comportements sociaux. Les informations que les experts récoltent, analysent et traduisent en modèles d'action permettent de normaliser les comportements et constituent les bases sur lesquelles repose le pouvoir disciplinaire.

De plus, les postmodernes s'insurgent contre les grands récits et les systèmes théoriques unifiés tels le fonctionnalisme et le marxisme. Les grands récits sont des systèmes d'idées qui sous-tendent des visions dominantes et qui visent à reproduire et à maintenir l'ordre. Ces systèmes d'idées sont conçus de manière à répondre à toutes les interrogations de ceux et celles qui y adhèrent. Selon les postmodernes cependant, la réalité est loin de correspondre aux visions unifiées du monde qui caractérisent les grands projets théoriques. La réalité est diversifiée et plurielle et il faut tenir compte de cette diversité. De plus, de multiples options théoriques font maintenant leur apparition, ce qui rend inadéquates les explications globales et totalisantes assurant la promotion d'une vision unitaire de la science et de l'organisation. Selon les postmodernes, les grands systèmes d'idées – que l'on trouve dans les systèmes politiques et dans les sciences – sont en crise de légitimité. Pour y faire face, les postmodernes proposent de produire des discours locaux, des petites histoires en s'intéressant aux micropratiques[6]. Au lieu de chercher à connaître ce qui est commun et généralisable, ils préfèrent regarder ce qui est petit et fragile, c'est-à-dire la dimension la moins présente, la dimension marginale, celle que les autres perspectives ignorent.

Enfin, le postmodernisme remet en question la représentation de l'individu voulant qu'il ait une identité stable et cohérente et que les êtres humains soient des sujets autonomes ayant des intérêts et des désirs conscients et indépendants de ceux des autres. L'individu postmoderne est non déterminé ou « dé-centré ». Il est le produit jamais fini de multiples identités fragmentées et incohérentes. Considérer que l'individu est un sujet autonome et libre qui a une identité plus ou moins fixe relève, selon les auteurs postmodernes, de la fiction idéologique. C'est un moyen de mieux contrôler cet individu, en le rendant responsable de ce qui lui arrive. La conception de l'existence d'un soi unitaire est une fiction moderne utilisée pour supprimer les conflits et assurer la reproduction sociale. De plus, dans un monde global et hétérogène, les individus sont exposés à de multiples

6. S. Deetz (1994), « The new politics of the workplace : Ideology and other unobtrusive controls », dans Simon et Billings (dir.), *After Postmodernism : Reconstructing Ideology Critique*, Newbury Park, CA, Sage, p. 172-199.

discours, ce qui contribue à la fragmentation toujours plus grande des identités. Ce phénomène pose le problème de l'individualisme grandissant dans nos sociétés modernes.

Quant à la représentation postmoderne de l'organisation, elle met l'accent sur sa nature discursive. L'organisation est un discours ou un texte en perpétuelle composition ; c'est le résultat de multiples processus narratifs, fluides et mouvants. Dire que l'organisation, c'est du texte, c'est proposer de la comprendre et de l'étudier à partir des diverses formes de langage qui la constituent (écrits, discours, conversations, tableaux, chiffres). Recourir à la métaphore du langage pour représenter l'organisation, c'est aussi considérer ses membres comme des lecteurs, des producteurs et des utilisateurs de l'ensemble des productions langagières par lesquelles leur subjectivité est plus ou moins docilement sculptée. Une telle représentation s'oppose à la vision moderne de l'organisation qui domine les théories des organisations et qui conçoit l'organisation comme un système rationnel. Elle tend à imposer l'idée que l'ordre est préférable au chaos, à masquer les contradictions et à intégrer les intérêts divergents pour promouvoir l'idée qu'un ensemble de principes rationnels et rigoureux en assure la conduite pour le bien des individus qui la composent.

Le postmodernisme voit le spectre de la domination et du totalitarisme de la raison dans toutes les pratiques sociales, y compris dans la production des connaissances. Ses promoteurs encouragent donc le développement de réflexions qui exposent la furtivité des significations et le hasard de l'histoire. Plutôt que de produire eux-mêmes des connaissances sur les organisations, ils procèdent surtout à l'analyse symbolique et littéraire des textes des autres. Ils utilisent des procédés littéraires pour proposer une relecture des propos sur les organisations, c'est-à-dire une autre interprétation de la réalité. En général, les auteurs postmodernes mettent l'accent sur les processus subversifs, les discontinuités locales, les phénomènes marginaux en développant des stratégies d'analyse et d'écriture qui utilisent le paradoxe, l'ironie, le style impressionniste, voire l'autodérision. Ils empruntent d'autres modes de connaissance pour défier le contenu des formes dominantes des modèles de connaissance en traversant les frontières disciplinaires et en donnant la voix à ceux et celles non représentés par les discours dominants.

Contrairement aux théories critiques que nous avons présentées dans le chapitre précédent, les réflexions postmodernes n'ont généralement pas pour but de jeter les bases d'un nouveau projet qui permettrait de s'émanciper et de résister à la domination. Partant du principe que tout est discours et que les théories sont des histoires, s'engager dans la promotion d'un projet théorique cohérent pouvant mener à l'action transformatrice ne ferait que

ENCADRÉ 11.1
Les fondements du postmodernisme

- Le postmodernisme propose une réflexion critique sur les idées normatives et les modèles rationnels.
- La réalité est le résultat d'un ensemble de représentations ; un objet existe uniquement par l'ensemble des relations et des signes qui lui sont associés.
- La vérité n'existe pas, elle n'est que le résultat d'effets littéraires et discursifs.
- Les théories des organisations sont des fictions et des histoires.
- Les grands récits sont des systèmes d'idées qui soutiennent des visions dominantes destinées à maintenir l'ordre.
- Les idées centrales du postmodernisme sont : la centralité du langage et des discours, l'importance des liens entre pouvoir et savoir, la fin des grands récits et la fragmentation des identités individuelles.
- L'individu comme sujet autonome ayant une identité plus ou moins fixe est une fiction idéologique ; l'individu est le résultat d'identités multiples et fragmentées.
- L'organisation est un discours ou un texte en perpétuelle composition ; elle est le résultat de multiples processus discursifs, fluides et mouvants.
- Le point de vue postmoderne peut, pour certains, être libérateur. Pour d'autres, il ne peut pas mener au changement car il n'est qu'une forme de discours, une « histoire » parmi d'autres.
- Le but de la connaissance est de faire ressortir les effets de vérité, de déconstruire les discours sur le réel et de présenter une autre interprétation de la réalité.
- Le point de vue postmoderne en théories des organisations propose de recourir à de nouvelles approches (intuition, esthétique, sens) et à de nouveaux styles (ironie, fiction, paradoxe, éclectisme) de connaissance.
- Les écrits postmodernes en théories des organisations sont principalement de deux types : les études généalogiques et les écrits qui font de la déconstruction.

reproduire les vieilles illusions et recréer les relations de pouvoir que l'on dénonce. Résultat, le point de vue postmoderne apparaît, au premier abord, comme un point de vue relativiste généralement qualifié de nihiliste, de conservateur ou de réactionnaire.

Sur la question du projet de changement derrière le postmodernisme, les avis sont cependant partagés. Le postmodernisme, en théories des organisations, se divise en tendances qui se ramènent à la distinction entre « purs » et « modérés ». Watson (1995) distingue les postmodernes « durs » des postmodernes « mous », distinction qui sera reprise par Tsoukas (1992). Kilduff et Mehra (1997), quant à eux, privilégient la distinction suivante : « affirmés » et « sceptiques ». Peu importe les termes, l'idée est la même. Les postmodernes « purs » et « durs » ou « affirmés » analysent les organisations en essayant de comprendre comment les individus inventent leur monde à travers le langage, sans considérer qu'il existe des structures et des institutions sociales extérieures à ces comportements. Ils ne se préoccupent pas non plus de construire des explications systématiques et rigoureuses pouvant avoir des conséquences tant sur la théorie que sur la pratique. Quant aux postmodernes « modérés » et « mous » ou « sceptiques », ils tentent de faire un compromis entre leur intérêt pour les représentations subjectives des individus et la reconnaissance de l'existence d'une réalité sociale qui leur est extérieure. De plus, ils sont moins réfractaires à entrevoir des possibilités de changement.

Bien que les travaux associés à ce courant soient très variés, il est tout de même possible de dégager certaines tendances dans la production de réflexions et d'écrits postmodernes en théories des organisations. D'une part, une grande partie des écrits associés à ce courant – surtout ceux de la première moitié des années 1990 – sont des réflexions générales sur la connaissance en théories des organisations et critiquent son ancrage dans la modernité. D'autre part, bien que les travaux empiriques d'inspiration postmoderne soient peu nombreux, ceux que l'on trouve en plus grand nombre, depuis le milieu des années 1990 dans les revues académiques, appartiennent généralement à la tendance « molle ». En effet, ils sont porteurs d'une vision « modérée » de la nature de la réalité et du projet de transformation qu'ils sous-tendent.

On trouve deux principaux types d'écrits s'inspirant du point de vue postmoderne en théories des organisations : les études généalogiques et les écrits qui font de la déconstruction. Les premiers s'inspirent de la pensée de Michel Foucault, les seconds de celle de Jacques Derrida. Le postmodernisme a émergé en théories des organisations en s'inspirant principalement de ces auteurs postmodernes.

11.2. La généalogie des pratiques

◇ *Michel Foucault (1926-1984).* L'œuvre de Foucault se situe dans la continuité de la pensée marxiste et de la pensée structuraliste de l'après-guerre, qui ont largement marqué les intellectuels français[7]. Pour les structuralistes, le pouvoir se trouve dans les appareils idéologiques d'État (école, droit, religion). Selon Foucault, le pouvoir réside moins dans les institutions que dans les dispositifs disciplinaires qui les traversent invariablement. Ce philosophe historien rejette l'idée que les institutions soient administrées à partir d'un lieu central détenant et exerçant le pouvoir. Le pouvoir n'est pas

---

7. Tous les articles, préfaces et entretiens publiés du temps de Foucault sont rassemblés dans *Dits et Écrits*, 4 tomes, Gallimard, 1994.

une chose qui est détenue et exercée, il vient plutôt de partout, selon Foucault. Inutile donc de chercher à comprendre la genèse de l'État, il faut examiner les techniques méticuleuses de pédagogie et de dressage par lesquelles le pouvoir opère subtilement. Le pouvoir est capillaire, il s'exerce par l'ensemble des microdispositifs disciplinaires qui enrégimentent les individus.

Dans son œuvre, Foucault cherche à éviter le formalisme abstrait de la pensée structuraliste. Plutôt que de faire de la grande théorie, il propose des analyses historiques détaillées d'institutions spécifiques. Sa production compte deux types de travaux : des travaux « archéologiques »[8] dans lesquels il a principalement étudié comment les sciences humaines se sont constituées historiquement et des travaux « généalogiques »[9] dans lesquels il s'est efforcé de comprendre le phénomène de la déviance en refaisant l'histoire des institutions carcérales et hospitalières, et celle de la sexualité.

Surveiller et punir est sans doute le livre dont l'influence en théories des organisations s'est, jusqu'à présent, fait le plus sentir. Foucault y montre bien qu'avant la naissance de la prison le pouvoir du souverain sur ses sujets était total. À preuve, les mauvais coups que commettaient les gens étaient punis sur la place publique par des supplices physiques pouvant aller de la coupe d'un doigt ou d'une oreille jusqu'à la décapitation. Selon Foucault, au fur et à mesure que la société se transforme, ce type de répression provoque de la contestation. Plutôt qu'une offense contre le roi, le crime devient de plus en plus une injure contre la société. Cette nouvelle représentation du crime, articulée par les juristes des Lumières, contribue à transformer la représentation de la sanction. À partir du XVIIIe siècle, l'État remplace le bourreau par le gardien de prison. Historiquement fondé sur la violence physique, le système de répression se centre alors sur la violence symbolique.

Dans la prison, la violence symbolique s'exerce non plus directement sur le corps, mais par l'intermédiaire des systèmes élaborés de punitions, de sanctions et de peines, et par une organisation minutieuse de l'espace qui permet la discipline des corps. L'idéal de l'espace disciplinaire, c'est le modèle

8. Trois ouvrages clés sont à retenir pour comprendre les travaux dits archéologiques : 1) *Les mots et les choses*, Gallimard, 1966 ; 2) *L'Archéologie du savoir*, Gallimard, 1969 ; et 3) *L'Ordre du discours*, Gallimard, 1971. Ce sont à la fois les écrits qui l'ont fait connaître, mais aussi ceux qui lui ont permis de prendre part à de nombreuses polémiques sur son célèbre constat, celui de la « mort de l'homme ».

9. Les ouvrages suivants permettent de bien comprendre les travaux dits généalogiques. 1) *Histoire de la folie à l'âge classique*, Gallimard, 1972 ; 2) *Surveiller et punir. Naissance de la prison*, Gallimard, 1975 ; et 3) *Histoire de la sexualité* (tome 1) *La volonté de savoir*, Gallimard, 1976 ; *Histoire de la sexualité* (tome 2) *L'usage des plaisirs*, Gallimard, 1984 ; *Histoire de la sexualité* (tome 3) *Le souci de soi*, Gallimard, 1984.

d'architecture panoptique que propose Bentham pour la prison moderne (figure 11.1). Celle-ci comporte, à la périphérie, un bâtiment en anneau divisé en cellules et, au centre, une tour centrale. De cette tour, les gardiens peuvent voir les prisonniers sans être vus par eux. Sachant qu'ils peuvent toujours être vus, les prisonniers en viennent à s'autodiscipliner.

FIGURE 11.1
Plan de la prison de Mazas

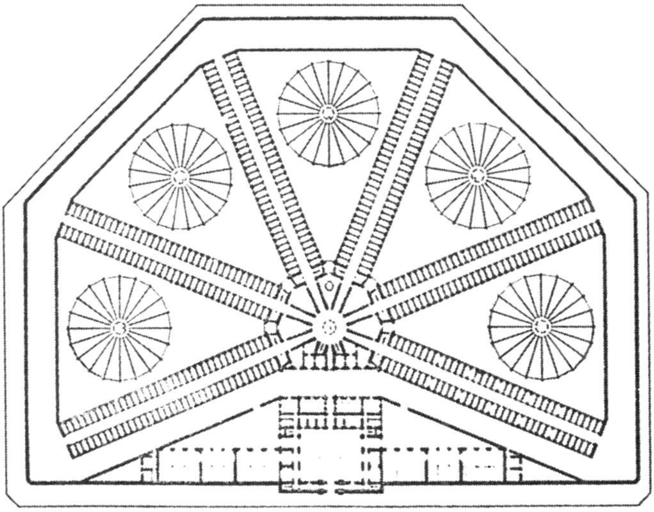

Source : M. Foucault (1975), *Surveiller et punir*, Paris, Gallimard, p. 24.

Le dispositif benthamien ou l'effet panoptique est, selon Foucault, polyvalent et applicable à plusieurs institutions (p. ex., couvent, salle de classe, clinique, caserne, usine, atelier). Dans les écoles primaires d'autrefois, le bureau de l'instituteur était placé sur une tribune. Cette manière d'organiser l'espace crée un dispositif architectural répondant à la même logique de surveillance. Dans les manufactures, le bureau du contremaître est surélevé pour que ce dernier puisse exercer une surveillance continue. À la clinique, les professionnels utilisent des vitrines d'observation intégrées aux murs pour observer le comportement des enfants et des patients. De nos jours, les technologies informatiques permettent l'application du même principe dans le télétravail et les centres d'appel. En effet, les postes de travail sont programmés de manière que les gestionnaires puissent contrôler à distance et au moment qui leur convient le mieux le travail de leurs employés.

Selon Foucault, le pouvoir capillaire s'exerce par les mécanismes fondamentaux de la surveillance que sont la discipline, la sanction normalisatrice et l'examen. Par discipline, on entend les procédures et les dispositifs rendant possible, sans recours à la force, la coercition individuelle et collective par un système de relations essentiellement inégalitaires et dissymétriques. Ainsi, la discipline renvoie à l'art de la répartition des individus dans l'espace (chacun doit être à sa place, selon son rang, sa fonction, ses forces, etc.) et à la surveillance hiérarchique permettant le fonctionnement optimal des individus et des corps.

La sanction normalisatrice comme technique de surveillance s'exerce par un ensemble de micropénalités pour des fautes touchant le temps (p. ex., justifier son absence par un billet), les manières d'être (p. ex., marques de politesse que l'on doit respecter à l'endroit de son supérieur, de la clientèle) et les comportements corporels (p. ex., s'habiller en vêtement de ville dans les lieux de travail). La relation entre le punisseur et le puni passe par l'humiliation par le discours, le regard ou l'obligation de se comporter de manière convenable. Ces menus châtiments exercent une fonction de correction et inscrivent les conduites normalisées d'un groupe dans le corps et les comportements.

Quant à l'examen, c'est une technique de surveillance qu'utilisent la plupart des institutions pour qualifier, classifier et ultimement punir ou récompenser. À l'école, l'examen permet de classer les élèves et de les comparer les uns aux autres. Il renforce le pouvoir du maître qui sait, après l'avoir fait passer à ses élèves, qui comprend ou ne comprend pas. L'examen permet également aux experts qui le dirigent de constituer des banques de savoirs normalisants (p. ex., examen médical, psychologique). En effet, l'examen professionnel permet de poser un diagnostic, mais aussi de recueillir une foule de renseignements sur les individus. Et cette information est elle aussi à la base du savoir expert que les professionnels organisent et diffusent pour assurer la docilité des corps.

Alors que les écrits précédents offrent une vision contraignante du pouvoir, Foucault modifie sa pensée lorsqu'il aborde le thème de la sexualité et de la gouvernementalité, vers la fin de son œuvre (fin des années 1970 et début des années 1980). Ainsi, pour Foucault, le pouvoir n'est pas que répressif, point de vue qu'il développe particulièrement dans la trilogie sur *l'Histoire de la sexualité.* Plutôt que de considérer ce qu'il nomme « l'hypothèse répressive » de la sexualité, il cherche à situer cette hypothèse dans le contexte de la mise en discours systématique du sexe qui caractérise la société occidentale depuis le XVIIe siècle. Selon Foucault, le sexe est devenu quelque chose à dire. Plutôt que de censure, il faut parler d'une vaste opération de mise en parole du sexe orchestrée par toutes les institutions de la société (l'Église par la confession, le gouvernement par les politiques de natalité, la psychologie par les exercices pratiques qu'elle propose). Ainsi, Foucault accorde à la sexualité un potentiel habilitant, notamment par la réalisation du plaisir et la prise en compte du souci de soi. À la fin de son œuvre, Foucault reconnaît donc l'existence du sujet, un sujet désirant et éthique dont il cherche à faire la généalogie.

Quant au concept de gouvernementalité qu'il propose à la fin des années 1970, il remplace la notion de pouvoir et permet à Foucault d'articuler des liens entre des formes de savoir et des relations de pouvoir. Quand on parle de pouvoir plutôt que de gouvernementalité, il est difficile de parler de résistance. Le pouvoir apparaît toujours comme une modalité des rapports de force. Toutefois, la notion de gouvernementalité en tant que mode d'action sur les actions des autres permet de penser la résistance. On peut résister à des modes de gouvernement entendus comme le résultat de l'articulation entre le savoir collectif et les subjectivités individuelles en leur opposant d'autres discours théoriques ou d'autres formes de savoirs et de rapports à soi. Pas plus que le pouvoir, la résistance n'est monolithique, elle est le résultat d'un ensemble de dispositifs subjectifs qui viennent composer avec le savoir et la normativité, donc avec le pouvoir.

Dans les années 1990, plusieurs théoriciens des organisations se sont inspirés de la pensée de Foucault après avoir lu ses ouvrages traduits en anglais dans les années 1980[10]. Les écrits généalogiques veulent faire « l'histoire du présent » en retraçant la toile des discours, des actions et des microdispositifs de pouvoir qui ont historiquement permis la constitution des pratiques contemporaines dans les organisations. La plupart du temps, les auteurs tentent aussi de déstabiliser le sens commun, ce que l'on tient pour acquis, afin de proposer une autre manière de voir et de comprendre le monde. L'approche n'est pas centrée sur l'individu, mais sur la mise au jour des dispositifs de pouvoir qui disciplinent les corps et leur subjectivité.

□ ***Graham Sewell et Barry Wilkinson.*** Par exemple, Sewell et Wilkinson (1992) refont l'histoire de la gestion du « juste-à-temps » et de la gestion du contrôle de la qualité totale en les mettant en relation avec la logique de surveillance panoptique proposée par Bentham. Ils montrent que ces nouvelles formes de gestion rendent les travailleurs plus faciles à contrôler, en même temps que les mécanismes de contrôle organisationnels

10. Pour avoir une idée générale de la manière dont on a utilisé Foucault en théories des organisations dans les années 1990, voir l'ouvrage suivant qui réunit les principaux chercheurs qui se sont inspirés de Foucault : A. McKinley et K. Starkey (dir.) (1998), *Foucault, Management and Organization Theory*, Londres, Sage.

deviennent moins visibles pour les individus. L'architecture ouverte des lieux de travail, le travail d'équipe, la décentralisation des tâches font en sorte que le pouvoir apparaît plus diffus et dispersé. Toutefois, l'augmentation des instructions détaillées et leur plus grande précision accentuent les moyens de contrôle. Alors que le pouvoir apparaît plus diffus et dispersé que lorsqu'il était exercé de manière hiérarchique, il se trouve renforcé par les microdispositifs techniques par lesquels il s'exerce.

□ ***Barbara Townley.*** Dans un article qui a soulevé un grand intérêt en théories des organisations, Townley (1993) se base sur Foucault pour proposer une vision différente de la gestion des ressources humaines. Elle fait la généalogie des pratiques de gestion du personnel et montre qu'elles sont un ensemble de discours et d'activités visant à réduire l'incertitude de la relation d'emploi. Elle défend l'idée que la gestion des ressources humaines est, en définitive, une technologie du pouvoir comportant des éléments de contrôle et de surveillance des employés et reposant sur la croyance dans le pouvoir normalisant et classificateur de la science moderne. La sélection, l'évaluation et la formation du personnel sont, en quelque sorte, des pratiques qui font des individus des objets aux comportements prévisibles. Par exemple, les descriptions de tâches et les échelles de salaires sont des moyens de classifier les individus les uns par rapport aux autres. Le curriculum vitæ et l'entrevue de sélection sont des microdispositifs de pouvoir qui visent à rendre l'individu analysable et descriptible de manière qu'on puisse l'évaluer, le juger et le mesurer par rapport aux autres. Townley démontre que la gestion des ressources humaines est un ensemble de pratiques disciplinaires qui inscrivent l'individu dans des relations de pouvoir et de savoir, et en font un objet de la gestion.

En s'inspirant eux aussi de Foucault[11], Oakes, Townley et Cooper (1998) montrent que les effets de pouvoir sont intrinsèques à la planification stratégique. Dans cet article de 1998, ils examinent l'introduction de plans stratégiques visant à moderniser la gestion des musées en Alberta. Au début, les directeurs de musée se montrent récalcitrants devant les demandes du ministère. Cependant, ils n'ont pas le choix, ils doivent faire un exercice de planification stratégique. L'article montre que faire un plan, ce n'est pas qu'une activité neutre et rationnelle. Au fur et à mesure qu'ils participent à l'exercice, les directeurs de musée deviennent plus réceptifs au changement, leur implication augmente malgré eux et ils acquièrent un nouveau langage. Selon les auteurs, les plans stratégiques sont des pratiques pédagogiques qui créent un processus complexe de transformation identitaire. La planification

11. Les auteurs ont également recours aux théories institutionnelles et à Bourdieu.

implique une forme de violence symbolique qui passe par différents micro-dispositifs d'identification (*naming*), de catégorisation (*categorizing*) et de régularisation (*regularizing*).

Depuis le début des années 2000, la question du corps a fait son apparition en théories des organisations et une part de ces travaux s'inspirent de Foucault[12]. Jusqu'à maintenant, la dimension corporelle, entendue au sens d'état, c'est-à-dire de corporéité, était absente des théories des organisations. Pendant longtemps, on a privilégié la rationalité au détriment de la corporéité. Pourtant, toutes les activités organisationnelles dans lesquelles des individus sont engagés impliquent nécessairement leurs corps. Les auteurs qui s'intéressent à cette dimension tentent de montrer que les pratiques organisationnelles sont d'abord et avant tout des pratiques incarnées, et cherchent à comprendre comment l'organisation contribue à la régulation des corps. Ils s'intéressent aussi à la manière dont les individus résistent à l'organisation par leurs pratiques corporelles[13].

11.3. La déconstruction des discours

◇ *Jacques Derrida (1930-2004).* Philosophe et critique littéraire, Derrida[14] cherche à montrer que les écrits sont construits de significations indéterminées. Héritier de Nietzsche et des jeunes hégéliens, il s'intéresse au caractère pluriel et à la forme scripturale d'un texte. Derrida soutient que les textes sont toujours le résultat d'une multitude de significations. Aussi cherche-t-il à révéler les paradoxes et les apories du langage et de la communication.

Selon Derrida, un texte est le résultat d'un jeu de signifiants inépuisable. L'analyse linguistique traditionnelle – lire moderne – prétend que le texte est le résultat de la raison et d'une unité sur un sujet déterminé et fixe. Il s'agit d'une illusion. Le sens d'un texte n'est jamais stable peu importe l'intention de l'auteur. Tous les textes comportent un double sens et peuvent être lus et compris de multiples façons. Lorsqu'on interprète un texte, on doit faire apparaître l'intention de l'auteur, mais aussi le sens non intentionnel,

---

12. J. Hassard, R. Holliday et H. Willmott (2000), *Body and Organization*, Londres, Sage ; T.H. Schatzki et N. Wolfgang (1996), *The Social and Political Body*, Guilford Publications.

13. En 2006, la revue *Human Relations* annonce un dossier spécial ayant pour thème *Food, work and organization* (R.B. Briner et A. Sturdy).

14. Pour lire Derrida dans le texte, voir les ouvrages suivants : *De la grammatologie*, Paris, Minuit, 1967 ; *L'écriture et la différence*, Paris, Minuit, 1967 ; et *Positions*, Paris, Minuit, 1972.

c'est-à-dire le sens qui est inscrit au-delà de l'intention de l'auteur. C'est la condition de « différ*a*nce ». Le terme différ*a*nce est un jeu de mots entre différence et différer exprimant l'idée que le langage est un système de relations dynamiques reposant sur des oppositions binaires dont les significations dépendent autant de ce que le texte révèle directement que de ce qui en est absent.

Pas plus que Foucault, Derrida n'offre de théorie systématique pour exprimer son point de vue. Selon lui, le rôle de l'intellectuel est plutôt de fournir une autre lecture d'un texte ou d'un discours en révélant le non-dit qui lui est sous-jacent. D'ailleurs, la presque totalité de ce que Derrida a écrit consiste en une relecture de textes philosophiques et littéraires, plutôt que dans la mise en forme d'une théorie qui lui serait propre. Ainsi, dans *Positions*, Derrida discute de la méthode de la déconstruction, qu'il présente comme le projet de dégager les inconsistances internes d'un texte. L'exercice de déconstruction consiste à décrire l'intention cachée qui sous-tend un texte, soit le sous-texte. Il s'agit moins de construire une critique articulée que de montrer qu'en dépit du pouvoir qu'il exerce sur ce qu'il écrit, l'auteur ne peut pas contrôler tout le langage car il recèle toujours des intentions cachées.

La déconstruction peut être employée pour tous les types de textes afin d'en révéler les contradictions. C'est en quelque sorte une stratégie analytique qui permet d'exposer les multiples manières de lire et d'interpréter un texte. Un texte repose sur des effets de langage qui visent à étayer une structure, à créer une cohérence, de l'harmonie entre les mots. Toutefois, cette cohérence se construit sur des rapports de force qui sont reproduits dans le langage. En effet, le langage se compose d'oppositions binaires, de dualismes dans lesquels un terme domine l'autre (p. ex., esprit/corps, mâle/femelle, beau/laid). Dans les textes, un des deux termes est généralement supprimé ou marginalisé au profit de l'autre. Autrement dit, choisir un mot, c'est en exclure un autre. Le caractère objectif et persuasif d'un texte dépend d'une série d'exclusions plus ou moins voulues. Déconstruire, c'est donc relire un texte en tenant compte de ce qui est absent ou exclu pour mettre au jour les rapports de force qui le sous-tendent.

Des auteurs ont réfléchi à la déconstruction comme stratégie d'analyse des organisations. Selon Linstead (1993), la déconstruction procède par renversement et métaphorisation. Le renversement consiste à trouver, dans un texte, les termes cachés en faisant ressortir les oppositions binaires. Cette étape peut se faire, selon Martin (1990), en utilisant diverses stratégies analytiques : réécrire un texte en utilisant les termes opposés ; examiner les silences (p. ex., le « nous » exclut ou inclut quelles personnes et quels groupes ?) ;

chercher les différents sens des métaphores utilisées ; chercher les mots ou expressions à double sens (p. ex., nous « avons » une employée – utiliserait-on un verbe qui marque la propriété s'il s'agissait d'un employé ?) ; reconstruire un texte ou une partie de texte à partir d'un écrit de substitution (p. ex., reconstruire un discours managérial de motivation des employés en le comparant à un texte d'un leader religieux). La métaphorisation consiste à reconstruire le sens caché du texte selon une nouvelle interprétation dans laquelle les oppositions binaires sont mises en relation plutôt que d'être dissociées. Cette étape repose généralement sur le point de vue que l'auteur veut faire ressortir. La déconstruction n'a pas pour but de remplacer une vérité par une autre, mais bien de proposer une interprétation différente d'un texte par un processus continu de renversement et de métaphorisation. Par conséquent, toutes les stratégies analytiques se valent, chaque lecteur peut proposer sa propre interprétation.

On retrouve aussi divers exercices de déconstruction en théories des organisations. Il est à noter que les auteurs qui ont eu recours à la déconstruction comme stratégie d'analyse ne sont pas nécessairement associés au postmodernisme. Cela montre bien que le discours postmoderne trouve écho dans la production contemporaine des théories des organisations. Voici donc quelques exemples de déconstruction.

Steingard et Fitzgibbons (1993) déconstruisent l'expression « gestion de la qualité totale » pour montrer les significations absentes et différées par les discours managériaux sur cette pratique de gestion. Par exemple, ils affirment que le mot « totale » sert à nier l'existence d'autres perspectives et privilégie la voie de ceux qui adhèrent et diffusent le concept, soient les gestionnaires. De plus, le mot « qualité » renvoie à la valeur immédiate du produit ou du service et nie ainsi les significations subjectives de la qualité que se font les employés ou les clients. Ainsi, le discours organisationnel sur la qualité totale reflète des relations de pouvoir et de domination visant à établir des significations stables pour un ensemble de relations et de pratiques qui, dans la réalité, sont dynamiques et asymétriques.

Plus près de nous, Chung, Jenkel et McLarney (2001) déconstruisent le discours consensuel ou harmonieux qui caractérise une organisation pour faire ressortir les couches de contradictions et de tensions qui fondent cette illusion d'harmonie. Ils réinterprètent ce qu'un article avait dit sur l'identité organisationnelle d'une jeune agence de publicité canadienne présentée comme une entreprise dans laquelle il faisait bon travailler. Dans un premier temps, ils déconstruisent le discours d'un des actionnaires sur l'environnement de travail heureux en analysant les métaphores, les termes clés utilisés et les représentations sous-jacentes qu'ils véhiculent. Ils constatent que le sous-texte de ce discours se compose d'images reliées au zoo et rappelant la compétition animale. Ils font le même exercice avec le discours des employés qui, de prime abord, n'ont rien à dire de négatif sur l'entreprise et avec celui des propriétaires de l'agence. Cette fois, le sous-texte révèle l'idée d'emprisonnement et de perte de contrôle. Chung, Jenkel et McLarney reconstruisent ensuite le texte pour montrer la multiplicité des formes de langage et comment la création d'histoires organisationnelles est un procédé hégémonique qui permet de dominer les autres, sans que cette domination soit toujours consciente. Bien que l'exercice de déconstruction soit loin d'être systématique, cet article a le mérite de mettre en évidence les principaux fondements du point de vue postmoderne en même temps qu'il repose sur une critique humaniste.

L'article de Martin Kilduff (1993) *Deconstructing Organizations,* est lui aussi un bon exemple de comment on peut expérimenter cette stratégie analytique. Cette relecture du livre de March et Simon (*Organizations* publié en 1958) veut mettre au jour le sous-texte de ce classique en gestion. De manière explicite, l'ouvrage établit le contraste entre la conception de l'individu comme machine, qui caractérise la production antérieure en théories des organisations, et celle de l'individu comme preneur de décisions que les auteurs proposent. Il montre d'abord que les propos de March et Simon excluent les études de Hawthorne qui présentent un modèle de l'individu autre que taylorien. L'auteur prétend que si March et Simon avaient inclus ces études dans leur recension, ils auraient été forcés d'admettre que le manque qu'ils dénoncent avait déjà été en partie comblé. Ensuite, il montre comment ce texte remet en question la représentation de la machine autant qu'il la célèbre. En même temps qu'ils positionnent leurs écrits en s'opposant à la conception taylorienne de l'employé comme machine, March et Simon disent de l'action de ce dernier qu'elle peut être grandement facilitée par la programmation des décisions courantes. Ainsi, l'idée de « programmes de décision » remplace le modèle de la machine dans le discours de March et Simon. Derrière l'idée de programmer les décisions courantes, ces auteurs laissent croire que les individus des bas niveaux de l'organisation sont incapables de prendre des décisions rationnelles. Ainsi, leurs écrits véhiculent des représentations de l'individu similaires à celles qu'ils rejettent.

Dans la même veine, Bowring (2000) utilise la déconstruction pour montrer comment le développement de théories est influencé par les paradigmes dominants, les modes de citations et les normes d'écriture scientifiques. En déconstruisant un article fondateur de la théorie néo-institutionnelle (*Institutionalized organizations : Formal structures as myth and ceremony* de Meyer et Rowan, 1977), elle montre qu'il détourne la théorie néo-institutionnelle des fondements interprétatifs que l'on trouve dans Berger et Luckman (1966) et la redirige vers le paradigme fonctionnaliste dominant à l'époque. D'abord, le style correspond directement à celui du paradigme fonctionnaliste. Ensuite, elle compare des citations de Berger et Luckman (1966) avec d'autres de Meyer et Rowan (1977) et en conclut que ces effets d'écriture ont eu pour conséquences de détourner les fondements interprétatifs de la théorie néo-institutionnelle et d'en modifier l'évolution et les apports en diffusant une conception positiviste de l'organisation.

La présentation de travaux dits généalogiques et de ceux qui relèvent de la déconstruction peut induire l'idée que le postmodernisme comporte des enjeux de méthode, comme c'est le cas des analyses habituelles. Bien que les travaux postmodernes ne se caractérisent pas par un type de méthodologie spécifique, il ne faut pas non plus laisser penser que l'on peut faire n'importe quoi et espérer être publié sous prétexte que la réflexion est de type postmoderne. Une analyse postmoderne en théories des organisations doit reposer sur des arguments qui font partie de stratégies analytiques s'appuyant sur une position théorique, généralement d'orientation critique. Toutefois, c'est le point de vue de l'auteur, c'est-à-dire sa propre interprétation de la réalité, qui constitue le fil conducteur de l'analyse.

Le tournant postmoderne en théories des organisations a eu un impact positif[15]. En attirant l'attention sur la textualité des théories organisationnelles, il a suscité diverses formes de critiques et encouragé la réflexion sur la production des connaissances comme processus politique. De plus, il a tracé la voie à de nouvelles formes d'écriture et proposé de nouveaux objets d'étude et de nouvelles voies de recherche en s'intéressant à des aspects de la vie organisationnelle jusque-là considérés comme périphériques (p. ex., langage, corps, émotions).

Il n'en demeure pas moins, cependant, que le point de vue postmoderne a été fort critiqué. Outre son extrême relativisme et le manque d'études empiriques pour l'étayer, il faut souligner son caractère réactionnaire et apolitique. Ainsi, le fait qu'il suggère d'analyser les microrelations sociales et de s'en tenir aux enjeux politiques locaux relève pour certains d'une forme de myopie intellectuelle. En refusant de s'intéresser aux forces historiques qui sous-tendent les événements et les pratiques locales étudiés, on se trouve à faire le jeu du pouvoir et, en dernière instance, à renforcer le *statu quo*. Par ailleurs, d'autres considèrent qu'en mettant trop l'accent sur l'attaque de la philosophie moderne, le postmodernisme a réduit ses capacités

---

15. M.B. Calás et L. Smircich (1999), « Past posmodernism ? Reflections and tentative directions », *Academy of Management Review*, vol. 24, n° 4, p. 649-671 ; M.B. Calás et L. Smircich (1997), *Postmodern Management Theory*, Dartmouth Pub Co.

normatives à considérer les organisations comme des sites de contrôle et de résistance. Autrement dit, on lui reproche l'absence de fondements éthicopolitiques sur lesquels les personnes, dans l'organisation, pourraient construire un projet pour changer les choses et proposer de nouvelles manières de s'organiser.

Conclusion

L'apparition et la diffusion du postmodernisme en théories des organisations font ressortir le besoin de développer de nouvelles formes de réflexivité et témoignent de l'incapacité des théories et des analyses conventionnelles à explorer la réalité subjective des organisations. Le postmodernisme propose une vision de l'organisation comme texte et accorde une place privilégiée à l'individu, mais est incapable de régler le problème des liens entre l'action et la structure dans la mesure où il ne reconnaît pas à l'individu une capacité d'action sur le réel qui soit susceptible de modifier le cours de l'histoire. D'un point de vue postmoderne, l'individu est le résultat d'identités multiples et fragmentées.

Le postmodernisme est un courant intellectuel qui ouvre une nouvelle discussion sur l'essence des théories des organisations et, à l'instar des théories critiques, il s'efforce de donner une voix aux exclus et de dénoncer les avatars du projet moderne de rationalisation des organisations. Toutefois, il ne propose pas de projet de transformation de l'organisation ou de l'individu. Loin d'être une « distraction fatale », le postmodernisme permet tout de même de faire prendre conscience de l'importance du langage en théories des organisations, de même qu'il invite à analyser les activités organisationnelles en étant sensibles à leur caractère fragmenté et pluraliste.

Conclusion de la partie 3

DES THÉORIES POSTMODERNES

Cette troisième partie a présenté des approches qui, depuis le début des années 1990, proposent de nouvelles idées sur la nature de la science et de la réalité. Le point de vue de la construction sociale considère que les organisations sont le résultat de processus socialement situés et historiquement construits. Les théories critiques, quant à elles, suggèrent que l'analyse des organisations ne peut se faire sans situer celles-ci au sein des conditions sociohistoriques dans lesquelles elles prennent place. Enfin, le postmodernisme propose une réflexion en profondeur sur la production des connaissances en théories des organisations. Bien qu'elles ne soient pas dominantes, ces approches proposent des voies de sortie ou de revitalisation pour les théories des organisations.

Les approches de l'avant-garde peuvent être qualifiées de postmodernes. En effet, elles proposent des représentations de l'organisation, de l'individu et de l'environnement qui rompent avec les approches précédentes. La profondeur de cette rupture n'est toutefois pas la même pour les trois approches. En fait, elle est modérée dans la construction sociale, plus radicale dans les théories critiques et atteint un point culminant dans le postmodernisme. Il faut dire que ces approches ne sont pas des ensembles théoriques unifiés. Dans chacune d'elles, de nombreuses variantes viennent atténuer le regard porté sur l'organisation, l'individu et l'environnement. Voyons cela d'un peu plus près.

Dans les approches de l'avant-garde, l'organisation n'est plus la notion centrale de l'édifice théorique. Elle est représentée comme un construit social, comme des dynamiques de pouvoir et de résistance ou encore comme du texte. Non seulement a-t-on une vision extrêmement éclatée de l'organisation, mais on ne la présente que dans ses dimensions sociales, politiques et langagières. Autrement dit, l'organisation comme système matériel et humain de ressources organisées n'est plus au centre des explications. Dans les approches de l'avant-garde, l'organisation n'existe que dans ses dimensions interprétatives qui sont multiples, mouvantes et plurielles.

Par ailleurs, les approches de l'avant-garde accordent une grande importance à l'individu. Il est au centre de la construction sociale et des théories critiques. Et, mis à part le postmodernisme, pour la première fois, on le considère comme un sujet. Dans le cas de la construction sociale, il s'agit d'un sujet réflexif ; dans le cas des théories critiques, d'un sujet capable d'autocritique et dont les capacités d'action ne sont pas fonction de sa position hiérarchique dans l'organisation. Tous les individus, qu'il s'agisse des hauts dirigeants ou des gestionnaires appartenant aux coalitions dominantes, sont des acteurs susceptibles de faire une différence dans le devenir de l'organisation.

En corollaire de cette représentation de l'individu, celle de l'environnement est elle aussi très différente de celle des approches classiques et contemporaines. L'environnement comme catégorie analytique n'existe plus en tant que telle. Pour les théories critiques et le postmodernisme, cet environnement, c'est le social-historique, c'est-à-dire l'ensemble des conditions sociohistoriques qui contraignent, aliènent et définissent l'individu. Le monde organisationnel est d'abord et avant tout inscrit dans des appartenances sociales plus larges et c'est d'elles qu'il faut tenir compte pour comprendre ce qui se passe dans les organisations. L'organisation est le reflet de tendances sociohistoriques plus larges qu'il faut ramener dans l'analyse des organisations.

Les approches de l'avant-garde rompent aussi avec les approches classiques et contemporaines par le projet de connaissance qu'elles supportent. Chacune à sa façon, ces approches veulent « dénaturaliser » les phénomènes organisationnels. Le point de vue de la construction sociale cherche à mettre au jour les processus qui permettent d'implanter des pratiques qui seront ensuite acceptées et considérées comme naturelles. Les théories critiques dénoncent les conditions d'aliénation des individus. Ainsi, le changement dans les organisations doit se faire par la transformation des consciences et des subjectivités individuelles. Quant au postmodernisme, il veut lui aussi donner la parole aux exclus en analysant les pratiques et les discours de l'organisation. Toutefois, il rejette le projet de changement, car s'engager dans une telle activité ne ferait que reproduire les relations de pouvoir que l'on dénonce.

Loin d'être dominantes en théories des organisations, les approches de l'avant-garde sont en quelque sorte la suite de la remise en question amorcée dans les années 1970. Cependant, cette fois, la rupture est moins abrupte. Les approches de l'avant-garde ne se limitent pas à un discours de remise en question ; elles comptent aussi des analyses empiriques qui témoignent de leur volonté de contribuer à la production des connaissances en théories des organisations. De plus, elles véhiculent des manières de voir le monde typiques des nouvelles tendances sociales : réconciliation des oppositions, pluralisme, démocratisation du pouvoir, individuation, valorisation du micro, etc.

Ces différentes approches ne peuvent être associées simplement à une mode ni être uniquement appréciées pour l'originalité de leur position théorique. Depuis le début des années 1990, elles contribuent à modifier la manière de comprendre et de représenter les organisations, et à revitaliser la production des théories classiques et contemporaines. Elles permettent notamment aux théories des organisations d'accentuer le tournant interprétatif pris par les approches contemporaines en insistant, entre autres, sur la possibilité de comprendre les organisations par l'analyse des interactions, des conversations et des discours. Avec les approches de l'avant-garde, les théories des organisations prennent le tournant linguistique[1] et celui de la pratique[2].

1. S. Deetz (2003), « Reclaiming the legacy of the linguistic turn », *Organization*, vol. 10, nº 3, p. 421- 430 ; M. Alvesson et D. Kärreman (2000), « Taking the linguistic turn in organizational research : Challenges, responses, consequences », *Journal of Applied Behavioral Science*, vol. 36, nº 2, p. 136-159.
2. D. Golsorkhi (2006), *La fabrique de la stratégie*, Paris, Vuibert ; R. Whittington (2006), « Completing the practice turn in strategy research », *Organization Studies*, vol. 27, nº 5, p. 613-634 ; D. Nicolini, S. Gherardi, et D. Yanow (2003), *Knowing in Organization : A Practiced-based Approach*, New York, M.E. Sharpe ; T.R. Stchatzki, K. Knorr-Cetina et E. von Savigny (2001), *The Practice Turn in Contemporary Theory*, Londres, Routledge.

Conclusion générale

ENTRE RATIONALISATION ET SUBJECTIVATION

Cet ouvrage a permis de montrer qu'il n'existe pas une mais plusieurs manières de concevoir et de représenter les organisations qui se côtoient. Chaque théorie permet de mieux comprendre une dimension spécifique de la réalité organisationnelle et présente une vision particulière de l'organisation. Les théories des organisations sont des connaissances dynamiques dont l'évolution traverse trois périodes : du début du XXe siècle à la fin des années 1970, les approches classiques font leur apparition ; des années 1980 à nos jours, on assiste à un foisonnement important de nouvelles perspectives qui sont actuellement dominantes, ce sont les approches contemporaines ; et depuis la fin des années 1990, les approches de l'avant-garde amènent de nouvelles idées sur la nature des organisations et sur la manière de produire des connaissances à leur sujet.

Comme on a pu le constater, cette évolution est largement tributaire des conditions sociohistoriques de la transformation de l'entreprise nord-américaine. Le développement des approches classiques apporte des solutions à la recherche d'efficacité qui, du début du XXe siècle jusqu'aux années

1970, caractérise l'essor de la grande entreprise américaine. Les approches contemporaines, quant à elles, tentent de répondre aux problèmes complexes auxquels font face les grandes entreprises depuis les années 1980 : montée des parties prenantes et recherche de légitimité, problèmes de gouvernance, aplatissement des structures, économie du savoir. Enfin, les approches de l'avant-garde viennent répondre à la fin des grands projets d'entreprise et, face au repli du tournant du millénaire, elles proposent de nouvelles manières d'envisager la diversité et les paradoxes et de penser l'organisation comme un monde pluriel et en tension.

Cette évolution est également liée à l'histoire des idées sur le plan disciplinaire. L'essor des théories des organisations n'est pas étranger à la forte croissance des écoles de gestion. La rivalité entre les départements de sociologie et les départements de comportement organisationnel est au cœur du développement des approches classiques. L'éclatement des approches contemporaines a été rendu possible grâce à l'entrée de nouvelles disciplines dans le champ : économie, sciences politiques, anthropologie, sciences cognitives. Les approches de l'avant-garde, quant à elles, accentuent ce mouvement en allant davantage vers les sciences humaines : philosophie des sciences, littérature, sémiotique, linguistique.

Les théories des organisations ont évolué par discontinuité en tentant de se démarquer les unes des autres. C'est particulièrement le cas des approches classiques. Du début du XXe siècle à la fin des années 1970, chaque nouvelle perspective qui apparaît tente de se démarquer des précédentes en se distanciant de certains points centraux de manière à développer une position originale et différente des autres (discontinuité verticale). Les approches contemporaines, quant à elles, se développent différemment. L'éclatement dont elles sont l'objet, au début des années 1980, fait en sorte que les avancées se font moins en réaction à des courants antérieurs qu'à l'intérieur de chaque perspective qui se développe de manière autonome, en intégrant de nouvelles questions environ à tous les cinq ans (discontinuité horizontale). Depuis la fin des années 1990, l'hybridation entre deux ou trois ancrages théoriques devient une stratégie de développement des connaissances de plus en plus fertile. En fait, peu de théories nouvelles font maintenant leur apparition. Sous l'influence des approches de l'avant-garde, les théories des organisations évoluent plutôt à la faveur de croisements entre théories déjà existantes.

Près d'un siècle après leur fondation, les théories des organisations sont maintenant largement institutionnalisées et elles sont toujours fondamentalement anglo-saxonnes. Cela dit, elles offrent désormais une plus grande variété d'ancrages sociopolitiques. Si les approches classiques ont été largement produites par des Américains, les approches contemporaines font plus de place aux auteurs européens (notamment, les Français et les Scandinaves, en plus, bien sûr, des Britanniques). Il faut bien comprendre cependant que l'influence française et scandinave laisse sa marque, en théories des organisations, dans les années 1970 grâce à des auteurs qui se sont fait connaître aux États-Unis (p. ex., Crozier et Olsen). Sous l'influence des approches de l'avant-garde, plusieurs auteurs, pour faire contrepoids à la domination anglo-saxonne de ce champ d'études, s'interrogent maintenant sur l'existence de productions locales et originales en théories des organisations dans divers pays.

En retraçant l'évolution des théories des organisations, on constate aussi que les représentations de l'organisation, de l'individu et de l'environnement se sont transformées avec le temps (tableau C.1). Au début du XXe siècle, les théories des organisations véhiculaient une conception déterministe et sursocialisée de l'organisation. Les approches classiques avaient en commun de définir l'organisation comme une structure formelle. En corollaire, elles véhiculaient des représentations de l'individu et de l'environnement plutôt réductrices. En effet, l'individu y était défini en fonction d'une seule caractéristique, généralement la rationalité limitée. Quant à l'environnement, les approches classiques l'associaient la plupart du temps aux autres organisations sans tenir compte des dynamiques sociales qui le constituent.

De nos jours, les représentations de l'organisation véhiculées en théories des organisations sont beaucoup plus volontaristes et sous-socialisées. Alors que la structure organisationnelle était l'objet central des préoccupations des auteurs classiques, ce sont les dimensions interprétatives, langagières et symboliques qui sont au centre des travaux des auteurs de l'avant-garde. Dans les approches de l'avant-garde, l'organisation est vue à la fois comme un construit social, comme des microdispositifs de résistance et de pouvoir, et comme du texte. Dans ce cas, la représentation de l'organisation se trouve dématérialisée et inscrite dans l'ordre du symbolique. Les nouvelles théories des organisations prêtent maintenant attention aux individus qui font l'organisation et elles accordent plus d'importance à l'environnement. Elles considèrent l'individu comme un agent réflexif, qui est le sujet de sa propre histoire, laquelle est ancrée dans des tendances sociohistoriques plus larges.

Quant au projet de connaissance sous-jacent aux théories des organisations, il a lui aussi subi d'importantes transformations (tableau C.1). Les approches classiques visaient principalement à produire des connaissances normatives pour rendre l'entreprise plus efficace. Utilisant surtout des méthodes quantitatives, le théoricien des organisations des approches classiques était considéré comme un expert détenant une connaissance rationnelle et scientifique capable de modifier la réalité organisationnelle. Aujourd'hui, les approches de l'avant-garde proposent un projet de connaissance tout à

TABLEAU C.1
Vision synoptique de l'évolution des théories des organisations

	Les approches classiques (début du XXe siècle – fin des années 1970) : Des théories modernes	Les approches contemporaines (années 1980-1990) : Des théories néomodernes	Les approches de l'avant-garde (fin des années 1990 et années 2000) : Des théories postmodernes
Organisation	Structure formelle	Ensemble de relations (institutionnelles, contractuelles, politiques, symboliques)	Construit social, microdispositifs de pouvoir et de résistance, texte
Individu	Atomisé (être économique ou être affectif ou rationalité limitée)	Rationalité limitée + (créateur de mythes rationalisés ou opportuniste ou stratégique ou porteur de sens)	Agent réflexif, sujet centré ou sujet dé-centré
Environnement	Économique (autres organisations)	Économique et social	Sociohistorique (la société et la culture)
Problème	– à la recherche d'efficacité	– comprendre les processus internes	– démontrer le non-dit
But du savoir	– produire des connaissances normatives	– fournir des explications	– libérer l'individu
Méthodes	– modélisation, enquêtes	– études de cas	– analyse de discours et d'interactions
Producteur de savoir	– expert	– analyste	– analyste et partie prenante (interprète)

fait différent. Elles veulent montrer le non-dit, remettre en question les interprétations habituelles pour donner une voix à ceux qui n'en ont pas dans l'organisation (p. ex., employés, gestionnaires intermédiaires, femmes). À la fois analyste et partie prenante, le théoricien des organisations qui appartient aux approches de l'avant-garde tente d'innover dans ses méthodes d'analyse pour mener un projet de connaissance moins centré sur la recherche de performance que sur le désir de comprendre ce qui se passe dans les organisations et de révéler les dimensions cachées de la vie organisationnelle.

Comme on peut le constater, entre les approches classiques et les approches de l'avant-garde, de grandes différences illustrent les tendances marquant l'évolution des théories des organisations. Au début du XXe siècle, on s'intéressait à l'organisation comme structure formelle. Actuellement, on met plus l'accent sur les individus qui font la vie organisée. De même, alors qu'elles étaient centrées sur la recherche d'efficacité au début du XXe siècle, les théories des organisations cherchent maintenant à mieux comprendre les dimensions cachées de l'action en contexte organisationnel.

Néanmoins, ce champ est actuellement dominé par les approches contemporaines. Or, tant dans leurs représentations sous-jacentes que dans leur projet de connaissance, ces approches oscillent entre ces deux extrêmes (tableau C.1). En effet, elles proposent une vision complexe et fragmentée de l'organisation, généralement associée à un ensemble de relations de différents types : institutionnelles, contractuelles, politiques, symboliques. Elles sont fondées sur des représentations plus élaborées de l'individu et de l'environnement. À la rationalité limitée, s'ajoutent de nouvelles caractéristiques pour représenter l'individu : opportuniste, stratégique, créateur de sens. De la même façon, elles tiennent compte de la nature sociale et économique de l'environnement. Quant à leur projet de connaissance, les approches contemporaines cherchent plus à expliquer ce qui se passe dans les organisations qu'à prédire les bonnes façons de faire. Conscientes des limites de la rationalité, elles n'en continuent toutefois pas moins de promouvoir une certaine quête d'efficacité. Dans ce cas, le théoricien des organisations agit comme un analyste détenant une forme d'expertise spécifique qu'il met à contribution pour faciliter le déploiement des dynamiques organisationnelles.

Au tournant des années 2000

La description que j'ai faite de l'évolution des théories des organisations laisse à penser que ce champ d'études serait passé, en à peine plus d'un siècle, de la production de connaissances objectives à la production de connaissances interprétatives, voire subjectives. Quoique défendable, cette affirmation nécessite une discussion plus approfondie. En fait, en ce début du XXIe siècle, les théories des organisations seraient plutôt à la croisée de deux tendances fondamentales : d'une part, elles continuent de promouvoir le projet de rationalisation cher aux approches classiques ; d'autre part, elles sont l'objet d'un mouvement de subjectivation qui avait été jusque-là évincé.

En effet, le projet de rationalisation des entreprises au cœur des théories des organisations est toujours bien vivant, même s'il prend maintenant de multiples formes comme on a pu le voir dans les approches contemporaines. Qu'il s'agisse d'organiser le travail de manière productive ou d'implanter une culture d'entreprise, on se préoccupe toujours de l'ordre, du contrôle et de la rationalité instrumentale. De nos jours, ce mouvement de rationalisation atteint son paroxysme en envahissant de nouveaux espaces de savoir. En s'intéressant à des thèmes comme l'apprentissage organisationnel, l'émotion et le langage, certaines théories des organisations cherchent à pousser ce mouvement de rationalisation dans l'ordre même du non rationnel. Par exemple, les travaux sur l'intelligence émotionnelle ou ceux qui visent à quadriller le langage d'une entreprise pour rendre la communication plus fonctionnelle répondent au projet de rationalisation porté par les classiques en théories des organisations.

Par ailleurs, le tournant interprétatif a eu des conséquences irréversibles. Les approches de l'avant-garde ont eu dans la dernière décennie une influence majeure en théories des organisations. Le point de vue de la construction sociale, les théories critiques et le postmodernisme ont ouvert une brèche dans ce projet de rationalisation. Il est de plus en plus reconnu qu'une multiplicité de logiques se côtoient dans l'organisation, que le langage est une dimension fondamentale de la vie organisée et que, compte tenu des conséquences inattendues de l'action, il est difficile de prévoir exactement les comportements des autres. Désormais, de plus en plus de modes d'explication de la vie organisée tiennent compte de la subjectivité des acteurs, de la complexité et de la fragmentation de leurs actions. Petit à petit, ces idées sont introduites et réinterprétées dans les approches les plus orthodoxes. Elles sont des sources considérables de revitalisation des approches contemporaines et classiques.

Quelles seront les conséquences de ce double mouvement sur la production des connaissances en théories des organisations dans les prochaines années ? Dans la prochaine décennie, l'étude des organisations devra tenir compte des tendances suivantes. D'abord, avec l'effritement de la notion d'organisation, il faudra développer en théories des organisations des connaissances qui exploreront la réalité extraorganisationnelle. Le succès actuel des approches institutionnelles est d'ailleurs révélateur de la nécessité de développer des savoirs qui dépassent les traditionnelles frontières de l'organisation.

Pour savoir ce que sont les organisations, il faut mieux comprendre les contextes sociaux, politiques et économiques dans lesquels elles se situent. Il faut aussi s'intéresser aux mouvements sociaux, car ils sont le creuset des transformations qui, dans le futur, marqueront la vie dans les organisations.

Ensuite, on devra favoriser l'essor des connaissances quant à l'action des individus. En fait, les travaux en théories des organisations se font, et continueront de se faire dans les prochaines années, à l'enseigne de la recherche sur les processus et les pratiques qui fondent la vie organisationnelle. C'est moins la forme organisationnelle, le mode d'action stratégique ou les types d'implantation technologiques que la manière dont les acteurs les mettent en place, se les approprient et les transforment dans l'action au quotidien qui suscitera de l'intérêt chez les chercheurs en théories des organisations.

Enfin, il me semble important de souligner la nécessité de démocratiser les travaux en théories des organisations. Dans les approches classiques et la plupart des approches contemporaines, les théories s'intéressent aux préoccupations des gestionnaires. En fait, les théories des organisations traduisent la vision du monde managériale et accordent généralement une place de premier choix aux gestionnaires. Dans les recherches les plus récentes, le gestionnaire n'est plus le héros de l'organisation ; de plus en plus de chercheurs prétendent que tous les acteurs à l'intérieur et autour de l'organisation participent à la structuration de cette dernière. Ce constat invite donc les chercheurs à regarder les organisations de manière à prendre en compte la vision des différents groupes d'individus qui la composent.

Face à ces tendances, un certain nombre de défis attendent les chercheurs en théories des organisations dans les prochaines années. Ces tendances permettront le renouvellement des théories des organisations dans la mesure où les chercheurs continueront de puiser dans les sciences sociales et humaines pour explorer les nouvelles réalités organisationnelles. De plus, les chercheurs doivent être conscients qu'à regarder les organisations de trop près, en s'intéressant notamment aux processus et aux pratiques, on risque toujours de souffrir de myopie intellectuelle. Pour éviter cet écueil, il faut faire des efforts particuliers pour inscrire ses positions de recherche et d'analyse dans des fondements théoriques et épistémologiques plus critiques.

Pluralisme et paradigmes

Avant de conclure, revenons sur la question du pluralisme dans les théories des organisations, et donc aussi sur celle des paradigmes. Dans les années 2000, le champ des théories des organisations comporte de multiples ancrages théoriques. Certains y voient le signe d'une crise profonde, d'autres celui d'une plus grande maturité. Qu'en est-il au juste ? Cette pluralité théorique favorise-t-elle l'avancement des connaissances sur les organisations ?

Il n'existe pas de réponse claire et définitive à cette question. La réponse dépend du modèle de connaissance que l'on privilégie. Ceux et celles qui croient que le consensus scientifique est une condition nécessaire pour favoriser le cumul des connaissances sont convaincus qu'il vaut mieux travailler au développement de quelques théories dont on est capable d'augmenter la robustesse et la capacité de prédiction. Au contraire, ceux et celles qui croient que la réalité est complexe et présente de nombreuses facettes sont convaincus que, pour parvenir à un certain niveau de connaissance, il faut avoir recours à différentes théories.

Selon moi, il est bénéfique qu'il y ait plusieurs manières de voir une même réalité organisationnelle. Plus il y a de manières de voir et de penser, plus un champ d'études est susceptible de se renouveler. D'une part, des théories sont en compétition les unes avec les autres et le champ évolue en fonction des nouveaux problèmes que pose la réalité (apprentissage, réseau, émotions, etc.). D'autre part, certaines théories sont complémentaires et peuvent, par hybridation, suivre de nouvelles voies de développement.

S'il existe plusieurs théories des organisations qui se développent en relation les unes avec les autres, cela ne signifie pas pour autant que la notion de paradigme soit désuète ni qu'elle doive être abandonnée. En fait, la pluralité des théories qui composent le champ d'études impose de modifier l'utilisation de cette notion devenue inadéquate comme outil de classification. Toutefois, cela n'empêche pas le chercheur d'y recourir comme outil de réflexion. Ainsi, toute réflexion théorique sur les organisations doit s'inscrire dans une démarche épistémologique permettant de débattre de l'appartenance paradigmatique du chercheur. De nos jours, trois positions épistémologiques semblent dominantes : positiviste, réaliste et constructiviste. Le chercheur en théories des organisations doit faire l'effort de bien établir sa position et de comprendre ce qui caractérise celle des autres afin de favoriser le dialogue et la conversation entre positions différentes.

Pour qui et pourquoi produire des théories des organisations ?

Ce livre fait la synthèse historique et donne une vue d'ensemble des théories des organisations. Le chercheur qui s'apprête à produire des connaissances sur les organisations dans un travail de recherche, un mémoire ou une thèse devra un jour ou l'autre choisir un ou plusieurs ancrages théoriques parmi ceux présentés dans ce livre. Il n'y a pas de choix optimal. Plusieurs raisons peuvent amener le chercheur à opter pour une théorie plutôt qu'une autre : la nature du phénomène à étudier, la position de son directeur de thèse ou de son patron, ses préférences personnelles, etc.

Toutefois, les choix théoriques ne sont pas neutres. Il faut bien comprendre que la plupart de ces théories se sont développées dans les écoles de gestion et servent des fins spécifiques. Il y a dans chacune de ces théories des enjeux éthiques et politiques que nous n'avons pas nécessairement abordés. Avant de choisir une théorie des organisations, il convient donc de se demander pour qui on veut produire des connaissances sur les organisations. Est-ce pour faire en sorte que l'avoir des actionnaires augmente plus rapidement ? Est-ce pour faciliter le travail des gestionnaires, qu'ils soient dirigeants ou cadres intermédiaires ? Est-ce pour améliorer les conditions de travail des employés ? Est-ce pour faire partie d'une communauté scientifique ?

Il faut aussi se demander pourquoi recourir à des théories pour produire des connaissances sur les organisations ? Comme le dit le vieil adage : *Il n'y a rien de plus pratique qu'une théorie !* Les théories ne sont pas que des outils de travail pour le chercheur. En même temps qu'elles viennent répondre aux questions que l'on se pose dans les entreprises, elles contribuent à façonner la réalité organisationnelle. Les théories servent à concevoir et à représenter le réel. Ainsi, plus les théories que l'on utilise sont complexes, plus elles permettent de saisir la richesse et l'ambiguïté de la réalité organisationnelle et, de cette manière, d'agir adéquatement. Les choix et les avancées théoriques sont aussi des moyens que l'on se donne pour changer les organisations et faire en sorte que celles de demain soient plus humaines.

GLOSSAIRE*

Acteur

La place de l'acteur en théories des organisations est une des grandes questions des dernières décennies. Le statut qui lui est attribué varie d'une théorie à l'autre. Absent de certaines théories (p. ex., théories de la contingence), il est le point de départ et le référent incontournable dans les perspectives interprétatives (p. ex., analyse symbolique). Son importance vient du fait qu'on le considère comme un être connaissant et capable d'expérimentation. Notons que la notion d'acteur est typiquement française. Dans le monde anglo-saxon, on parle surtout d'agent.

Actionnalisme

Courant principalement représenté par les travaux d'Alain Touraine et qui a été populaire surtout dans les pays latins. Pour l'actionnalisme, le sujet de l'histoire ce sont les mouvements sociaux. L'organisation est une médiation entre les acteurs historiques pour faciliter ou réduire le développement social et la démocratie. Selon Séguin et Chanlat (1983, p. 65), bien que l'actionnalisme ait été laissé-pour-compte par les théoriciens de l'organisation, elle offre quelques avenues de réflexion intéressantes qui ont été peu explorées.

Actionnisme

Méthode d'analyse mise en place en Angleterre par l'école de psychosociologie des organisations (Silverman). Elle considère que dans une organisation, les différents partenaires négocient en permanence la définition de la situation et leurs rôles. Selon Mucchielli (1996, p. 12), la méthode a pour but d'analyser les relations sociales en photographiant l'état de cette négociation pour comprendre les dynamiques sociales sur lesquelles elle se fonde.

---

* L'astérisque indique que le terme est défini dans le glossaire.

Analyse conversationnelle

Méthode d'analyse développée aux États-Unis et issue de l'interactionnisme* qu'on appelle aussi « analyse des conversations ». L'analyse conversationnelle a pris beaucoup d'ampleur depuis la fin des années 1970. Elle a pour objet l'analyse minutieuse des règles qui sous-tendent le fonctionnement des interactions verbales entre les individus. Elle vise à mettre au jour les procédés culturels et sociaux que nous mobilisons en permanence pour conduire nos échanges de manière cohérente et intelligible (voir aussi ethnométhodologie*, interactionnisme* et interactionnisme symbolique*).

Analyse critique du discours

Terme générique désignant un ensemble de méthodes visant à faire l'analyse des textes de manière à faire ressortir les relations de pouvoir qu'ils contiennent. On parle ici de textes au sens large. Il peut s'agir tout autant de textes écrits, d'interactions verbales, de documents multimédias ou autres. L'analyse peut chercher à dégager des régularités discursives ou recourir à divers procédés d'analyse linguistiques ou sémiotiques (analyse de vocabulaires, de formes d'argumentation, des métaphores, etc.) Il s'agit d'un type d'analyse qui se développe de manière importante en théories des organisations depuis la fin des années 1990. Pour plus de détails sur l'analyse (critique) du discours en théories des organisations, voir le site de l'International Centre for Research in Organizational Discourse, Strategy and Change (ICROD) à l'adresse suivante : <www.management.unimelb.edu.au/icrod/icrod.html>.

Anarchisme

Courant de pensée qui s'oppose à toute forme de pouvoir coercitif et de domination, et qui prône la collaboration et la coopération (Proudhon). Cela dit, pour les anarchistes, il doit y avoir organisation. Toutefois, cette organisation doit se faire de manière libre et en partant de la base. L'organisation doit sortir, non pas d'un centre créé d'avance qui gère tout, mais de tous les points pour aboutir à des nœuds de coordination qui seront redevables à tous ces points. L'anarchisme est en fait une sorte d'éloge du désordre organisateur dont le point de départ est le bien-être de la personne. Les anarchistes dénoncent toutes les formes d'organisation qui briment les potentialités de l'individu.

Appareil idéologique d'État

Concept proposé par Louis Althusser (1918-1990), philosophe français, à la suite d'une relecture de la théorie marxiste. Selon Althusser, les appareils idéologiques d'État sont des formes de pouvoir fondées sur une idéologie (un système de représentations ou d'idées qui domine l'esprit d'un groupe d'individus). Il s'agit donc d'une force symbolique qui génère des comportements conformistes. Selon Althusser, il existe une pluralité d'appareils idéologiques d'État : religieux, scolaire, familial, juridique, politique, de l'information, culturel.

Apprentissage organisationnel

Corps de connaissances qui tentent de comprendre la somme des expériences et savoirs individuels conférant un niveau d'apprentissage donné. Ce corps de connaissances est construit sur différentes visions de l'organisation (choix, cultures, systèmes, etc.). De plus, il repose sur une question fondamentale non résolue : l'apprentissage est-il un phénomène individuel ou collectif ?

Approche causale multivariée

Une approche causale fait référence à la recherche d'une relation de cause à effet entre une variable indépendante (cause) et une variable dépendante (effet ou conséquence). L'analyse multivariée fait référence à toute méthode statistique traitant plusieurs variables simultanément. Ces variables sont dépendantes (celles dont on cherche à prédire la valeur) ou indépendantes (les autres). L'approche causale multivariée a été proposée par le groupe d'Aston, une équipe de chercheurs britanniques, dans leurs travaux sur les facteurs de contingence*.

Archéologique

Terme généralement associé à Foucault pour désigner ses premiers travaux. Ceux-ci avaient en commun de chercher à comprendre comment les sciences humaines, entre autres la psychiatrie et la médecine, se sont historiquement constituées. Plutôt que de faire une histoire des idées telles qu'elles sont généralement acceptées et diffusées par les grandes figures de la science, la méthode archéologique de Foucault consiste à faire émerger l'histoire des idées de l'analyse méticuleuse de documents afin de dégager la régularité des mots et des phrases et leur inclusion dans un système discursif indépendant de celui qui parle (voir aussi le terme généalogique*).

Artefact

Éléments observables de la culture organisationnelle (visibles, tangibles, audibles) : objets, comportements, paroles, etc.

Asymétrie d'information

Notion généralement associée à la théorie de l'agence et à la théorie des contrats. L'asymétrie d'information se présente lorsque, dans un contexte d'échange, certaines personnes détiennent des informations pertinentes, inconnues d'autres participants. Cette situation peut mener au hasard moral* et à la sélection adverse*, et peut entraîner une méfiance entre les parties, ce qui contribue à l'inefficience.

Béhaviorisme

Courant de pensée issu de la psychologie qui a eu une influence déterminante entre les années 1930 et 1960. En théories des organisations, il inspire l'école des relations humaines et contribue aux théories de la prise de décision à la suite des travaux d'Herbert Simon sur la rationalité* limitée. Dans sa définition la plus radicale, ce courant considère l'apprentissage comme le résultat d'un conditionnement (le conditionnement, c'est l'acquisition d'une conduite par une association entre un stimulus et une réponse : S→R). Il assimile l'individu à une « boîte noire » (exclusion de la conscience pour n'étudier que les comportements observables) et considère l'environnement comme un déterminant du comportement. Aujourd'hui, le courant béhavioriste s'est transformé au contact du courant cognitiviste*, une théorie complémentaire.

Benthamien

Ce terme fait référence à Jeremy Bentham (1748-1832), père de l'utilitarisme moral, philosophe et jurisconsulte britannique. Bentham est aussi reconnu pour le qualificatif panoptique* utilisé par Foucault dans *Surveiller et Punir*, une analyse des microdispositifs de pouvoir dans différentes institutions, dont la prison.

Biais perceptuels

Concept issu de la psychologie aussi nommé « biais cognitif ». C'est une erreur que l'individu fait dans le traitement des informations qu'il perçoit et qui a pour résultat la prise d'une mauvaise décision*, par exemple l'effet de halo. Ce concept a été introduit en théories des organisations par l'analyse cognitive.

Bloc historique

Concept marxiste emprunté par Nicos Poulantzas (1936-1979), un sociologue et politicologue gréco-français, pour exprimer l'idée qu'une classe dominante peut maintenir son hégémonie dans le temps en construisant des alliances avec des classes ou des fractions de classe subordonnées.

Bureaucratie

En théories des organisations, le mot « bureaucratie » désigne une forme organisationnelle dominée par les règles impersonnelles qui formalisent les relations entre les individus, répartissent les responsabilités et dictent les procédures à suivre ; ce type d'organisation comporte également une forte hiérarchie. Le mot « bureaucratie » peut également prendre une connotation péjorative pour désigner des travers administratifs. Toutefois, il ne faut pas oublier qu'à la base l'idéal bureaucratique valorise à la fois l'efficience, le pluralisme et la démocratie.

Carte cognitive

La carte cognitive est un outil issu de la psychologie cognitive qui est au centre de l'analyse cognitive des organisations. Elle est généralement utilisée pour fournir une illustration graphique du système de représentations d'un individu sur une réalité donnée, en l'occurrence l'organisation. Elle se compose des concepts et relations qu'utilise l'individu pour comprendre des situations organisationnelles. La carte cognitive peut être utilisée comme outil d'aide à la décision* de manière individuelle ou collective.

Changement

Terme générique à la mode en théories des organisations depuis les deux dernières décennies qui désigne toute transformation, contrôlée ou non, des composantes ou des interactions formant l'action organisée. En théories des organisations, le changement repose généralement sur la métaphore traditionnelle de l'adaptation de l'entreprise à son environnement qui occupe une place de premier choix dans les approches classiques.

Coalition

Regroupement plus ou moins formel de personnes ayant un intérêt commun. D'abord popularisée par March pour désigner l'ensemble des gestionnaires qui détiennent le pouvoir dans l'organisation (coalition dominante), cette notion a ensuite été reprise par Mintzberg dans sa synthèse des travaux sur le pouvoir. Il distingue la coalition externe de la coalition interne. La coalition externe est constituée des propriétaires, des associés, des fournisseurs, des clients, des associations ou des syndicats, du conseil d'administration, etc., c'est-à-dire les acteurs* qui ne sont pas impliqués directement dans les opérations quotidiennes de l'entreprise. À l'inverse, la coalition interne regroupe ceux qui sont impliqués quotidiennement dans les opérations de l'entreprise : le président-directeur général, les cadres, les opérateurs, les technocrates et le personnel de soutien.

Cognition

Notion fondamentale du cognitivisme, un courant issu de la psychologie qui apparaît en réaction au courant béhavioriste* dominant et qui considère la pensée comme un processus de traitement de l'information. La cognition est une connaissance, une opinion, une croyance. Elle peut également faire référence aux processus mentaux mobilisés pour se bâtir une représentation des événements ou des objets présents dans l'environnement : perception, mémoire, décision*, langage, etc.

Communautés de pratiques

Cette expression a pour origine les travaux de Jean Lave et d'Étienne Wenger (1991) et a été formalisée par Wenger (1998). De façon générale, la communauté de pratiques désigne un ensemble de relations entre des personnes qui accomplissent des activités communes. La communauté de pratiques permet d'appréhender l'apprentissage d'un point de vue social ; le compagnonnage en est un exemple. Elle repose sur l'idée que nous créons des connaissances en interagissant avec les autres, en devenant des praticiens.

Communication

En théories des organisations, ce mot désigne généralement le processus d'échange d'informations entre les individus : on peut parler de communication verticale (communication entre la direction et le personnel) et latérale (communication entre collègues).

Compétence sociale

Concept central de la théorie de la structuration (en anglais, *knowledgeability*), la « compétence sociale » comprend toutes les connaissances tacites et discursives qu'un individu a des activités sociales. Il s'agit d'une compétence « sociale » puisqu'elle est opérationnalisée dans l'interaction suivant la compréhension qu'a l'individu de la situation qu'il est en train de vivre. En effet, il ne s'agit pas de l'application d'un savoir préalable à l'action. Par ailleurs, cette compétence sociale se construit au fur et à mesure des interactions grâce aux capacités réflexives* de l'individu.

Complexité

Dans cet ouvrage, caractéristique qui permet de considérer comme complémentaires des notions contraires provenant de différentes disciplines et de les intégrer dans l'analyse des organisations. La complexité renvoie aussi au principe dialogique qui consiste à tenter de dépasser les antagonismes dans une construction supérieure.

Configuration

Forme organisationnelle extérieure ou apparente regroupant un ensemble d'éléments en interaction. En théories des organisations et en stratégie, on parle aussi de l'école des configurations. Celle-ci constitue une étape avancée des théories de la contingence qui voit le jour à partir des travaux de Mintzberg dans les années 1980.

Connaissances pratiques

Il s'agit de connaissances actualisées auxquelles ont recours les individus dans leurs actions quotidiennes. Toutefois, ces connaissances sont difficiles à formaliser. Comme l'écrit Polanyi (1966), « *we can know more than we can tell* ». Dans la théorie de la structuration, elles renvoient à la conscience pratique de l'acteur*. À l'inverse, les connaissances explicites font référence aux connaissances clairement articulées et facilement transférables.

Conservatisme

Synonyme de conformisme, il renvoie à la tradition. Ce terme apparaît avec la modernité pour défendre l'ordre politique et social traditionnel. Il s'agit donc d'une prise de position morale ou politique prônant le *statu quo* et hostile au changement* et à l'évolution.

Consonance

Construit développé par opposition à celui de « dissonance cognitive » élaboré par Léon Festinger (1919-1989) au début des années 1950. En théories des organisations, ce concept est utilisé par l'analyse interprétative et fait référence à la compatibilité (consonance) ou à l'incompatibilité (dissonance) des cognitions* d'un individu. En cas de dissonance, l'individu adoptera des stratégies visant à la réduire afin de restaurer la consonance cognitive, c'est-à-dire construire une interprétation de la réalité organisationnelle qui fait sens.

Construction sociale

Théorie de la connaissance servant à l'étude des phénomènes humains et sociaux qui prête une attention particulière aux acteurs* et aux significations qu'ils donnent à leur action. Les chercheurs qui adoptent une telle position croient en la nature interprétative et créative du comportement humain qui est irréductible à des lois causales. Selon eux, la connaissance est un produit social historiquement coconstruit. On peut également parler de « constructionnisme » ou de « constructivisme ».

Consumérisme

Idéologie économique où la consommation de biens revêt une importance capitale ; on peut également en parler comme une caractéristique de la « société de consommation ». En théories des organisations, les théories critiques dénoncent les effets néfastes de cette idéologie et tentent de mettre au jour les différentes manières dont elle se manifeste dans les organisations.

Contre-science

Renvoie aux épistémologies* qui se situent en dehors de ce que l'on considère généralement comme de la science normale à une époque donnée (p. ex., interprétativisme*, relativisme*).

Corporéité

Terme inspiré des travaux de Foucault et exprimant un état. La corporéité renvoie à la dimension corporelle, c'est-à-dire à l'utilisation matérielle et symbolique du corps en contexte organisationnel. L'étude de cette dimension tente de montrer comment les pratiques organisationnelles influencent les pratiques corporelles des individus et de quelle façon ces dernières contribuent à façonner l'organisation. Depuis le début des années 2000, les travaux sur le corps dans les organisations prennent de plus en plus d'importance.

Coûts d'agence

Dans la théorie de l'agence, lorsqu'un principal (droit de contrôle des décisions*) confie un mandat à un agent (droit de gestion : initiative et mise en œuvre), on peut constater qu'il y a asymétrie d'information entre l'agent et le principal. Il y a donc possibilité que l'agent adopte des comportements opportunistes : sélection adverse*, hasard moral*. Afin de minimiser les possibilités d'opportunisme*, le principal doit prévoir des coûts supplémentaires appelés coûts d'agence.

Culture organisationnelle

Ensemble des manières d'être, de penser et d'agir que partagent un groupe d'individus. En théories des organisations, la notion de culture organisationnelle est complexe et multiforme. Il existe en effet différentes manières de définir et de faire de la recherche sur la culture organisationnelle. En générale, les chercheurs privilégient des méthodologies qualitatives qui donnent lieu à des descriptions en profondeur de la réalité organisationnelle qu'ils étudient. Cela a pour effet de favoriser le développement de connaissances empiriques au détriment de généralisations et de développements conceptuels sur la culture organisationnelle.

Cybernétique

Science fondée à la fin des années 1940 par le mathématicien américain Norbert Wiener (1894-1964) et qui s'intéresse aux systèmes (ensemble d'éléments en interaction dont le tout est supérieur à la somme des parties). Plus particulièrement, la cybernétique étudie les échanges entre les éléments du système, c'est-à-dire la communication*. En théories des organisations, on décrit l'organisation sous l'angle de son adaptation aux conditions du contexte et de l'environnement ; il s'agit de comprendre quelles contraintes ont fait que « n'importe quoi ne s'est pas produit ».

Darwinisme

Théorie élaborée par Charles Darwin (1809-1882), naturaliste britannique et fondateur de la théorie de l'évolution biologique, et Herbert Spencer (1820-1903), philosophe britannique et fondateur du « darwinisme social ». D'une part, la théorie de l'évolution biologique de Darwin se fonde sur le concept de « sélection naturelle » qu'il applique d'abord à la faune et à la flore. La sélection naturelle favorise la conservation des espèces dont les variations permettent l'adaptation aux conditions environnementales ; les autres sont éliminées. D'autre part, le darwinisme social de Spencer se fonde sur le concept de « sélection des plus aptes » qu'il applique à la société en la comparant à un organisme vivant (théorie organiciste*). Selon lui, pour survivre, tout organisme doit rechercher l'équilibre entre ses relations internes et les conditions externes. Cette adaptation entraîne le passage du stade primitif (homogénéité) à un stade élaboré (différenciation, hétérogénéité). Spencer privilégie un état non interventionniste.

Décision

Décider, c'est choisir. En théories des organisations, on peut étudier la décision en tenant compte du choix, du décideur ou du contexte. Certains chercheurs s'intéressent surtout à la décision en tant que choix consistant à faire un calcul d'optimisation et qui n'implique ni le décideur ni le contexte. C'est ce qu'on appelle le choix rationnel ou optimal. D'autres s'intéressent à la décision en introduisant l'individu et regardent les choix que les décideurs font compte tenu de leur rationalité* limitée. Enfin, la décision est aussi étudiée de manière naturaliste en considérant le contexte. Dans ce cas, il s'agit d'observer et de modéliser le comportement du décideur en situation de prise de décision.

Déconstruction

Terme générique qui renvoie à l'utilisation de différentes stratégies d'analyse pour montrer comment les phénomènes organisationnels ont été localement et historiquement construits. Le terme est utilisé tant par le point de vue de la construction sociale que par le postmodernisme. Cependant, pour les postmodernes, il prend une connotation critique. Il renvoie à des stratégies d'analyse qui visent à mettre au jour les relations de pouvoir.

Déterminisme

Point de vue sur la nature humaine selon lequel l'occurrence d'un comportement est déterminée par certaines conditions qui, lorsqu'elles sont recréées, reproduisent le même comportement. Ce point de vue rejette la contingence et le hasard, préférant la causalité qui permet la prévision et le calcul, fondements du modèle rationnel. En théories des organisations, une approche déterministe favorise une ontologie* sociale et une explication selon laquelle une logique structurelle et causale s'impose aux acteurs* sociaux. Dans une théorie déterministe, la structure dirige l'action ; elle seule est dotée d'une capacité d'action. Selon ce point de vue, la structure est considérée comme indépendante, comme une entité *sui generis* dissociée de l'action.

Dialectique

Les analyses critiques des organisations qui étudient les conflits, les crises et les contradictions se veulent dialectiques. La dialectique est un mouvement de l'histoire ou une conception de la réalité qui permet de penser comment le monde avance au moyen de contradictions en reconnaissant le caractère inséparable des oppositions (thèse et antithèse) qui, unies, produisent une catégorie supérieure (synthèse).

Différance

Jeu de mots entre « différence » et « différer » employé par Derrida. Méthode d'analyse des textes qui consiste à mettre au jour non seulement l'intention de l'auteur, mais également le sens non intentionnel du texte en utilisant les oppositions binaires pour révéler ce qui est absent, le non-dit.

Division du travail

La division du travail implique une différenciation des travailleurs par la spécialisation des tâches dans des domaines complémentaires de l'organisation. En théories des organisations, cette technique a été popularisée au début du XXe siècle par Frederick Winslow Taylor qui a augmenté la productivité des usines grâce à la division verticale (entre les ouvriers, ingénieurs et la direction) et horizontale (entre les ateliers) du travail.

Domination

Terme utilisé dans les théories critiques pour désigner une situation de pouvoir. La domination est le fait pour un groupe d'exercer une influence déterminante sur un autre groupe. Les origines de ce concept en théories des organisations remontent aux travaux de sociologues comme Marx, Weber, Bourdieu et Foucault.

Données longitudinales

Données recueillies durant une longue période de temps.

Dualisme

Système d'idées qui admet la présence de deux principes irréductibles. Les théories des organisations reposent sur un ensemble de dualismes fondamentaux, entre action et structure, entre objectivité et subjectivité, etc. Par exemple, les théories des organisations qui mettent l'accent sur l'action tentent d'expliquer les pratiques organisationnelles par ce que font les individus. Celles qui s'intéressent particulièrement aux structures accordent une grande importance aux relations externes et aux *patterns* de régularité qui contraignent l'action. Dans les dernières années, beaucoup d'efforts ont été faits pour dépasser ou à tout le moins réconcilier ces dualismes en préconisant des approches qui tiennent compte du caractère mutuellement constitutif de ces dualismes. En particulier, le développement de théories explicatives dans lesquelles l'action dérive simultanément de la nature contradictoire et habilitante des structures dans lesquelles les individus agissent est essentiel pour assurer le renouvellement de la pensée en théories des organisations.

Dysfonction

Dans l'analyse de la bureaucratie, la notion de dysfonction renvoie aux problèmes et aux difficultés auxquelles font face les individus dans les organisations. Selon cette théorie, ces dysfonctions sont des effets de système liés aux règles organisationnelles.

Éclectique

Les théories des organisations sont dites éclectiques parce qu'elles empruntent à diverses théories ou à des paradigmes différents des notions qui sont ou non complémentaires afin de se renouveler.

Émotionnalité limitée

Expression introduite par Mumby et Putnam (1992) qui suggèrent de démanteler la dichotomie entre rationalité et émotion ; deux termes qui ont toujours été opposés en théories des organisations. Pour ce faire, ils proposent la notion d'émotionnalité limitée – émotion et rationalité limitée – pour exprimer l'idée que l'expression des émotions en contexte organisationnel doit servir les intérêts des individus. L'émotionnalité limitée encourage l'expression d'un grand nombre d'émotions en contexte organisationnel en même temps qu'elle admet l'importance de conserver certaines frontières entre ce qui est exprimé et ce qui est ressenti.

Empowerment

Selon Tremblay et Simard (2005), pratiques de gestion procurant à un individu le sentiment de posséder une capacité d'action satisfaisante. Il comportement deux dimensions : managériale (pratiques de gestions) et psychologique (expérience).

Énaction

Développée par Weick, cette notion renvoie à la capacité d'action des individus suivant leur interprétation du monde. L'énaction est une notion issue de la théorie interprétative selon laquelle l'individu ne découvre pas la réalité existante, mais la crée par ses actions et celles des autres.

Encastrement

Idée véhiculée par Granovetter (en anglais, *embeddedness*) selon laquelle l'économie comporte des dimensions sociales, politiques et culturelles ; ce n'est pas une dimension autonome des autres sphères de la vie.

Épistémologie

Le mot « épistémologie » a deux définitions. La première, anglo-saxonne, le définit comme la science qui cherche à comprendre ce qu'est le savoir ; comment nous venons à savoir, quelles sont les justifications qui permettent à des croyances particulières d'obtenir le statut de connaissances sur le monde réel. La seconde, française, fait de l'épistémologie une réflexion critique sur les sciences afin d'en déterminer l'origine logique, la valeur et la portée ; dans ce cas, il s'agit de l'étude philosophique de la science. En théories des organisations, l'utilisation de ce mot renvoie surtout à la définition anglo-saxonne.

Équifinalité

Principe utilisé dans la théorie des systèmes selon lequel le même état final, dans un système ouvert, peut être atteint à partir de conditions initiales différentes.

Équivocité

Selon l'analyse interprétative, multiplicité d'interprétations possibles pour une même situation.

Ethnographie organisationnelle

Ethnographie signifie « description des peuples » et désigne l'étude descriptive et analytique de groupes humains qu'il s'agisse de sociétés, de communautés ou d'organisations. L'ethnographie organisationnelle recueille des observations dans une entreprise donnée. À partir de ces observations, elle montre comment cette entreprise se construit en analysant les interactions entre les membres qui en font partie. L'ethnographie organisationnelle permet de recueillir une grande quantité d'informations et évite la réduction psychologique des entretiens et la réification sociologique des enquêtes par questionnaires. Elle implique des relations négociées entre le ou les chercheur(s) et les membres de l'organisation.

Ethnométhodologie

Discipline issue de l'interactionnisme* qui s'intéresse aux ethnométhodes, c'est-à-dire aux méthodes que les individus utilisent pour donner un sens à leurs actions. Il s'agit de recueillir la connaissance ordinaire des membres d'une organisation. Une analyse ethnométhodologique est souvent écrite à la première personne puisqu'elle se fonde sur les idées et la vie d'un individu (voir aussi analyse conversationnelle*, interactionnisme* et interactionnisme symbolique*).

Éthos

Éthos est un mot grec signifiant « habitude » ou « coutume ». Attention à ne pas confondre avec *èthos* qui signifie « caractère », « état d'âme », « disposition psychique ». En effet, la lettre epsilon (« E » ou « e ») se traduit par « é » et la lettre êta (« H » ou « h ») se traduit par « è ».

Études de cas

L'étude de cas est une technique de collecte, de mise en forme et de traitement de l'information qui vise à décrire une situation complexe telle qu'elle se déroule dans son contexte. L'étude de cas est particulièrement appropriée lorsqu'on s'intéresse au comment ou au pourquoi des phénomènes organisationnels. Un des avantages de l'étude de cas est de placer le chercheur dans une situation où il peut observer en temps réel la complexité et la richesse des liens entre ses différentes dimensions.

Existentialisme

Principalement connu en sciences sociales par les travaux de Jean-Paul Sartre (1905-1980), ce courant de pensée s'intéresse d'abord et avant tout à la personne. Il considère que l'individu n'est pas déterminé à l'avance par son essence, mais libre et maître de ses actes et de son destin. Ainsi, il est responsable de ses actes. L'existentialisme accorde une importance particulière à la subjectivité et s'intéresse à l'expérience vécue. Peu de travaux en théories des organisations ont été effectués dans cette voie. Guillet de Montoux, chercheur suédois en théories des organisations, y a consacré une part importante de ses travaux.

Externalisation

Notion utilisée en économie des organisations pour désigner le transfert à un sous-traitant d'activités jugées non essentielles pour la production de revenus. La différence entre l'externalisation et la sous-traitance (ou l'impartition) est que l'entreprise conserve dans l'externalisation un contrôle étroit sur les activités du sous-traitant qui agit comme une « extension » de l'entreprise.

Facteurs de contingence

La contingence est une condition qui peut changer ou non, c'est-à-dire une éventualité de changement*. Les travaux sur les facteurs de contingence sont devenus importants en théories des organisations quand on a commencé à s'intéresser aux rapports entre l'organisation et son environnement. Les théories de la contingence examinent les facteurs auxquels l'organisation fait face, qu'ils soient environnementaux ou organisationnels (la taille, le niveau technologique, l'interdépendance des fonctions, etc.).

Féminité

La féminité n'est pas une caractéristique physique liée au sexe féminin. Elle résulte des caractéristiques sociales définies culturellement et associées à l'état de femme. Elle renvoie aux discours et aux pratiques qui indiquent qu'une personne est membre de cette catégorie dans une société donnée. Par exemple, dans la société occidentale, la féminité est souvent associée au souci des autres, au soutien, au consensus et à la coopération. Cela dit, dans une organisation, les manières de se comporter et d'exprimer la féminité sont multiples.

Fictions

Récits, contes ou figurations imaginaires, la notion de fiction renvoie au caractère imaginaire et hypothétique d'une situation. Elle est utilisée par les chercheurs postmodernes qui ne font pas de distinction entre le réel et l'imaginaire. L'analyse des fictions peut selon eux être aussi efficace pour produire de la connaissance sur les organisations que l'examen de situations réelles. Les fictions peuvent procurer une très bonne compréhension des conduites et des intentions.

Fonctionnalisme

Le fonctionnalisme est enraciné dans les théories de la régulation qui accordent au fonctionnement des systèmes la primauté sur les parties. Il regroupe les théories valorisant la recherche du *statu quo*, de l'ordre social, du consensus, de l'intégration et de la satisfaction des besoins de chacun. Selon Burrell et Morgan (1979), le fonctionnalisme se caractérise par une ontologie réaliste*, une épistémologie positiviste*, une méthodologie nomothétique (production de connaissance à l'aide d'un protocole systémique et d'une technique de recherche scientifique) et repose sur une conception déterministe* de la nature humaine.

Fonctions

Caractéristiques ou rôles d'un élément dans un ensemble. Le terme utilisé en théories des organisations est emprunté à l'analogie organiciste* voulant que chaque organe du corps humain remplisse une fonction spécifique. Selon Robert K. Merton (1910-2003), sociologue américain, les fonctions peuvent être manifestes ou latentes. Dans un contexte de réglementation impersonnelle bureaucratique*, les fonctions manifestes de la règle sont des fonctions objectives, comprises et voulues de tous les participants ; elles contribuent à l'ajustement et à l'adaptation du système. Au contraire, les fonctions latentes de la règle ne sont ni comprises ni voulues ; ce sont des conséquences inattendues de l'action qui permettent de comprendre pourquoi la bureaucratie n'est pas fonctionnelle.

Formalisme

Doctrine selon laquelle les formes se suffisent à elles-mêmes et les principes reposent sur des conventions.

Généalogique

Terme généralement associé à Foucault pour désigner la deuxième phase de ses travaux. Méthode historique qui consiste à reconstituer l'histoire d'une situation en retraçant à travers les discours, les relations de savoir et de pouvoir de même que les enjeux corporels qui sont à l'origine des pratiques observées (voir aussi le mot « archéologique »*). L'histoire ne se fait pas à en recherchant des lois et des finalités, mais plutôt en étudiant ce qui existe et ce qui est observable. En théories des organisations, les travaux de Foucault dont on s'inspire viennent principalement de la période généalogique.

Gouvernance

La gouvernance d'entreprise ou de toute autre institution est l'ensemble des organes et règles de décision*, d'information et de surveillance permettant aux ayants droit et partenaires de voir leurs intérêts respectés et leurs voix entendues dans le fonctionnement. L'économie des organisations étudie les différentes structures de gouvernance : le marché, la hiérarchie et les formes hybrides.

Habituation

Première étape du processus d'institutionnalisation* décrit dans la théorie néo-institutionnelle, durant laquelle on développe les structures appropriées et les comportements spécifiques pour résoudre les problèmes auxquels l'organisation fait face.

Hasard moral

En économie des organisations, on parle aussi d'« aléa moral ». Le hasard moral est la possibilité que les parties modifient leur comportement une fois l'entente conclue ; il s'agit de l'asymétrie d'information* liée à la nature opportuniste* des parties et à la possibilité que les parties exploitent stratégiquement les failles du système ou de l'entente.

Hawthorne (effet)

L'effet Hawthorne renvoie à des expériences et à des études effectuées par Elton Mayo (1923) à l'usine de Hawthorne de la Western Electric, en banlieue de Chicago. Résultats positifs ou négatifs qui ne sont pas dus à des facteurs expérimentaux, mais à des facteurs psychologiques du sujet qui fait l'objet d'une attention particulière.

Hégélien

Ce terme fait référence à Georg Wilhelm Friedrich Hegel (1770-1831), un philosophe allemand, qui considère que la rationalité* est transcendantale. Hegel propose une description du développement de la pensée et de la réalité qu'il dit « dialectique* », et que l'on réduit souvent au schéma « thèse, antithèse et synthèse ».

Hétéromorphisme

Dans la théorie néo-institutionnelle, ce mot renvoie à la variabilité dans la manière dont les organisations se conforment et répondent aux pressions environnementales et institutionnelles lorsqu'elles adoptent des structures et des pratiques de gestion.

Hiérarchie

Expression des rapports entre les individus où chacun est subordonné à une seule personne dans une structure organisationnelle. Il s'agit d'une distribution formelle des responsabilités et du pouvoir décisionnel, ce qu'on appelle également la « structure formelle ». Cette structure formelle est généralement représentée par un organigramme.

Historicité

Caractère de ce qui est historique. C'est également la connaissance, l'interprétation et la représentation de la dimension historique que la société se fait d'elle-même, ce qui la pousse à entreprendre des actions pour se transformer. Considérer l'historicité des organisations, c'est chercher à comprendre comment elles se forment et se transforment dans le temps.

Humanisme

Mouvement philosophique qui place la personne humaine, son bien-être et son épanouissement au-dessus de toute autre valeur. Au-delà des disciplines, l'humanisme unit toutes les personnes animées par une quête de l'homme idéal et par une confiance dans le progrès de l'humanité. Ce mouvement est le point de départ de l'entrée de la société dans la modernité*. De nos jours, l'humanisme désigne toute pensée ou action centrée sur le développement des qualités essentielles de l'homme et qui dénonce ce qui l'asservit ou le dégrade.

Hybridation

Stratégie de production de connaissances qui consiste à faire des croisements entre deux ou plusieurs théories des organisations, qu'elles soient différentes, similaires ou complémentaires.

Hypothèse répressive

Expression popularisée par Foucault dans l'analyse qu'il fait du pouvoir répressif, en particulier en ce qui concerne l'histoire de la sexualité. L'hypothèse répressive correspond au discours moderne sur la sexualité qui tend à réprimer et à contrôler le désir sexuel. Selon Foucault, il faut opposer à l'hypothèse répressive une série d'analyses historiques, afin de comprendre comment s'est constituée l'économie générale du discours sur le sexe en vigueur dans nos sociétés contemporaines.

Idéal-type

Selon Mucchielli (1996), méthode de réflexion menée à partir de cas de manière à extraire toutes les caractéristiques les plus typiques de l'espèce qu'il représente, et qui sert d'étalon pour comparer et hiérarchiser les différents cas que l'on rencontre dans la réalité.

Identité

Ce qui définit et distingue un individu, un groupe ou une organisation par rapport à un autre individu, d'autres groupes ou d'autres organisations. En théories des organisations, il y a un grand nombre de travaux théoriques et empiriques qui influencent notre compréhension des diverses identités composant une organisation. On peut parler d'identité de soi, d'identité de groupe ou d'identité organisationnelle. Généralement, ces expressions renvoient à des significations d'ordre culturel. De nos jours, la notion d'identité est le pendant de celle de diversité et met l'accent sur la race, l'ethnicité, le genre, etc.

Idéologie libérale

Ensemble de représentations sociales exprimant les intérêts d'acteurs* sociaux qui prônent le libre arbitre des individus quant à leurs choix et la limitation de l'intervention de l'État, des institutions et des organisations.

Idiosyncrasique

Dans l'économie des coûts de transaction, trait spécifique de l'environnement dans lequel se produisent les transactions dont on évalue les coûts. Le caractère idiosyncrasique de l'environnement résulte des éléments particuliers qui composent l'environnement d'une entreprise à un moment donné.

Incertitude

En général, l'incertitude caractérise une situation non prévisible (Kœnig, 1990). L'incertitude est une notion utilisée dans plusieurs théories des organisations : la théorie des jeux, les théories de la prise de décision, la théorie des coûts de transaction, l'analyse stratégique, etc. Selon Simon, la contractualisation et l'institutionnalisation* permettent aux organisations de réduire l'incertitude. Crozier, quant à lui, introduit la notion de « zones d'incertitude ». Selon lui, il n'existe pas de systèmes sociaux entièrement réglés ou contrôlés. Les zones d'incertitude ont plusieurs sources, dont les failles dans les règles organisationnelles et l'imprévisibilité des acteurs* qui masquent leur véritable jeu pour augmenter leur pouvoir de négociation.

Incommensurabilité (des paradigmes)

Utilisée par Khun au début des années 1960 et reprise par Burrell et Morgan en 1979, cette expression renvoie à l'idée que le développement et l'application des paradigmes* doivent se faire de manière séparée. Les différences ontologiques, épistémologiques, méthodologiques ainsi que celles dans la conception de la nature humaine sont des barrières importantes qui rendent difficiles, voire pour certains impossibles le dialogue et le chevauchement entre différents paradigmes*.

Individualisme méthodologique

Il y a individualisme méthodologique, selon Raymond Boudon, lorsque des phénomènes collectifs sont décrits et expliqués par des actions individuelles et leurs interactions. L'individualisme méthodologique repose sur l'idée que seuls les individus ont des buts et des intérêts. En sciences sociales, une méthodologie est dite individualiste lorsqu'elle tente d'expliquer les phénomènes sociaux par des théories de l'action qui les considèrent comme des conséquences de la logique du comportement des individus.

Inertie

Tendance de l'entreprise à retenir les orientations qui ont fait son succès dans le passé ou lenteur de l'entreprise à répondre aux pressions de l'environnement externe. Ainsi, on parle généralement d'inertie organisationnelle ou concurrentielle. L'inertie de l'entreprise dépend des caractéristiques de l'industrie dans laquelle elle se trouve. En théories des organisations, la notion n'est pas toujours vue de manière négative. De plus, elle est mesurable.

Institutionnalisation

Processus central dans la création et la persistance des groupes sociaux, telles les organisations. Il y a institutionnalisation lorsque les significations associées aux structures organisationnelles ou aux pratiques de gestion sont partagées par tous les membres d'un groupe et tenues pour acquises.

Interactionnisme

Héritier de l'école de Chicago, ce courant s'est développé aux États-Unis dans les années 1960. Les interactionnistes considèrent que le monde social ou organisationnel se construit au fil des interactions entre les personnes. Ce courant comporte trois mouvements : l'interactionnisme symbolique*, l'ethnométhodologie* et l'analyse conversationnelle*.

Interactionnisme symbolique

L'interactionnisme symbolique met l'accent sur la nature symbolique de la vie sociale. Dans ce cas, l'action est fonction du sens, lequel émerge des interactions entre les individus et crée une réalité intersubjective qu'il faut comprendre. Issue de l'interactionnisme*, voir aussi les termes ethnométhodologie* et analyse conversationnelle*.

Interprétative

Se dit d'une théorie ou d'une méthode qui cherche à interpréter le sens caché d'un phénomène en mettant l'accent sur l'expérience subjective des individus et en valorisant leurs capacités d'adaptation.

Isomorphisme

Selon la théorie néo-institutionnelle, processus par lequel les organisations se conforment aux pressions environnementales*.

Légitimité

Schuman (1995) propose la définition suivante de la légitimité organisationnelle: « La légitimité est une perception ou une acceptation généralisée selon laquelle les actions d'une entité sont désirables, adéquates et appropriées, à l'intérieur d'un certain système socialement construit de normes, de valeurs, de croyances et de définitions. » Schuman distingue trois types de légitimité selon l'activité et les objectifs de l'entreprise: la légitimité pragmatique (satisfaction des intérêts des partenaires), la légitimité morale (évaluation normative des activités d'une organisation) et la légitimité cognitive (lorsque l'organisation est perçue comme nécessaire et inévitable, car elle répond aux valeurs sociales qui l'entourent).

Managérialisme

Idéologie qui veut étendre les principes de la gestion à toutes les sphères de la vie sociale et humaine. Le managérialisme prône la gestion rationnelle des entreprises et l'imitation de leurs pratiques dans tous les domaines de la vie sociale et privée.

Marge de manœuvre

Notion propre à la théorie de l'acteur stratégique de Crozier qui prétend que les acteurs* sont relativement libres de se permettre des écarts dans leurs interactions avec les autres et libres par rapport aux règles sociales et organisationnelles.

Marxisme

Courant de pensée se réclamant des idées de Karl Marx (1818-1883). Philosophie politique qui repose sur l'analyse de l'histoire et du mouvement de la lutte des classes. Le marxisme propose une vision matérialiste de l'histoire et vise l'abolition du capitalisme.

Masculinité

La masculinité n'est pas une caractéristique physique liée au sexe masculin, mais le résultat des caractéristiques sociales définies culturellement et associées à l'état d'homme. Elle renvoie aux discours et aux pratiques qui indiquent qu'une personne est membre de cette catégorie dans une société donnée. Par exemple, dans la société occidentale, la masculinité est associée à l'affirmation de soi, à la compétitivité, à l'autorité, etc. Cela dit, dans une organisation, les manières de se comporter et d'exprimer sa masculinité sont multiples.

Mémoire organisationnelle

Somme des expériences et savoirs individuels qui confèrent à l'organisation une mémoire collective qui lui est propre.

Métaphorisation

Stratégie de déconstruction* d'un texte qui en propose un sens différent par une nouvelle interprétation dans laquelle les oppositions binaires sont mises en relation plutôt que d'être dissociées.

Métarécit

Théorie générale ou texte fondateur pris pour la vérité et qui régente la vision que nous avons du monde (religions, idéologies politiques, etc.). La pensée postmoderne remet en question les métarécits parce qu'ils favorisent la domination d'une pensée unique, marginalisent les autres formes de discours et freinent ainsi le développement et l'ouverture vers une pluralité de théories sociales et politiques.

Microdispositifs

Découlant de ce que Foucault désigne comme la microphysique du pouvoir, ce mot désigne l'ensemble des microtechnologies de surveillance et de normalisation qui, inscrites dans l'espace et le langage, agissent de manière insidieuse pour rendre les corps dociles et enrégimenter la pensée.

Mode de production

Notion marxiste définie comme la conjonction des « forces de production » et des « rapports sociaux » de production. Jusqu'à maintenant, trois modes de production se sont succédé dans le temps : l'esclavagisme, le féodalisme et le capitalisme.

Modernisation

Processus de transformation permettant d'atteindre, de maintenir et de renouveler un état de modernité. Développement centré sur la rationalisation* des pratiques et des activités d'un groupe ou d'une organisation.

Modernité

Période historique qui se définit par le projet d'imposer la raison comme norme fondamentale de la société. La modernité est un mode de reproduction de la société reposant sur des mécanismes politiques et institutionnels de régulation autonome et réflexive* par opposition à un mode de reproduction de la société basée sur la tradition et ses dimensions culturelles et symboliques. La modernité implique la possibilité de changer les règles du jeu de la vie sociale. La modernité est en quelque sorte l'ensemble des conditions historiques matérielles qui permettent de penser l'émancipation vis-à-vis des traditions, des doctrines ou des idéologies imposées par une culture traditionnelle.

Mythe rationalisé

En théories des organisations, croyance en l'efficacité préconçue ou supposée d'une règle, d'une procédure ou d'une technique. Les raisons qui sous-tendent ces croyances ne sont pas toujours rationnelles.

Naturalisation

La naturalisation des phénomènes sociaux consiste à considérer que ces phénomènes vont de soi, qu'ils sont normaux. Or tous les phénomènes sociaux résultent d'une construction humaine qui n'est pas neutre. La vie sociale ne va pas de soi, elle est le résultat de dynamiques de pouvoir qu'il convient de mettre au jour.

Néolibéralisme

Système d'idées généralement associé à la théorie économique et au centre duquel l'individu est défini en tant qu'être autonome doté du libre arbitre. Le néolibéralisme propose un renouvellement de l'idéologie libérale, certains diront une radicalisation. Il prône une intervention limitée des gouvernements et des institutions sociales.

Objectification

Deuxième étape du processus d'institutionnalisation* décrit dans la théorie néo-institutionnelle, durant laquelle les changements* structurels et comportementaux sont typifiés et partagés par tous.

Ontologie

Théorie de l'existence ou partie de la philosophie qui s'intéresse à la nature des entités et à la capacité de les représenter telles qu'elles existent dans le monde réel. L'adéquation ontologique d'une théorie ou d'un modèle renvoie à sa capacité de représenter adéquatement le monde réel. Une ontologie réaliste considère que la réalité existe de manière objective.

Opportunisme

En économie des organisations, hypothèse de comportement liée à la recherche d'intérêts personnels par la tromperie : mensonge, vol, tricherie, etc. Conduite qui consiste à tirer le meilleur parti des circonstances quand les parties choisissent de maximiser leurs rendements au détriment des promesses et des ententes conclues. L'opportunisme est une forme particulière de l'incongruence des buts.

Organicisme

Doctrine utilisant la métaphore physiologique et anatomique pour représenter un groupe, un corps social ou une organisation. La sociologie du XIXe siècle était fortement organiciste. Les approches classiques en théories des organisations sont empreintes de cette manière de voir. En effet, les rapports entre structure et fonction, la hiérarchie des parties et l'accommodation aux circonstances externes qui caractérisent l'organicisme social sont des idées dominantes en théories des organisations du début du XXe siècle à la fin des années 1970.

Panoptique (effet)

Concept élaboré par Jeremy Bentham* pour décrire un type d'architecture carcérale permettant à un gardien d'observer les faits et gestes des prisonniers sans être vu par ces derniers. L'idée a été diffusée par Foucault et reprise en théories des organisations pour qualifier les différentes technologies de surveillance permettant de « voir sans être vu ».

Paradigme

Notion popularisée par Khun au début des années 1960 et diffusée en théories des organisations par Burrell et Morgan (1979). Ensemble des croyances et des perceptions scientifiques et métaphysiques sur lesquelles reposent des théories pouvant être testées, évaluées et modifiées. On utilise aussi parfois l'idée de matrice disciplinaire pour inclure la totalité des croyances ou des hypothèses qui composent un paradigme. Ces croyances ou ces hypothèses touchent la perception de la réalité (ontologie*), la nature de la vérité scientifique (épistémologie*), la nature humaine et les méthodes (méthodologie) à utiliser pour tester ces hypothèses.

Perte résiduelle

Dans la théorie de l'agence, c'est l'estimation des coûts potentiels engendrés par les écarts de comportement de l'agent.

Piliers institutionnels

Issus de la théorie néo-institutionnelle développée par Scott (1995), les piliers institutionnels sont les trois aspects constitutifs des institutions. Le pilier régulateur renvoie à la prescription des règles de comportement appropriés. Le pilier normatif définit les normes et les valeurs à atteindre, les droits et les responsabilités de chacun. Et le pilier culturel-cognitif est fait des représentations symboliques que les individus adoptent et auxquelles ils se réfèrent. Les trois piliers constituent une base de légitimité* pour l'institution, ce dont elle a besoin pour être reconnue dans un système social. En ce sens, une institution qui se conforme aux règles établies (pilier régulateur) est légitime. D'un autre côté, les normes existant dans une institution lui donnent de la dignité et de la crédibilité vis-à-vis un système (pilier normatif). Enfin, le fait d'agir selon ce que l'on tient pour acquis dans une société donne aussi de la légitimité (pilier culturel-cognitif).

Pluralisme

Le pluralisme implique une conception des relations entre l'individuel et le collectif qui exclut des réponses unilatérales et dogmatiques. Le pluralisme consiste à accepter la coexistence d'orientations théoriques différentes et de programmes de recherches variés, et à les mobiliser selon l'intelligibilité qu'ils apportent à un phénomène. Une recherche peut aussi être qualifiée de pluraliste lorsqu'elle analyse les pratiques sous des angles différents.

Positivisme

Position épistémologique* selon laquelle toute connaissance qui n'est pas basée sur des faits observables est inadéquate. Pour générer des connaissances objectives et prédire les comportements, il faut donc rechercher des lois et des régularités. Cette position se caractérise par les éléments suivants : référence à la réalité empirique, rigueur logique, modèle formel, formulation et test d'hypothèses.

Praxis

Terme d'origine grec signifiant action, la praxis est l'ensemble des activités humaines susceptibles de transformer le milieu naturel ou de modifier les rapports sociaux. Selon Benson (1977), c'est la possibilité de changer les choses par une analyse raisonnée du potentiel que fournissent les structures organisationnelles existantes pour l'émancipation des groupes dominés.

Pressions environnementales

Facteurs externes ayant une incidence sur les organisations en les amenant à adopter des comportements similaires pour s'adapter et survivre. Ces facteurs peuvent être coercitifs, normatifs et mimétiques.

Rationalisation

Procès au centre duquel se trouve la raison. La rationalisation des pratiques et des activités est au cœur du projet moderniste qui caractérise l'ensemble des théories des organisations.

Rationalité

Hypothèse de comportement individuelle présente dans plusieurs théories des organisations. Selon la conception occidentale, la rationalité fournit un ensemble de procédures, de méthodes, de modèles et de canons qui permet d'affirmer des propositions variées parmi d'autres assertions concurrentes. Plus généralement, la rationalité d'une action peut être évaluée du point de vue technique, en analysant le rapport entre le but poursuivi, les moyens mis en œuvre et le résultat. C'est l'action rationnelle en finalité. Elle peut aussi être évaluée en fonction de principes attribuant une valeur éthique à l'action. C'est l'action rationnelle en valeurs. Au fil du temps, les théories des organisations ont proposé différents types de rationalité : limitée, contextuelle, de jeu, sélective et *a posteriori.*

Réalisme

Position épistémologique* selon laquelle il existe une réalité objective, indépendante de l'individu, faite de structures tangibles relativement immuables. Selon cette position, la réalité existe indépendamment de notre perception, de notre expérience ou de la connaissance que nous en avons.

Réflexivité

La réflexivité est la capacité des individus à interpréter et à décrire ce qu'ils observent pour construire du sens. Il s'agit d'une introspection qui permet d'expliciter l'implicite. Dans sa théorie de la structuration, Giddens parle de reproduction-actualisation-réalisation du social tant par les pratiques des agents que par les institutions qui sont elles aussi dotées de réflexivité. Dans ce cas, il parle de réflexivité institutionnelle.

Règles

Les règles de la vie sociale et organisationnelle sont des techniques ou des procédures généralisables utilisées et reproduites par les acteurs* dans le cours de leurs activités quotidiennes. Certaines sont explicites (règles bureaucratiques, règles d'un jeu, etc.), d'autres sont codifiées (p. ex., langage, comportement culturel, etc.).

Relativisme

Position épistémologique* affirmant que les faits n'ont pas de caractéristiques intrinsèques et qu'il n'y a que des manières différentes de les interpréter. Ainsi chaque chercheur a sa propre représentation des faits et il n'existe aucune justification objective universelle.

Représentation

Les théories des organisations donnent surtout une définition cognitive de ce mot : c'est le processus par lequel la pensée d'un individu est traduite en idées, concepts, images ou règles que l'on cherche généralement à décrire par des schémas de causalité.

Reproduction sociale

Expression d'inspiration marxiste qui renvoie à la difficulté de changer de classe ou de statut et qui dénote l'absence de mobilité sociale. De manière plus générale, la reproduction sociale, c'est la répétition de l'histoire dans les comportements.

Rétroaction

Réponse à un stimulus, typique des causalités circulaires ou en boucle.

Routines

Ensembles de pratiques sociales et organisationnelles habituelles. Conduites usuelles qui favorisent la reproduction sociale*.

Schématas

Les *schématas* sont des structures de connaissance interdépendantes qui se construisent dès le plus jeune âge dans la relation de l'enfant avec son environnement. Plus tard, par transposition, les *schématas* deviendront la base d'un mode de pensée plus abstrait. Les *schématas* permettent le raisonnement, mais aussi la construction de connaissances en donnant un sens aux nouvelles expériences. Il sont relativement stables dans le temps et forment le système de connaissances de l'individu.

Scripts

Formes d'interaction récurrentes et génériques que le chercheur peut observer dans le comportement des sujets à l'étude. La répétition de ces formes d'interaction permet l'ordre social. Les scripts structurent la connaissance venant de l'expérience et guident l'action. La recherche des scripts permet au chercheur de définir l'essence du rôle des sujets qu'il observe et de comprendre comment la réalité institutionnelle est liée à l'action.

Sédimentation

Troisième étape du processus d'institutionnalisation* de la théorie néo-institutionnelle, durant laquelle les changements* structurels et comportementaux sont complètement institutionnalisés, difficiles à transformer et facilement transmissibles aux nouveaux venus.

Sélection adverse

De façon générale, dans un contexte d'asymétrie de l'information*, cette notion fait référence à la possibilité de faire un mauvais choix. Par exemple, dans un contexte d'agence, le principal peut, à cause d'un manque d'information, favoriser des pratiques ou des stratégies allant à l'encontre de ses propres intérêts. Dans un contexte de marché, la sélection adverse, c'est le choix d'un mauvais produit par les consommateurs, ayant pour effet d'éliminer les bons produits.

Sélection scientifique

Mode de sélection du personnel propre à l'organisation scientifique du travail. Il s'agit d'établir scientifiquement quelles sont les caractéristiques du travailleur idéal pour chaque tâche afin de trouver le travailleur le plus capable de l'accomplir.

Sexualisation

Dans le présent ouvrage, mot qui exprime la non-neutralité des théories des organisations en matière de genre, lesquelles reposent sur des métaphores et des modèles de connaissance rappelant les caractéristiques de la masculinité.

Spécificité des actifs

Dans la théorie des coûts de transaction, il s'agit d'une des trois caractéristiques fondamentales d'une transaction. On parle de spécificité des actifs lorsqu'un investissement durable doit être fait pour réaliser une transaction.

Structuralisme

Position ontologique* et méthodologique qui explique et étudie les phénomènes en tant que causalités structurelles et évacue l'intentionnalité des individus et les actions des groupes pour expliquer le changement*. La position structuraliste affirme que les systèmes sociaux se transforment selon le degré de compatibilité ou d'incompatibilité des structures (structuro-fonctionnalisme), ou selon le niveau de développement des contradictions structurelles (structuro-marxisme).

Structurationnisme

Théorie constructiviste postulant que l'action et la structure occupent une importance similaire dans la construction des faits sociaux et organisationnels. L'analyse structurationniste appréhende les structures sociales sous l'angle du mouvement, de leur historicité* en tenant compte de la manière dont elles se constituent à un moment et dans un lieu spécifique. Voir la théorie de la structuration de Giddens.

Subjectivation

Procès de construction de la subjectivité* individuelle qui se fait dans les pratiques quotidiennes de travail et de participation à la vie institutionnelle et organisationnelle.

Subjectivisme

Position épistémologique* selon laquelle la pensée du sujet, de l'individu est la seule réalité connaissable, et qui permet à l'observateur et au chercheur de tenir compte de leurs sentiments personnels dans l'étude d'un phénomène.

Subjectivité

La subjectivité renvoie à la signification de l'expérience vécue, aux qualités interprétatives et incarnées de l'action humaine par lesquelles l'individu s'engage dans des processus réflexifs* visant la compréhension de soi et de ses relations avec les autres. Chez les auteurs critiques, la subjectivité implique la capacité d'autocritique dans les rapports avec le monde extérieur.

Système d'action concret

Dans le langage crozérien, le système d'action concret est un ensemble de mécanismes de coordination et de régulation (formels et informels, explicites et tacites) visant la stabilisation des relations entre les acteurs*. Il se construit à partir des stratégies d'acteurs ayant chacun leurs pouvoirs respectifs.

Technocratisme
Idéologie qui favorise l'usage des règles, la culture de l'efficacité et la complexité des pratiques de gestion moderne.

Théorie des contrats
La théorie des contrats suppose que le concept de rationalité* limitée ne s'applique pas aux agents économiques et qu'il y a symétrie dans l'information détenue par les contractants. L'asymétrie de l'information* entraîne l'incomplétude des contrats.

Utilitarisme
L'utilitarisme est une doctrine morale qui soutient que ce qui est « utile » est bon et que l'utilité peut être déterminée d'une manière rationnelle. Cette doctrine morale s'applique aussi à la politique et à l'économie. Selon l'utilitarisme, ce qui contribue à maximiser le bien-être des êtres sensibles est ce qui est bon.

Vérité (effet de)
Selon les auteurs postmodernes, la vérité n'existe pas en tant que telle. Elle n'est que le résultat des effets de langage qui donnent un caractère objectif ou une forme d'intersubjectivité aux affirmations du chercheur.

Volontarisme
Point de vue selon lequel l'être humain est libre, autonome et agit selon son libre arbitre. En théories des organisations, les approches volontaristes mettent de l'avant le caractère intentionnel, relationnel et délibéré de l'action des individus.

BIBLIOGRAPHIE

Aldrich, H.E. (1979). *Organizations and Environments*, Englewood Cliffs, NJ, Prentice Hall.

Alvesson, M. (1998). « Gender relations in identity at work : A case study of masculinities and femininities in an advertising agency », *Human Relations*, vol. 51, nº 8, p. 969-1036.

Alvesson, M. (1987). *Organization Theory and Technocratic Consciousness*, Berlin, De Gruyter.

Alvesson, M. et Berg, P. (1992). *Corporate Culture and Organizational Symbolism*, Berlin, Walter de Gruyter.

Alvesson, M. et Willmott, H. (1996). *Making Sense of Management*, Londres, Sage.

Amblard, H., Bernoux, P., Herreros, G. et Livian, Y-F. (2005). *Les nouvelles approches sociologiques des organisations*, Paris, Seuil.

Ball, K. et Wilson, D.C. (2000). « Power, control and computer-based performance monitoring : Repertories, resistance and subjectivities », *Organization Studies*, vol. 21, nº 3, p. 539-566.

Ballé, C. (2006). *Sociologie des organisations*, Paris, Presses universitaires de France.

Barker, J. (1993). « Tightening the iron cage : Concertive control in self-managing teams », *Administrative Science Quarterly*, vol. 38, p. 408-437.

Barley, S.R. et Kunda, G. (1992). « Design and devotion : Surges of rational and normative ideologies of control in managerial discourse », *Administrative Science Quarterly*, vol. 37, p. 363-399.

Barley, S.R. et Tolbert, P.S. (1997). « Institutionnalization and structuration : Studying the links between action and institution », *Organization Studies*, vol. 18, nº 1, p. 93-118.

Barley, A.S. (1983). « Semiotics and the study of occupational and organizational culture », *Administrative Science Quarterly*, vol. 28, p. 393-413.

Baum, J. (1996). « Organizational ecology », dans Clegg, Hardy et Nord (dir.), *Handbook of Organization Studies*, Londres, Sage, p. 77-114.

Baum, J. et Oliver, C. (1991). « Institutional linkages and organizational mortality », *Administrative Science Quarterly*, vol. 36, p. 187-218.

Baum, J. et Singh, J.V. (1994). *Evolutionary Dynamics of Organizations*, New York, Oxford University Press.

Baumard, P. (1997). « Constructivisme et processus de la recherche : l'émergence d'une "posture" épistémologique chez le chercheur », *Cahiers de recherche LAR-EGO*, France, Université de Versailles Saint-Quentin.

Benson, J.K. (1977). « Organizations : A dialectical view », *Administrative Science Quarterly*, vol. 22, p. 1-21 (traduit dans Séguin et Chanlat, 1983, p. 412-442).

Berger, P. et Luckmann, T. (1966). *The Social Construction of Reality*, Doubleday & Company (traduction française parue en 1996 chez Armand Colin, Paris).

Bittner, E. (1973). « The concept of organization », dans Salaman et Thompson (dir.), *People and Organizations*, Londres, Longman, p. 264-276.

Boltanski, L. et Thévenot, L. (1991). *De la justification. Les économies de la grandeur*, Paris, Éditions Gallimard.

Bouchikhi, H. (1998). « Living with and building on complexity : A constructivist perspective on Organizations », *Organization*, vol. 5, n° 2, p. 217-232.

Bouchikhi, H. (1993). « A constructivist framework for understanding entrepreneurship performance », *Organization Studies*, vol. 14, n° 4, p. 549-571.

Bouchikhi, H. (1990). *Structuration des organisations*, Paris, Economica.

Bowring, M.A. (2000). « De/constructing theory : A look at the institutional theory that positivism built », *Journal of Management Inquiry*, vol. 9, n° 3, p. 258-270.

Burell G. et Moran, G. (1979). *Sociological Paradigms and Organisational Analysis*, Londres, Heinemann.

Burns, T.R. et Stallker, G.M. (1966). *The Management of Innovation*, Londres, Tavistock.

Calás, M.B. et Smircich, L. (1991). « Voicing seduction to silence leadership », *Organization Studies*, vol. 12, n° 4, p. 507-602.

Carroll, G.R. (1988). *Ecological Models of Organizations*, Cambridge, MA, Ballinger.

Carroll, G.R. (1985). « Concentration and specialization : Dynamics of niche width in populations of organizations », *American Journal of Sociology*, vol. 90, p. 1262-1283.

Casey, C. (2002). *Critical Analysis of Organizations Theory, Practice, Revitalization*, Londres, Sage.

Child, J. (1972). « Organizational structure, environment and performance. The role of strategic choice », *Sociology*, vol. 6, n° 1, p. 1-22.

Christensen, S. et Westenholz, A. (1999). « Boards of directors as strategists in an enacted world – The Danish case », *Journal of Management & Governance*, vol. 3, n° 3, p. 261-286.

Chung, E., Jenkel, I. et McLarney, C. (2001). « Deconstructing paradise : Beneath the hegemonic illusions of harmony », *International Journal of Sociology and Social Policy*, vol. 21, n° 7, p. 9-25.

Clegg, S.R. (1981). « Organization and control », *Administrative Science Quarterly*, vol. 26, n° 4, p. 545-562.

Clegg, S.R. (1979). *The Theory of Power and Organization,* Londres, Routledge and Kegan Paul.

Clegg, S.R. et Dunkerly, D. (1980). *Organization, Class and Control,* Londres, Routledge and Kegan Paul.

Clegg, S.R., Hardy, C. et Nord, W.R. (1996). *Handbook of Organization Studies,* Londres, Sage.

Collinson, D. (1994). « Strategies of resistance power, knowledge and subjectivity in the workplace », dans Jermier, Knights et Nord (dir.), *Resistance and Power in Organizations,* Londres, Routledge, p. 25-68.

Cooper, R. et Burrell, G. (1988). « Modernism, postmodernism and organizational analysis : An introduction », *Organization Studies,* vol. 9, n° 1, p. 91-112.

Cossette, P. (1994). *Cartes cognitives et organisation,* Québec, Presses de l'Université Laval.

Cray, D., Mallory, G.R., Butler, R.J., Hickson, D.J. et Wilson, D.C. (1991). « Explaining decision processes », *Journal of Management Studies,* vol. 28, n° 3, p. 227-251.

Cray, D., Mallory, G.R., Butler, R.J., Hickson, D.J. et Wilson, D.C. (1988). « Sporadic, fluid and constricted processes : Three types of strategic decision-making in organizations », *Journal of Management Studies,* vol. 25, n° 1, p. 13-39.

Crozier, M. (1963). *Le phénomène bureaucratique,* Paris, Seuil.

Crozier, M. et Friedberg, E. (1977). *L'acteur et le système,* Paris, Seuil.

Cyert, R. et March, J. (1963). *A Behavioral Theory of the Firm,* Englewood Cliffs, NJ, Prentice Hall.

Czarniawska-Joerges, B. (1992). *Exploring Complex Organizations, A Cultural Perspective,* Newbury Park, CA, Sage.

Deetz, S. (1996). « Describing differences in Approaches to Organization Science : Rethinking Burrell and Morgan and their Legacy », *Organization Science,* vol. 7, p. 191-207.

DiMaggio, P.J. et Powell, W.W. (1991). *The New Institutionalism in Organizational Analysis,* Chicago, University of Chicago Press.

DiMaggio, P.J. et Powell, W.W. (1983). « The iron cage revisited : Institutional isomorphism and collective rationality in organizational fields », *American Sociological Review,* vol. 48, p. 147-160.

du Gay, P. (2000). *In Praise of Bureaucracy,* Londres, Sage.

Eden, C. et Ackerman, F. (1998). *Making Strategy,* Londres, Sage.

Eisenhardt, K.M. (1985). « Control : Organizational and economic approaches », *Management Science,* vol. 31, p. 134-149.

Emery, F.E. et Trist, E.L. (1969). « Socio-technical systems », dans Emery (dir.), *Systems Thinking,* Londres, Penguin.

Éraly, A. (1988). *La structuration de l'entreprise,* Bruxelles, Éditions de l'Université de Bruxelles.

Fama, E.F. et Jensen, M.C. (1983). « Separation of ownership and control », *Journal of Law and Economics,* vol. 26, p. 301-326.

Fayol, H. (1918). *Administration industrielle et générale,* Paris, Dunod.

Feldman, M. (1991). « The meanings of ambiguity : Learning from stories and metaphors », dans Frost *et al.* (dir.), *Reframing Organizational Culture*, Londres, Sage, p. 145-157.

Forester, J. (1992). « Critical ethnography : On fieldwork in a habermasian way », dans Alvesson et Willmott (dir.), *Critical Management Studies*, Londres, Sage, p. 46-65.

Forrester, J.W. (1968). *Principles of Systems*, 2e éd., Waltham, MA, Pegasus Communications.

Forrester, J.W. (1961). *Industrial Dynamics*, Waltham, MA, Pegasus Communications.

Foudriat, M. (2005). *Sociologie des organisations*, Paris, Pearson Éducation France.

Francfort, I., Osty, S., Sainsaulieu, R. et Uhalde, M. (1995). *Les mondes sociaux de l'entreprise*, Paris, Desclée de Brouwer.

Gherardi, S. (1994). « The gender we think, the gender we do in our everyday organizational lives », *Human Relations*, vol. 47, nº 6, p. 591- 611.

Giddens, A. (1987). *La théorie de la structuration*, Paris, Presses universitaires de France.

Gioia, D.A. (1986). « The state of the art in organizational social cognition », dans Sims et Gioia (dir.), *The Thinking Organization*, San Francisco, Jossey-Bass, p. 336-356.

Goldman, P. et Van Houten, D.R. (1977). « Managerial strategies and the worker : A marxist analysis of bureaucracy », *Sociological Quaterly*, vol. 18, p. 108-125 (traduit dans Séguin et Chanlat, 1983, p. 390-409).

Gouldner, A. (1954). *Patterns of Industrial Bureaucracy : A Case Study of Modern Factory Administration,* New York, Free Press.

Granovetter, M. (1985). « Economic action and social structure : The problem of embeddedness », *American Journal of Sociology*, vol. 91, p. 481-510.

Gulick, L.F. (1948). *Administrative Reflections from World War 2*, Tuscaloosa, Alabama University Press.

Hannan, M.T. et Freeman, J.F. (1984). « Structural inertia and organizational change », *American Journal of Sociology*, vol. 83, p. 929-984.

Hannan, M.T. et Freeman, J.F. (1977). « The population ecology of organizations », *American Journal of Sociology*, vol. 83, p. 929-984.

Hassard, J. et Kelemen, M. (2002). « Production and consumption in organizational knowledge : The case of the paradigm debate », *Organization*, vol. 9, nº 2, p. 331-355.

Hatch, M.J. (2000). *Théorie des organisations : de l'intérêt de perspectives multiples*, Bruxelles, De Boeck Université.

Hickson, D.J., Hinings, C.A., Lee, C.A., Schneck, R.E. et Pennings, J.M. (1971). « A strategic contingencies theory of interorganizational power », *Administrative Science Quarterly*, vol. 16, nº 2, p. 216-229.

Jaros, S.J. (2001). « Labor process theory », *International Studies of Management & Organization*, vol. 30, nº 4, p. 25-40.

Kerfoot, D. et Knights, D. (1998). « Managing masculinity in contemporary organizational life : A "man'agerial project" », *Organization*, vol. 5, nº 1, p. 7-26.

Kerfoot, D. et Knights, D. (1993). « Management, masculinity and manipulation : From paternalism to corporate strategy in financial services in Britain », *Journal of Management Studies*, vol. 30, nº 4, p. 659-678.

Kilduff, M. (1993). « Deconstructing Organizations », *Academy of Management Review*, vol. 18, nº 1, p. 13-31.

Kilduff, M. et Mehra, A. (1997). « Postmodernism and organizational research », *Academy of Management Review*, vol. 22, nº 2, p. 453-481.

Kimberly, J.R et Bouchikhi, H. (1995). « The dynamics of organizational development and change : How the past shapes the present and constrains the future », *Organization Science*, vol. 6, nº 1, p. 9-19.

Knights, D. et Willmott, H. (1990). *Labor Process Theory*, Londres, MacMillan.

Kœnig, G. (1990). *Management stratégique : vision, manœuvres et tactiques*, Paris, Éditions Nathan.

Langley, A., Mintzberg, H., Pitcher, P., Posada, E. et Saint-Macary, J. (1995). « Opening up decision making : The view from the black stool », *Organization Science*, vol. 6, nº 3, p. 260-280.

Latour, B. (2005). *Reassembling the Social*, Oxford, Oxford University Press.

Lave, J. et Wenger, E. (1991). *Situated Learning : Legitimate Peripheral Participation*, Cambridge, Cambridge University Press.

Lawrence, J.W. et Lorsch, J.W. (1967). *Organization and Environment : Managing Differentiation and Integration*, Boston, Harvard University Press.

Lécuyer, B.-P. (1992). « Deux relectures des expériences Hawthorne : problèmes d'histoire et d'épistémologie », dans Bouilloud et Lécuyer (dir.), *L'invention de la gestion*, Paris, L'Harmattan, p. 93-117.

Lindblom, C.E. (1959). « The science of muddling through », *Public Administration Review*, vol. 19, nº 2, p. 79-88.

Linstead, S. (1993). « Deconstruction in the study of organizations », dans Hassard et Parker (dir.), *Postmodernism and Organization*, Londres, Sage, p. 49-70.

Littler, C. (1978). « Understanding taylorism », *British Journal of Sociology*, vol. 29, p. 185-202.

Livian, Y.-F. (1998). *Organisation : théories et pratiques*, Paris, Dunod.

Lyles, M. et Schwenk, C. (1992). « Top management, strategy and organization knowledge structure », *Journal of Management Studies*, vol. 29, p. 155-174.

March, J.G. et Olsen, J.P. (1976). *Ambiguity and Choice in Organizations*, Bergen, Universitetsforlaget.

March, J.G. et Simon, H.A. (1958). *Organizations*, New York, Wiley.

Martin, J. (2000). « Hidden gendered assumptions in mainstream organizational theory and research », *Journal of Management Inquiry*, vol. 9, nº 2, p. 207-216.

Martin, J. (1990). « Deconstructing organizational taboos : The suppression of gender conflict in organizations », *Organization Science*, vol. 1, p. 339-359.

Martin, J. et Frost, P. (1996). « Organizational culture war games : A struggle for intellectual dominance », dans Clegg, Hardy et Nord (dir.), *Handbook of Organization Studies*, Londres, Sage, p. 599-621.

Martin, J. et Knopoff, K. (1997). « The gendered implications of apparently gender-neutral theory : Re-reading Weber », dans Larson et Freeman (dir.), *Women's Studies and Business Ethics*, New York, Oxford University Press, p. 30-49.

McKelvey, B. (1982). *Organizational Systematics,* Berkeley, CA, University of California Press.

Ménard, C. (1997). *L'économie des organisations,* Paris, La Découverte.

Meyer, J.W. et Rowan, B. (1977). « Institutionalized organizations : Formal structure as myth and ceremony », *American Journal of Sociology,* vol. 83, nº 2, p. 340-363.

Mintzberg, H. (1986). *Le pouvoir dans et autour des organisations,* Paris, Éditions d'Organisation.

Mintzberg, H. (1982). *Structure et dynamique des organisations,* Paris, Éditions d'Organisation.

Mintzberg, H. et Waters, J.A. (1985). « Of strategies deliberate and emergent », *Strategic Management Journal,* vol. 6, p. 257-272.

Mir, R. et Watson, A. (2000). « Strategic management and the philosophy of science : The case for a constructivist methodology », *Strategic Management Journal,* vol. 21, p. 941-953.

Mucchielli, A. (1996). *Dictionnaire des méthodes qualitatives en sciences humaines et sociales,* Paris, Armand Colin.

Mumby, D. et Putnam, L. (1992). « The politics of emotion : A feminist reading of bounded rationality », *Academy of Management Review,* vol. 17, nº 3, p. 465-486.

Oakes, L.S., Townley, B. et Cooper, D.J. (1998). « Business planning as pedagogy : Language and control in a changing institutional field », *Administrative Science Quarterly,* vol. 43, nº 2, p. 257-292.

Orlikowski, W.J. (2002). « Knowing in practice : Enacting a collective capability in distributed organizing », *Organization Science,* vol. 13, nº 3, p. 249-273.

Orlikowski, W.J. (2000). « Using technology and constituting structures : A practice lens for studying technology in organizations », *Organization Science,* vol. 11, nº 4, p. 404-429.

Orlikowski, W.J. (1992). « The duality of technology : Rethinking the concept of technology in organizations », *Organization Science,* vol. 3, nº 3, p. 398-427.

Ouchi, W.G. (1980). « Markets, bureaucracies and clans », *Administrative Science Quarerly,* vol. 25, p. 129-141.

Ouchi, W.G. (1979). « A conceptual framework for the design of organizational control mechanisms », *Management Science,* vol. 25, p. 838-848.

Parker, M. (2000). *Organizational Culture and Identity,* Londres, Sage.

Parker Follett, M. (1941). *Dynamic Administration,* Londres, Pitman.

Pettigrew, A. (1985). *The Awakening Giant Continuity and Change in ICI,* Oxford, Basil Blackwell.

Pettigrew, A. (1979). « On studying culture », *Administrative Science Quarterly,* vol. 24, nº 4, p. 570-581.

Piotet, F. et Sainsaulieu, R. (1994). *Méthodes pour une sociologie de l'entreprise,* Paris, Presses de FMSP-ANACT.

Pfeffer, J. (1981). *Power in Organization,* Marshfield, MA, Pitman.

Pfeffer, J. et Salancik, G.R. (1978). *The External Control of Organizations : A Resource Dependance Perspective,* Londres, Harper & Row.

Polanyi, M. (1966). *The Tacit Dimension.* New York, Doubleday & Company Inc.

Pollner, M. et Zimmermann, D. (1971). « The everyday as a phenomenon », dans Douglas, J. (dir.), *Understanding Everyday Life : Toward the Reconstruction of Sociological Knowledge,* Londres, Routledge and Kegan Paul, p. 83-103.

Quinn, J.B. (1980). *Strategies for Change. Logical Incrementalism,* Homewood, IL, Irwin.

Reynaud, J.-D. (1997). *Règles du jeu, l'action collective et la régulation sociale,* Paris, Armand Colin.

Rojot, J. (2003). *Théories des organisations,* Paris, ESKA.

Sainsaulieu, R. (1987). *Sociologie des organisations et des entreprises,* Paris, Presses de la FNSP/Dalloz.

Sainsaulieu, R. (1977). *L'identité au travail,* Paris, Presses de la FNSP.

Salaman, G. et Thompson, K. (1980). *Control and Ideology in Organizations,* Londres, The Open University Press, Milton Keynes.

Scheid, J.C. (1990). *Les grands auteurs en organisation,* Paris, Dunod.

Schein, E.H. (1985). *Organizational Culture and Leadership,* San Francisco, Jossey-Bass.

Schultz, M. et Hatch, M.J. (1996). « Living with multiple paradigms : The case of paradigm interplay in organizational culture studies », *Academy of Management Review,* vol. 21, n° 2, p. 529-557.

Scott, W.R. (1995). *Institutions and Organizations,* Londres, Sage.

Scott, W.R. et Christensen, S. (1995). *The Institutional Construction of Organizations.* Londres, Sage.

Scott, W.R. et Meyer, J.W. (dir.) (1994). *Institutional Environments and Organizations : Structural Complexity and Individualism,* Thousand Oaks, Sage.

Séguin, F. et Chanlat, J.-F. (1983). *L'analyse des organisations,* tome 1, Montréal, Gaëtan Morin.

Selznick, P. (1957). *Leadership in Administration,* New York, Harper and Row.

Selznick, P. (1949). *T.V.A. and the Grass Roots,* Berkeley, University of California Press.

Sewell, G. et Wilkinson, B. (1992). « Someone to watch over me : Surveillance, discipline and the just-in-time labour process », *Sociology,* vol. 26, n° 2, p. 271-289.

Silverman, D. et Jones, J. (1976). *Organization Work,* Londres, Collier McMillan.

Silverman, D. (1970). *The Theory of Organisations,* Londres, Heinemann.

Simon, H.A. (1947). *Administrative Behavior,* New York, Macmillan.

Singh, J.V. (1990). *Organizational Evolution : New Directions,* Newbury Park, CA, Sage.

Smith, C. et Thompson, P. (1998). « Re-evaluating the labour process debate », *Economic and Industrial Democracy,* vol. 19, n° 4, p. 551-578.

Steingard, D.S. et Fitzgibbons, D.E. (1993). « A postmodern deconstruction of total quality management », *Journal of Organizational Change Management,* vol. 6, n° 5, p. 27-42.

Suchman, M.C. (1995). « Managing Legitimacy : Strategic and Institutional Approaches », *Academy of Management Review,* vol. 20, n° 3, p. 571-610.

Sudnow, D. (1972). *Studies in Social Interaction,* New York, Free Press.

Swan, J., Scarbrough, H. et Robertson, M. (2002). « The construction of communities of practices in the management of innovation », *Management Learning*, vol. 33, n° 4, p. 477-497.

Tancred-Sheriff, P. (1989). « Gender, sexuality, and the labour process », dans Hearn *et. al.* (dir.), *The Sexuality of Organization*, Londres, Sage, p. 45-56.

Taylor, F.W. (1911). *Principes d'organisation scientifique des usines*, Paris, Dunod.

Thiétart, R.A. (2000). *Management et complexité : concepts et théories*, Cahier de recherche n° 282, Paris, Centre de recherche DMSP.

Tolbert, P.S. et Zucker, L. (1996). « The insitutionnalization of institutional theory », dans Clegg, Hardy et Nord (dir.), *Handbook of Organization Studies*, Londres, Sage, p. 175-1990.

Townley, B. (1993). « Foucault, power/knowledge, and its relevance for human resource management », *Academy of Management Review*, vol. 18, p. 518-545.

Tremblay, M. et Simard, G. (2005). « La mobilisation du personnel : l'art d'établir un climat d'échanges favorable basé sur la réciprocité », *Gestion*, vol. 30, n° 2, p. 60-68.

Trice, H.M. et Beyer, J.M. (1993). *The Cultures of Work Organizations*, Englewood Cliffs, NJ, Prentice-Hall.

Tsoukas, H. (1992). « Postmodernism, reflexive rationalism, and organizational studies : A Reply to Martin Parker », *Organization Studies*, vol. 13, n° 4, p. 643-649.

Tsoukas, H. et Knudsen, C. (2003). *The Oxford Handbook of Organization Theory*, Oxford, Oxford University Press.

Urwick, L.H. (1929). *The meaning of rationalization*, Londres, Nisbet.

van Maanen, J. (1991). « The smile factory : Work at Disneyland », dans Frost *et al.* (dir.), *Reframing Organizational Culture*, Londres, Sage.

van Maanen, J. et Kunda, G. (1989). « Real feelings, emotional expression and organizational culture », *Research in Organizational Behavior*, vol. 11, p. 43-62.

Von Bertalanffy, L. (1973). *La théorie générale des systèmes*, Paris, Dunod.

Watson, T.J. (1995). « Speaking professionally – Soft postmodernist thoughts on some late modernist questions about work, occupations and market », *ESRC Seminar Series*, Warwick, Warwick Business School.

Weber, M. (1971). *Économie et société*, tomes 1 et 2, Paris, Plon.

Weick, K.E. (1995). *Sensemaking in Organizations*, Londres, Sage.

Wenger, É. (1998). *Communities of Practice : Learning, Meaning, and Identity*, New York, Cambridge University Press.

Westwood, R. et Clegg, S.R. (2003). *Debating Organization*, Oxford, Blackwell Publishing.

Williamson, O.E. (2000). « The new institutional economics : Taking stock, looking ahead », *Journal of Economic Literature*, vol. 38, p. 595-604.

Williamson, O.E. (1985). *The Economic Institutions of Capitalism*, New York, Free Press (traduit en français : *Les institutions de l'économie*, Paris, Inter-Éditions, 1994).

Williamson, O.E. (1975). *Markets and Hierarchies*, New York, Free Press.

Willmott, H. (1997). « Rethinking management and managerial work : Capitalism, control and subjectivity », *Human Relations*, vol. 50, n° 11, p. 1329-1359.

Woodward, J. (1965). *Industrial Organization : Theory and Practice*, Oxford, Oxford University Press.

Zey-Ferrel, M. et Aieken, M. (1981). *Complex Organizations : Critical Perspectives,* Glenview, IL, Foresman.

Zucker, L. (1988). *Institutional Patterns and Organizations : Culture and Environment*, Cambridge, MA, Ballinger.

MARQUIS
MEMBRE DU GROUPE SCABRINI
Québec, Canada
2007